Python 人工知能プログラミング

オブジェクト指向と関数型スタイルによる AI 開発技法

JN241930

深井　裕二　著

はじめに

　人工知能（Artificial Intelligence，AI）は，コンピュータが人間の知的処理能力を模倣して処理する情報技術であり，長い歴史があります。専門知識をもとに診断や分析などの専門家の知的作業を行う推論システム，機械学習によるパターン認識，ロボット技術などに活用されながら，現在，高度な情報技術へと発展してきました。ゲーム AI 分野では，あたかも知能があるかのようなキャラクタのふるまいで仮想世界のリアリティを向上させ，ゲームは娯楽として高い実用性を実現していると感じさせます。近年における AI 分野として，ディープラーニング（深層学習）は産業に大きな影響を与えています。こうした高度な情報テクノロジーの実用化が一気に広がりを見せています。

　本書は AI プログラミングとはどのようなものか，幅広いサンプルプログラムによって体験するプログラマ指向の本です。内容として，AI の古典的題材，パズル，ゲーム，機械学習とディープラーニングまで，幅広い AI プログラミングの基礎をカバーし具体的に解説します。なお AI 分野の本としては，数理的表現はあまり出てきません。工学書に見られる数式中心の理解スタイルから，データ構造とプログラミングの理解スタイルに切り替えて，基礎的なサンプルソースコードを中心に理解していく形です。サンプルプログラムを用いた解説は，文系理系関係なく，仕事や勉強におけるまさにプログラミングする現場にとって，単刀直入に活用できる形だと思われます。その反面，数式表現された理論解説は省略してありますので，そのような学習が目的の場合は，学術論文や工学書を参考にしていただければ幸いです。本書の役目は，AI 実装の基礎となる具体的ソースコードによって，プログラミングノウハウをみなさんに提供することであり，プログラミングの実践力や AI 体験のために本書を活用されることを期待します。

　プログラムの作成には Python 言語を使用しており，本書を読むにあたり Python プログラミングおよびオブジェクト指向の基礎は学習済みであることを想定しています。開発環境には，セットアップと操作面での手軽さを重視して PyScripter を使用しています。またグラフィックス機能には，よくゲームに利用される pygame パッケージを使用しており，これについての書籍やインターネット上での開発情報も豊富だと思われます。Python は近年需要が増え，特に機

械学習分野の開発では主力言語であり，Python での学習は必須だと思われます。本書では機械学習およびディープラーニングのフレームワークとして，比較的新しく記述が簡潔な keras を使用しています。Python 入門書で学習された人にとって，次なる学習材料として本書をお勧めします。様々なプログラミングノウハウを吸収されたい人や AI に関心のある人，ディープラーニングを体験してみたい人にとって，本書は向いていると思います。

　本書で用いるプログラミングスタイルについては，オブジェクト指向をベースに，AI プログラミングらしい関数型スタイルを用い，その一方で機械学習などは，手続き型スタイルでシンプルに記述しています。あまり一つのプログラミングパラダイムで統一することにこだわってはおらず，適材適所な記述スタイルや読者のプログラミングセンスを刺激するようなエッセンスとして，いろいろなプログラム表現を使いました。また，Windows アプリケーションとしての重要事項に，処理をブロッキングしないことが挙げられます。例えば，ウィンドウユーザインタフェースの反応やゲームキャラクタなどの独立した動きの滑らかさです。そのためにマルチスレッディングといった処理スタイルも積極的に活用しています。このように様々な視点でプログラミングスタイルを導入し，バラエティに富んだ AI プログラミングを紹介しています。加えて，AI プログラミングに相性の良い連結リスト処理モジュールのソースコードを記載しています。これにより，関数型処理の記述が簡潔かつ柔軟になり，AI プログラミングの助けとなっています。さらに，ディープラーニングでは各種の可視化ユーティリティなど，学習支援ツールのソースコードも記載しています。

　本書のプログラムは，完成度はあまり高いとは言えず，あくまでサンプルですが，読者の方々によって実用的あるいは高性能なものを目指して「自分のもの」にするための有効資源になればと思います。

2018 年 12 月　深井　裕二

目　次

第 1 章　関数型スタイルと再帰処理

1.1　すぐできる Python 開発環境

❑ PyScripter

　本書では Windows での Python プログラムの開発に PyScripter を用います。PyScripter は，Windows 用のフリーでオープンソースの Python 統合開発環境（IDE）として広く利用されており，操作が簡単で扱いやすさが特徴です。プログラムの作成，実行，デバッグおよび Python パッケージの導入（pip コマンドによるインストール）がすべて PyScripter 上でできるのが簡単便利です。

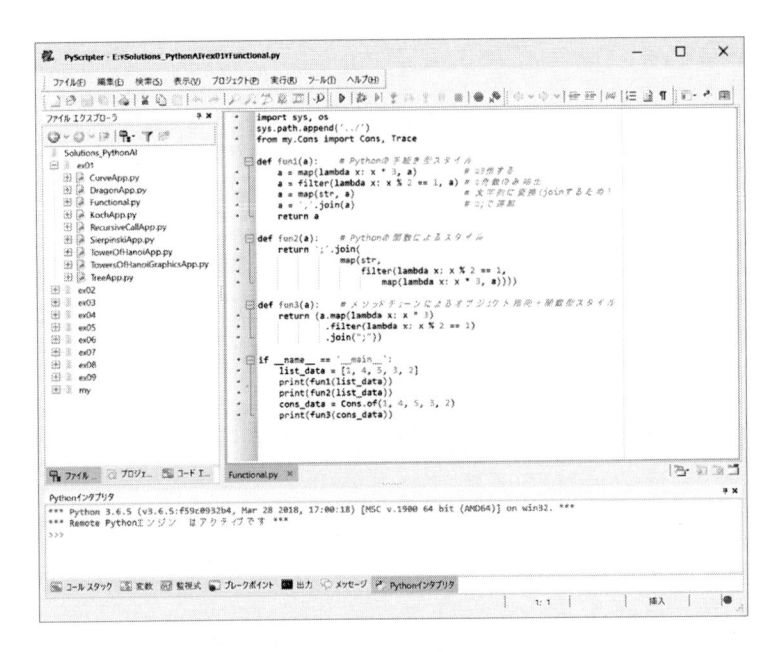

図 1-1　PyScripter によるプログラム作成・実行環境

❑ 開発環境のインストール

　開発環境のインストール手順を以下に示します。なお本書では，Windows 10 64bit にインストールすることを前提とします。

① 次の URL から Python インタプリタ（標準ライブラリ含む）をダウンロードします。

```
URL:        https://www.python.org/downloads/windows/
バージョン：  Python 3.6 （本書は 3.6.5 64bit で動作確認済み）
            ※3.7 以降では④の tensorflow に未対応（2018.11 現在）
形式：       Windows x86-64 executable installer
```

　ダウンロードしたら，Python のセットアッププログラムを実行します。最初の図 1-2 の画面では，念のためコマンドプロンプトからも Python を実行できるように「Add Python 3.6 to PATH」にチェックを付け，「Install Now」をクリックしてセットアップを開始します。

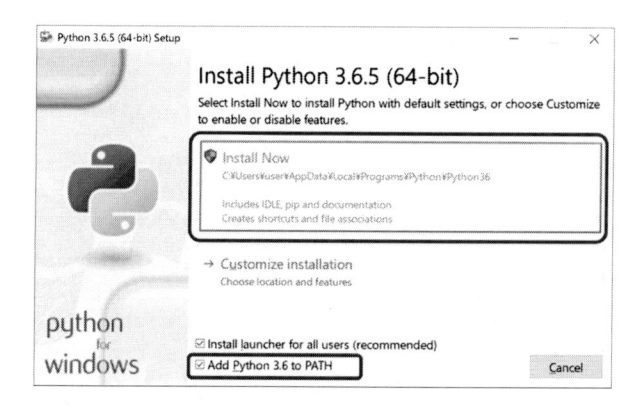

図 1-2　Python セットアップ画面(1)

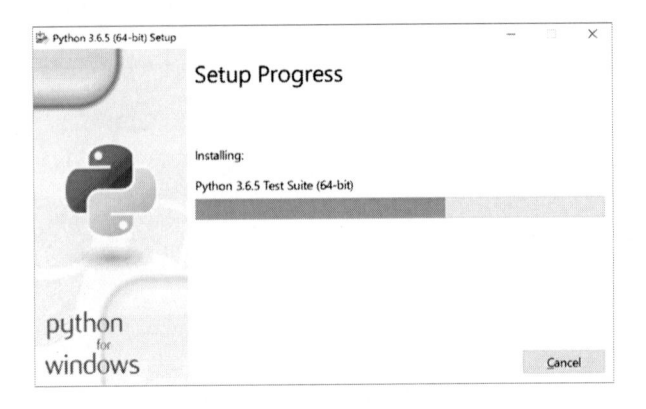

図1-3　Python セットアップ画面(2)

　図1-4 の終了画面まで行ったら「Close」ボタンで終了させます。

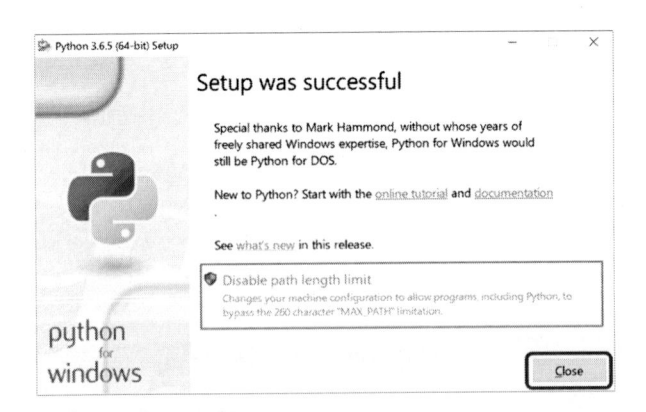

図1-4　Python セットアップ画面(3)

② 次の URL から PyScripter をダウンロードします。

```
URL:         https://sourceforge.net/projects/pyscripter/files/
バージョン:   PyScripter-v3.4 （本書は 3.4.2 64bit で動作確認済み）
形式:        PyScripter-v3.4.2-x64-Setup.exe
```

ダウンロードしたら，**PyScripter** のセットアッププログラムを実行し，図 **1-5** 以降のように進めていきます。

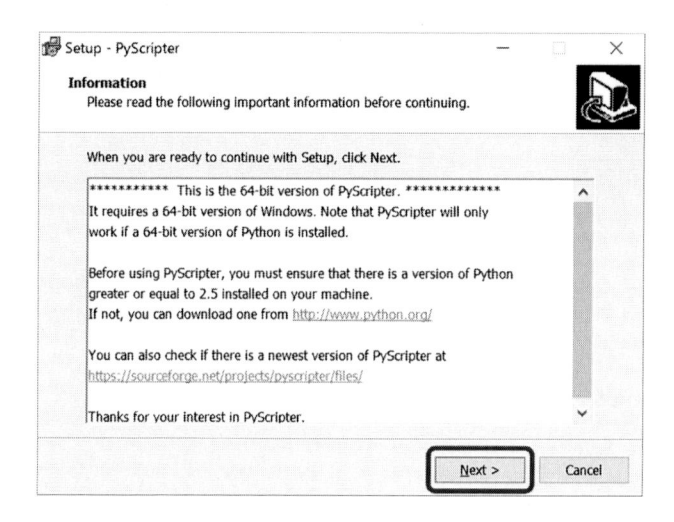

図 1-5　PyScripter セットアップ画面(1)

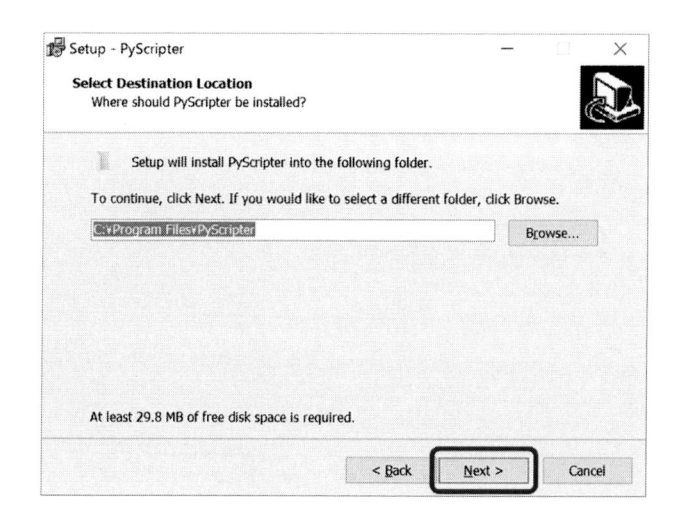

図 1-6　PyScripter セットアップ画面(2)

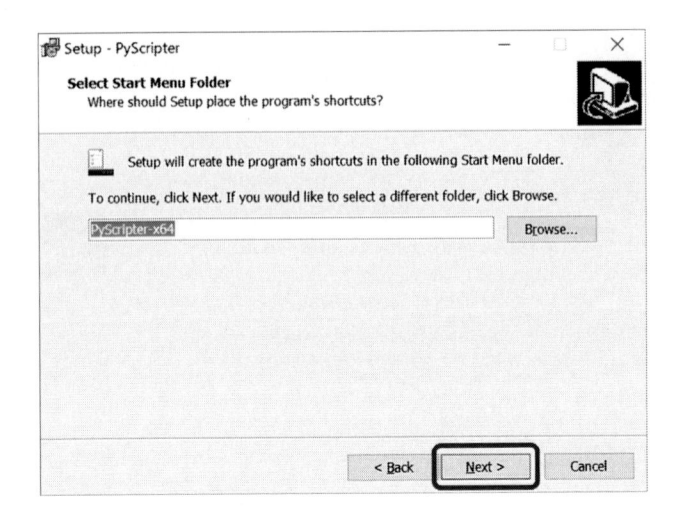

図 1-7　PyScripter セットアップ画面(3)

　図 1-8 の画面では「Create a desktop shorcut」をチェックし，デスク
トップへの PyScriper ショートカットアイコンの作成を有効にします。

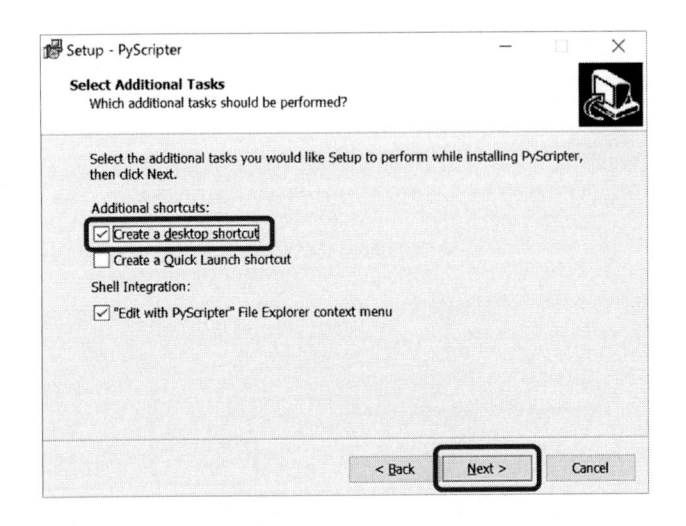

図 1-8　PyScripter セットアップ画面(4)

図 1-9 の「Install」ボタンのクリックでインストールが開始します。

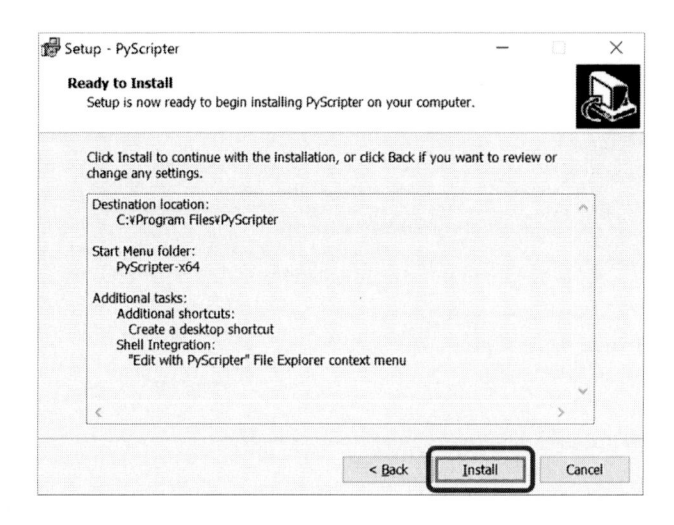

図 1-9　PyScripter セットアップ画面(5)

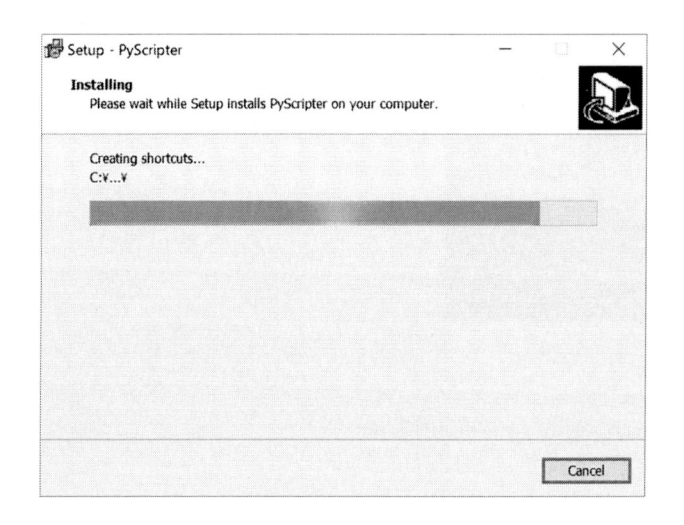

図 1-10　PyScripter セットアップ画面(6)

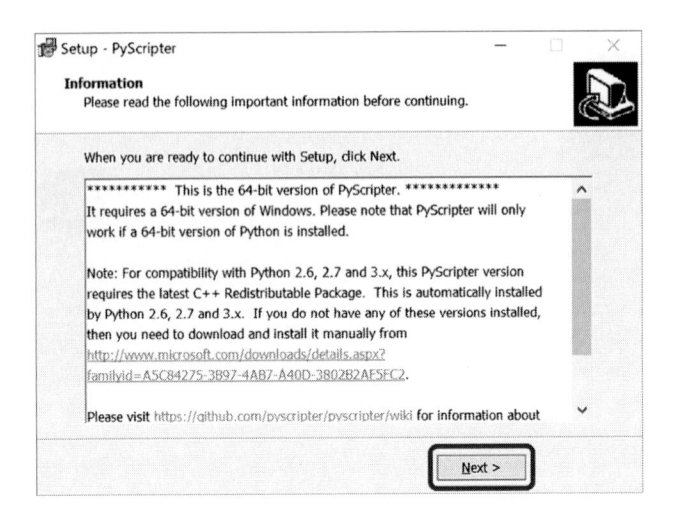

図 1-11　PyScripter セットアップ画面(7)

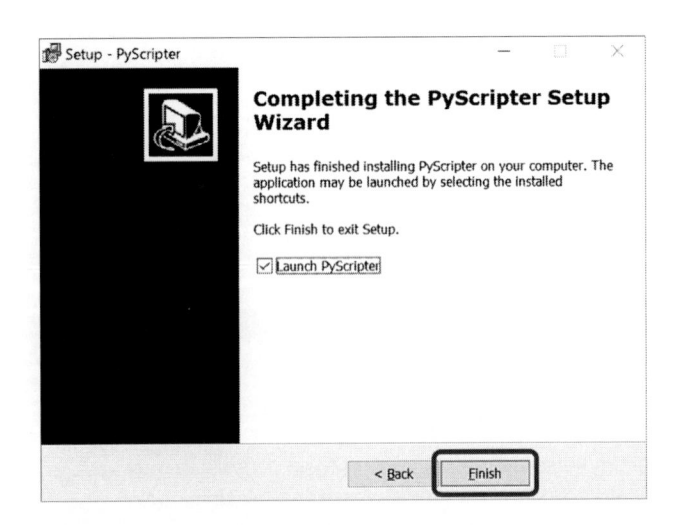

図 1-12　PyScripter セットアップ画面(8)

③ インストールが完了したら **PyScripter** を起動し，以下のメニュー操作をします。

④ メニュー「**View**」→「**Language**」→「**Japanese**」を選択します。

⑤ メニュー「ツール」→「ツール」→「Install Packages with pip」を繰り
　返し使い，次のパッケージ名を入力してインストールします。

```
pygame          … グラフィックス機能
numpy           … 行列演算機能           (8 章以降で使用)
tensorflow      … ディープラーニング機能  (      〃      )
keras           … ディープラーニング機能  (      〃      )
matplotlib      … グラフ表示機能          (      〃      )
pillow          … 画像処理機能            (      〃      )
```

各インストール後に「You are using pip version 10.x.x, however version x.x
is available.」と，pip の最新版導入を促されますが無視して構いません。

❏ プログラムの構成

　本書で作成するプログラムは，図 1-13 のように各章ごとにフォルダを対応さ
せています。個々のプログラムは，拡張子が「.py」の Python ソースファイルと
して各フォルダ内に配置します。本章ですと，第1章は ex01 フォルダを作成し，
ex01 内に各プログラム CurveApp.py，DragonApp.py 等を作成していきます。

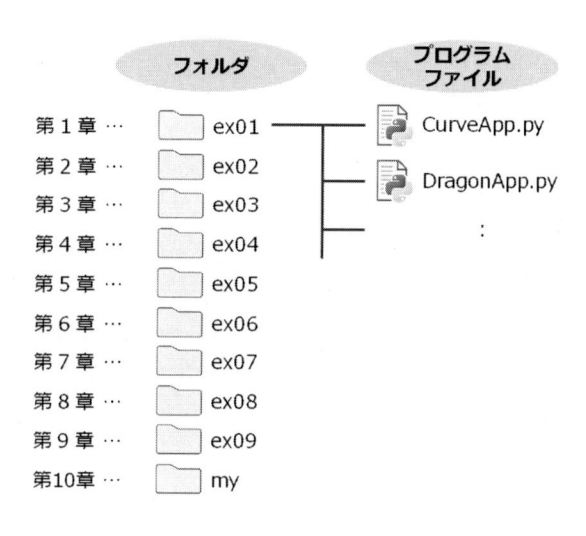

図 1-13　プログラムのフォルダ構成

　PyScripter で作業しやすくするために，図 1-14 の操作①～③で「ファイル エクスプローラ」の表示の基準点となるフォルダを設定します。ここでは，本書ソースコードをダウンロードし（詳細は本書の最後に記載），配置したフォルダ「Solutions_PythonAI」を基準点に設定しておきます。

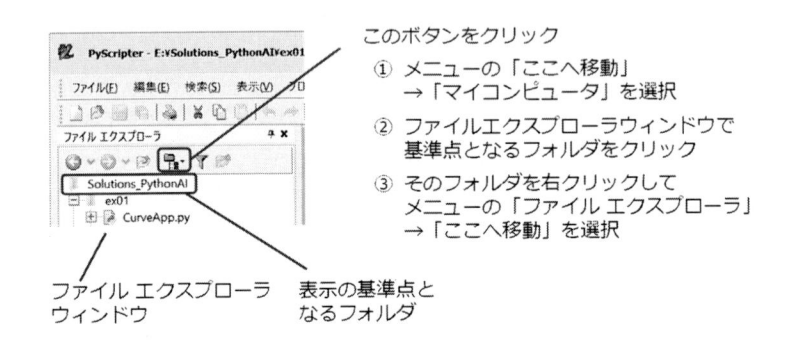

図 1-14　PyScripter の作業フォルダ設定

❏ プログラムの実行方法

　PyScripter では，図 1-15 の「実行」ボタンでプログラムを実行します。実行結果は，コンソール出力ならば「Python インタプリタ」ウィンドウに出力されます。グラフィックスやグラフ出力ならば，別途ウィンドウが開きます。

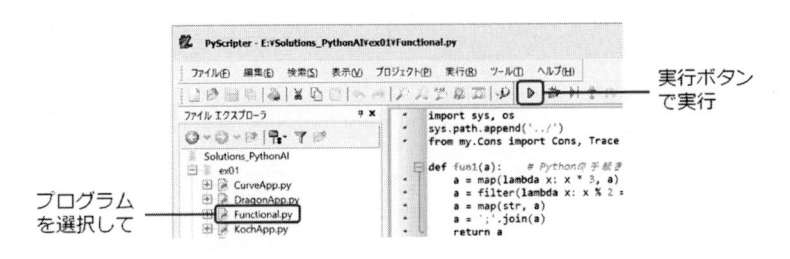

図 1-15　PyScripter でのプログラム実行

1.2 関数型スタイル

❏ 用語の呼び方

本書では，区別や分かりやすさから用語を次のように呼ぶことにしています。

- Python のリスト型　　　　　　　　　　→ リスト，配列 （一般的な呼び方）
- クラス内で定義された関数　　　　　　　→ メソッド　　 （一般的な呼び方）
- Cons モジュールで定義された連結リスト　→ Cons リスト （本書特有の呼び方）

❏ プログラミングパラダイム

各プログラミング言語では，いくつかの種類に分類される「規範」あるいは「流儀」に合わせたプログラミングスタイルを用います。これをプログラミングパラダイム（programming paradigm）と呼び，プログラミングにおける物の見方や捉え方が異なります。現在主要なパラダイムに次のようなものがあります。

- 手続き型
- オブジェクト指向
- 関数型

Python は手続き型を基本として，オブジェクト指向や関数型の機能も取り入れています。純粋なオブジェクト指向言語や純粋な関数型言語と比べると，やや簡易的ですが，本書では柔軟にそれら機能を用い，関数型スタイルやオブジェクト指向スタイルでプログラミングしていきます。

❏ 手続き型・関数型・オブジェクト指向によるスタイル

リスト 1-1 は，同じ処理内容を 4 つのスタイルで記述したプログラムです。本プログラムで定義された関数として，fun1 はオーソドックスな手続き型スタイ

ルで，fun2 は Python の持つリスト内包表記という便利な機能を使ったスタイル
です。fun3 は関数型スタイルで，fun4 は関数型にさらにオブジェクト指向も導
入したスタイルです。

　これらの処理内容は，いずれも「5,3,6,7,2」という正解数データから，100
点換算で 50 点以上のものを小数点以下第 1 位で四捨五入し；区切りの文字列
「"71.4;85.7;100.0"」にするものです。

リスト 1-1　Functional.py　関数型スタイルプログラム

```python
import sys, os
sys.path.append('../')          # 一つ上のフォルダから探せるようにする
from my.Cons import Cons        # 連結リストを使う

def fun1(dat):          # 手続き型（繰り返し構造）
    a = []
    for x in dat:
        p = x / 7 * 100                 # 100点換算
        if p >= 50:                     # 50点以上を抽出
            a.append(str(round(p, 1)))  # 四捨五入と文字列化
    a = ';'.join(a)                     # ;で結合
    return a

def fun2(dat):          # 手続き型（内包表記）
    a = [x / 7 * 100 for x in dat]      # 100点換算
    a = [x for x in a if x >= 50]       # 50点以上を抽出
    a = [str(round(x, 1)) for x in a]   # 四捨五入と文字列化
    a = ';'.join(a)                     # ;で結合
    return a

def fun3(dat):          # 関数型（関数呼び出しの入れ子）
    return ';'.join(                            # ;で結合
        map(lambda x: str(round(x, 1)),         # 四捨五入と文字列化
            filter(lambda x: x >= 50,           # 50点以上を抽出
                map(lambda x: x / 7 * 100, dat))))  # 100点換算

def fun4(dat):          # 関数型＋オブジェクト指向（メソッドチェーン）
    return (dat.map(lambda x: x / 7 * 100)      # 100点換算
               .filter(lambda x: x >= 50)       # 50点以上を抽出
               .map(lambda x: str(round(x, 1))) # 四捨五入と文字列化
               .join(";"))                      # ;で結合
```

```
if __name__ == '__main__':
    d = [5, 3, 6, 7, 2]          # 正解数のデータ（全7問）
    print(fun1(d))
    print(fun2(d))
    print(fun3(d))
    d = Cons.of(5, 3, 6, 7, 2)   # 連結リスト（Consリスト）で用意
    print(fun4(d))
```

実行結果
```
71.4;85.7;100.0
71.4;85.7;100.0
71.4;85.7;100.0
71.4;85.7;100.0
```

　fun1 は手続き型スタイルです。図 1-16 のように，大きな流れとして 1 行ずつ処理を実行（逐次処理）していきます。逐次処理では，各処理はその都度結果を変数に格納したり，append で追加代入したりして次の処理に引き渡すので，変数代入が多くなります。また，処理の制御に for や if などの制御構造を使うため複雑な記述になります。でも逐次的に処理するという仕組みは単純です。

```
def fun1(dat):          # 手続き型（繰り返し構造）
    a = []
    for x in dat:
        p = x / 7 * 100              # 100点換算
        if p >= 50:                  # 50点以上を抽出
            a.append(str(round(p, 1)))   # 四捨五入と文字列化
    a = ';'.join(a)                  # ;で結合
    return a
```

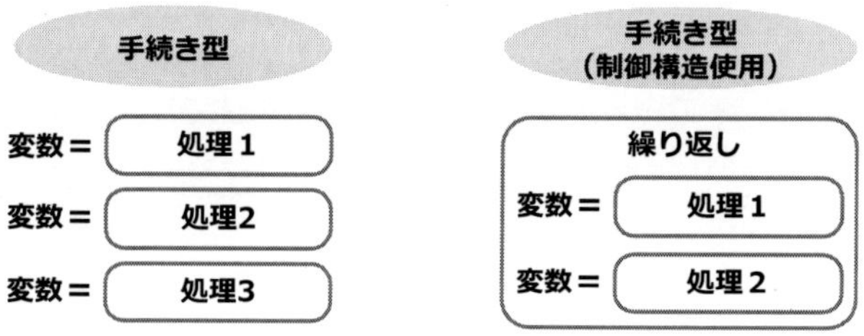

図 1-16　手続き型スタイル

　fun2 は図 1-17 のように繰り返しなどの制御構造をリスト内包表記で簡潔に記述しています。今回の処理内容ではすっきり記述できていますが，内包表記の入れ子や式の複雑化によって，読みづらく間違えやすくなる場合があります。各行で結果を変数 a に代入する方式は手続き型の基本的なやり方です。

```python
def fun2(dat):          # 手続き型(内包表記)
    a = [x / 7 * 100 for x in dat]      # 100点換算
    a = [x for x in a if x >= 50]       # 50点以上を抽出
    a = [str(round(x, 1)) for x in a]   # 四捨五入と文字列化
    a = ';'.join(a)                     # ;で結合
    return a
```

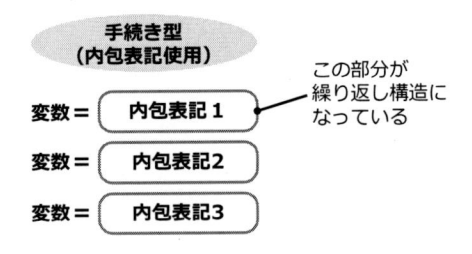

図 1-17　手続き型（内包表記）

　fun3 は関数型スタイルです。関数呼び出しでは，括弧内に引数を与えますが，引数がさらに関数呼び出しになっている入れ子の形にすることで，結果をその都度変数に代入しなくても済みます。さらに，関数型では引数に関数を値として渡すことができます。これを高階関数（higher-order function）と呼び，ラムダ式（lambda）を渡すことができます。ラムダ式は次のような無名の関数定義です。

> lambda 引数: 式 （この式の値がラムダ式の戻り値となる）

　fun3 のスタイルでは，複雑な処理を柔軟かつ簡潔に記述できますが，関数呼び出しの入れ子は括弧のレベルが深くなりすぎると読みづらくなります。さらに，

図 1-18 のように，処理の順序が後ろの関数から処理されることになります。

```
def fun3(dat):          # 関数型（関数呼び出しの入れ子）
    return ';'.join(                        # ;で結合
        map(lambda x: str(round(x, 1)),     # 四捨五入と文字列化
            filter(lambda x: x >= 50,        # 50点以上を抽出
                map(lambda x: x / 7 * 100, dat))))  # 100点換算
```

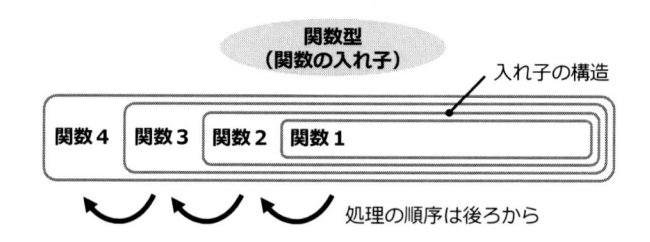

図 1-18　関数型

　fun4 は関数型とオブジェクト指向の両方を活かしたスタイルです。オブジェクト指向では，次のような形式で関数を呼び出します。

> オブジェクト. メソッド()

このメソッド（関数に相当）の戻り値がオブジェクトならば，さらに

> オブジェクト. メソッド(). メソッド()　　… メソッドチェーン

というように，連鎖的な記述であるメソッドチェーン（Method chaining）が使えます。メソッドというのは，オブジェクト指向ではクラスに所属する関数をメソッドと呼びます。関数の結果を関数に渡したり，高階関数にラムダ式を渡したりする部分は fun3 と同様ですが，オブジェクト指向の機能を活用すればメソ

ッドチェーンによって深い括弧レベルを回避できます。

　fun3 では処理順序が後ろから処理されるのに対し，fun4 では図 1-19 のように，メソッド1→メソッド2→メソッド3→メソッド4 と前から処理されるので可読性および処理構造が理解しやすいのも利点でしょう。なお，fun4 ではオブジェクトを利用するために，独自に Cons というモジュール（10 章で紹介）を作成して使用しています。fun4 の map, filter, join は Cons クラス独自のメソッドです。これらは Cons 型のオブジェクトを返すように設計されており，メソッドチェーンが適用できます。

```python
def fun4(dat):          # 関数型＋オブジェクト指向(メソッドチェーン)
    return (dat.map(lambda x: x / 7 * 100)          # 100点換算
            .filter(lambda x: x >= 50)              # 50点以上を抽出
            .map(lambda x: str(round(x, 1)))        # 四捨五入と文字列化
            .join(";"))                             # ;で結合
```

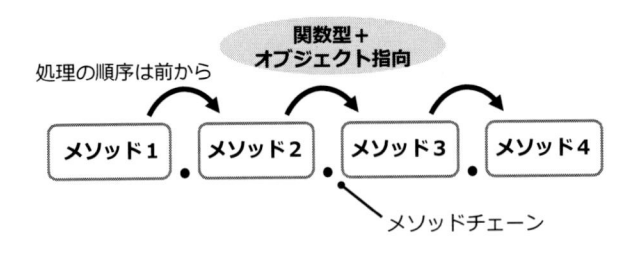

図 1-19　関数型＋オブジェクト指向（メソッドチェーン）

　本書では，最後に紹介した関数型とオブジェクト指向を組み合わせて柔軟かつ簡潔に記述できるスタイルを多用しています。その理由として，人工知能（Artificial Intelligence, AI）の処理は，不規則なデータ構造を扱うことがあり，それには連結リスト（Linked list, Python 標準のリスト型とは異なり，本書では Cons リストと呼ぶ）によるデータ表現と関数型による柔軟な処理が適しています。また，さらにオブジェクト指向をミックスすることで，関数型の簡潔な記述とオブジェクト指向によるプログラムの再利用ができ，生産性のよい開発技法となります。

1.3 再帰的プログラミング

❏ 再帰処理とは

　人工知能（**AI**）プログラミングの基礎技法でもある再帰処理について，しくみを理解しておきましょう。再帰処理（再帰呼び出し：`recursive call`）は，自分自身を呼び出して処理する関数（再帰関数）によるプログラミング技法です。

　プログラムによっては再帰処理のおかげで複雑な処理をシンプルに記述できるケースがあり，**AI** 分野ではよく使われることがあります。再帰処理は一種の繰り返し処理（ループ処理）です。不規則で複雑な処理をプログラミングするとき，手続き型のループ処理では複雑化してプログラミングが困難になるケースがありますが，関数型の再帰処理を使うと，むしろ簡潔に記述できることがあります。

　再帰処理が適用できる簡単な例を見てみましょう。例えば階乗計算は一般に次のような式で表されます。

```
n! = n(n-1)!
n! = n(n-1)(n-2) … 1
5! = 5 × 4 × 3 × 2 × 1 = 120
```

　また，階乗を次のような数学関数として定義することもできます。$f(x)$の定義内容は，x=1 なら 1 を返し x>1 なら x·f(x-1)を返すものです。

$$f(x) = \begin{cases} 1, & x = 1 \quad \cdots \ 1 \text{の階乗は} 1 \\ x\cdot f(x-1), & x > 1 \quad \cdots \ x \text{の階乗は} x * (x-1)! \end{cases}$$

　これに対し，再帰呼び出しによって階乗を求める Python プログラムは，次のような関数（メソッド）として定義できます。`fact` メソッドは自分自身を呼び出す形（再帰呼び出し）を含んでおり，再帰関数の構造を持っています。これは数学の関数定義と構造がよく似ています。

```
class RecursiveCall():
    def fact(self, x):          # 階乗を求める再帰関数
        if x == 1:
            return 1                    # 1 の階乗は 1
        else:
            return x * self.fact(x - 1)  # x の階乗は x * (x-1)!
```

fact メソッドにいくつか引数を与えて実行すると，次の結果が得られます。

```
fact(1) => 1
fact(2) => 2
fact(3) => 6
fact(4) => 24
fact(5) => 120
```

　次のような for を使った手続き型のループ処理と再帰処理が大きく異なる点は，ループ処理は単純に同じ演算処理をプログラムの「ジャンプ機構」を使って繰り返していきますが，再帰処理は「関数呼び出し」のしくみを使って繰り返します。

```
    def fact1(self, x):              # 階乗を求める手続き型関数
        a = x
        for i in range(1, x):        # ①
            a *= i                   # ②    ①にジャンプして①-②を繰り返す
        return a
```

　単純なジャンプに対し関数呼び出しはやや複雑な内部処理を行います。ジャンプはプログラムの実行位置を移動させるだけで，演算に使用する変数は同じものを使っています。一方，関数呼び出しでは変数は新しいものがその都度用意されます。同じものを使う方が効率的で新たなものを毎回用意するのは無駄な感じがしますが，関数が新たな変数つまり新たな作業環境を用意することが不規則で複雑な処理にも対応できる重要な仕組みとなります。

　再帰関数の fact は自分自身を呼び出し，fact(5)で呼び出すと内部で fact(4) をさらに呼び出します。つまり，解くべき問題 fact(5)は副問題 fact(4)を解きその結果を使用するわけです。このときさらに fact(3)，fact(2)というように呼び出していき，最終的に fact(1)までいくと 1 を返します。これは数学の階乗

関数定義と同じです。

　再帰関数では，延々と再帰呼び出しするとスタックオーバーフローが発生し，異常停止するため，何らかの停止条件が必要となります。今回は「if x == 1」が停止条件です。x が 1 の場合，それ以上再帰呼び出しをせずに値 1 を返します。

❏ 再帰処理の過程

　図 1-20 は，fact メソッドの再帰呼び出し過程です。最初の呼び出しからスタートして，①②③④の順序で fact メソッドが再帰呼び出しされ，⑤⑥⑦⑧の順序で各結果が戻されます。詳しく見てみると，図 1-21 のように演算が行われます。まず自分への引数 5 を保留にしておき，次の再帰呼び出しで得た戻り値 24 を掛け合わせて自分の戻り値 120 を返します。ちょうど仕事を下請けに依頼し，結果を待って作業を再開するような感じです。

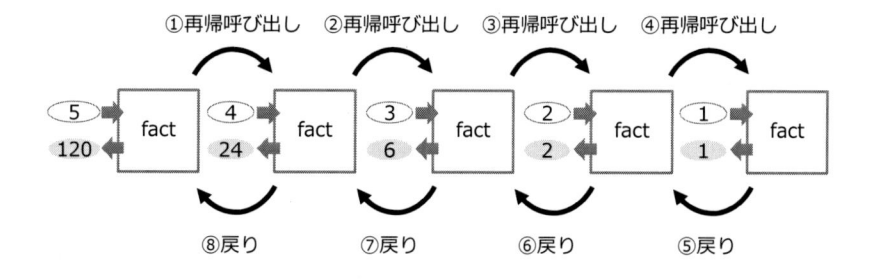

図 1-20　再帰関数が自分自身を再帰呼び出しする過程

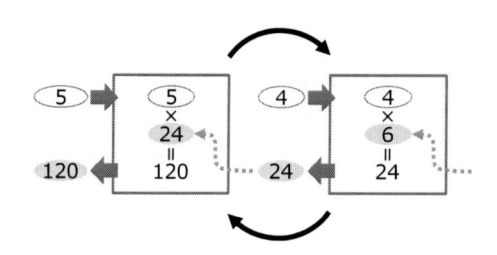

図 1-21　再帰呼び出し結果を使い自分の結果を作る

　このように演算を保留にして他の処理をするために，スタックと呼ばれる記憶メカニズムを利用します。図 1-22 は階乗計算の再帰関数における呼び出し時のスタック状態を，また，図 1-23 は戻り時のスタック状態を表したものです。

　再帰呼び出し時では，演算を保留にするために自分が呼ばれたときの引数 5 をスタックに置き，次の呼び出しで渡す引数 4 はスタックの上に積むことで前の引数を保留状態にします。そして戻り時では，fact(1)から戻り値 1 が戻されたとき，スタックに保存しておいた引数 2 を取り出して 2×1=2 を計算して fact(2) の戻り値とします。これを最初の呼び出しまで続けます。

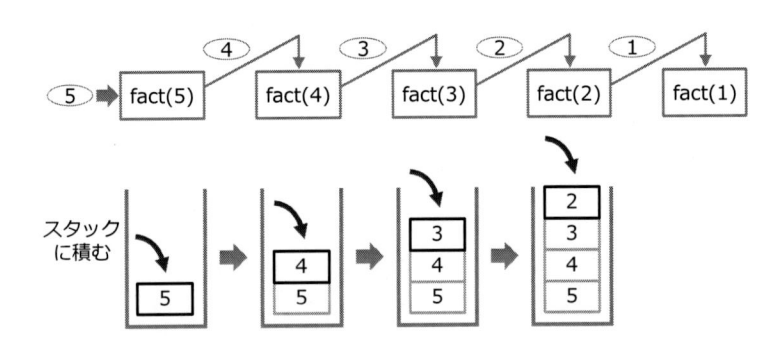

図 1-22　再帰呼び出し時のスタック状態

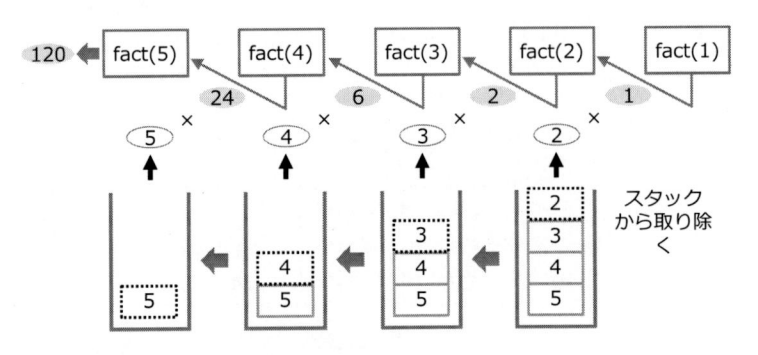

図 1-23　再帰関数の戻り時のスタック状態

❏ 再帰処理のトレースプログラム

リスト 1-2 は再帰関数呼び出しを行い，その過程を追跡表示（トレース）する
プログラムです。

リスト 1-2　RecursiveCallApp.py　再帰関数のトレースプログラム

```python
import sys, os
sys.path.append('../')
from my.Cons import Cons, Trace

# 再帰呼び出しクラス
class RecursiveCall():
    def fact(self, x):                      # 階乗を求める再帰関数
        if x == 1:
            return 1
        else:
            return x * self.fact(x - 1)

# 再帰呼び出しクラス
class RecursiveCallTrace(Trace):        # Traceから派生
    def fact(self, x):                      # 階乗トレースバージョン
        self.trace_in("fact", [x])          # 呼び出し時の引数表示
        if x == 1:
            ret = 1
        else:
            ret = x * self.fact(x - 1)
        self.trace_out("fact", ret)         # 戻り時の戻り値表示
        return ret

if __name__ == "__main__":
    print("fact --------------------------")
    print("階乗=", RecursiveCall().fact(5))
    print("fact tarce --------------------")
    print("階乗=", RecursiveCallTrace().fact(5))
```

実行結果

```
fact --------------------------
階乗= 120
fact tarce --------------------
0: fact (5)
- 1: fact (4)
```

```
- - 2: fact (3)
- - - 3: fact (2)
- - - - 4: fact (1)
- - - - 4: fact =1
- - - 3: fact =2
- - 2: fact =6
- 1: fact =24
0: fact =120
階乗= 120
```

　実行結果では，再帰レベル（再帰呼び出しの深さ）に応じてインデント（字下げ）して表示され，再帰呼び出しの過程を見ることができます。trace_in メソッドは，トレース対象の関数名を文字列で第1引数に，関数引数（ここでは fact の引数 x）をリストにして第 2 引数に与えます。リストにするのは引数が複数でも対応できるためです。また，trace_out メソッドの第 2 引数は関数戻り値を与えます。そして trace_in と trace_out が関数呼び出しと戻りの情報を出力し，再帰呼び出しの過程を見ることができます。また，trace_in を通過するたびにインデントレベルが深くなり，trace_out でレベルが戻りますので，再帰呼び出しのレベルの深さをインデントで把握することができます。

1.4　フラクタルカーブ

❏ グラフィックス処理の基礎プログラム

　フラクタル（fractal）カーブ（曲線）は自己相似形の図形であり，再帰処理の代表例です。

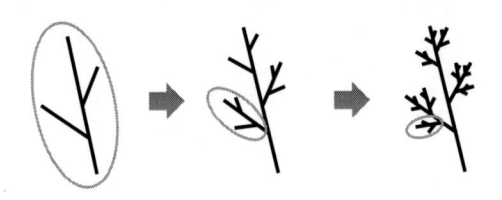

図 1-24　自己相似形

　自己相似形とは，例えば，自然界の木の構造は枝に葉がついていますが，図1-24のように，枝はさらに枝に分かれて同様の構造を繰り返す場合が見られます。このように全体と部分が同様の構造，つまり相似形になっている状態のことです。

　まず，曲線描画の準備として，リスト 1-3 のプログラムを作成します。これは pygame パッケージのグラフィックス機能を使用してウィンドウ表示し，線を描いていく線描画プログラムです。そして後で出てくる様々なフラクタルカーブのプログラムは，オブジェクト指向設計によって，このプログラムの機能をベースとして利用します。

リスト 1-3　Curve.py　曲線描画のグラフィックス基本プログラム

```python
import pygame
from pygame.locals import *
import sys
import math
from ctypes import windll

windll.shcore.SetProcessDpiAwareness(1)        # 高解像度モニタに対応

# 曲線描画の基礎クラス
class Curve:
    def __init__(self):
        self.last_x = 0
        self.last_y = 0
        self.color = (0, 0, 0)
        pygame.init()                           # pygameモジュールの初期化
        self.screen = pygame.display.set_mode((600, 600)) # スクリーン
        self.screen.fill((255, 255, 255))       # 背景をクリア
        self.draw()                             # 曲線描画処理
        while (True):
            for event in pygame.event.get():
                if event.type == QUIT:          # 閉じるボタンが押された
                    pygame.quit()               # pygameモジュールの解除
                    sys.exit()                  # 終了

    def move(self, x, y):      # 現在位置の移動
        self.last_x = x
        self.last_y = y

    def forward(self, len, angle):  # 長さと角度で現在位置から線を描画
        x = self.last_x + len * math.cos(angle)
```

```
        y = self.last_y + len * math.sin(angle)
        self.draw_line(self.last_x, self.last_y, x, y)   # 線を引いて
        self.move(x, y)                                  # 現在位置を移動

    def draw_line(self, x1, y1, x2, y2):     # 汎用的な線描画
        pygame.draw.line(self.screen, self.color, (x1,y1), (x2,y2), 1)
        pygame.display.update()              # 線を描くたびに画面を更新

    def draw(self):            # 描画開始処理
        self.move(50, 300)        # 開始点の設定
        self.forward(500, 0)     # 長さと角度を与えて描画してみる

if __name__ == "__main__":
    Curve()
```

　Curve クラスにはグラフィックス処理の基盤と直線描画機能が実装されています。直線描画は現在位置を基準として線を描きながら進む機能です。リスト **1-3** を実行すると，動作テストとして単純な横線が **1** 本描かれるだけですが，forward メソッドは，図 **1-25** のように長さ len と角度 angle によって線を描く基礎機能です。本章ではこの Curve クラスをもとにオブジェクト指向の派生，継承の機能を活用し，よりコンパクトにプログラミングしていきます。

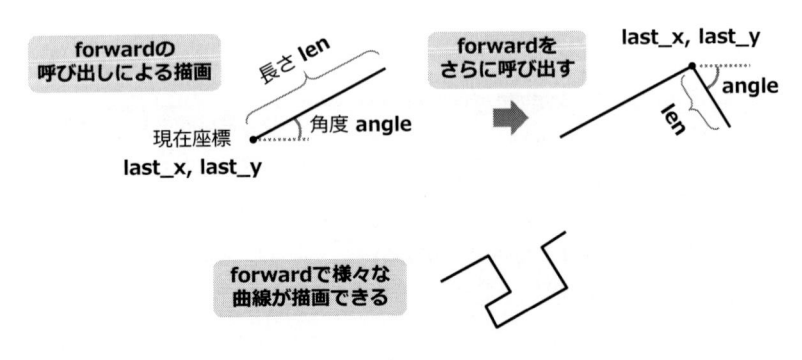

図 1-25　線描画のしくみ

❏ コッホ曲線プログラム

　図 1-26 とリスト 1-4 は，コッホ曲線を描くプログラムの実行結果とリストです。コッホ曲線は再帰的な曲線であり，自己相似形になっています。

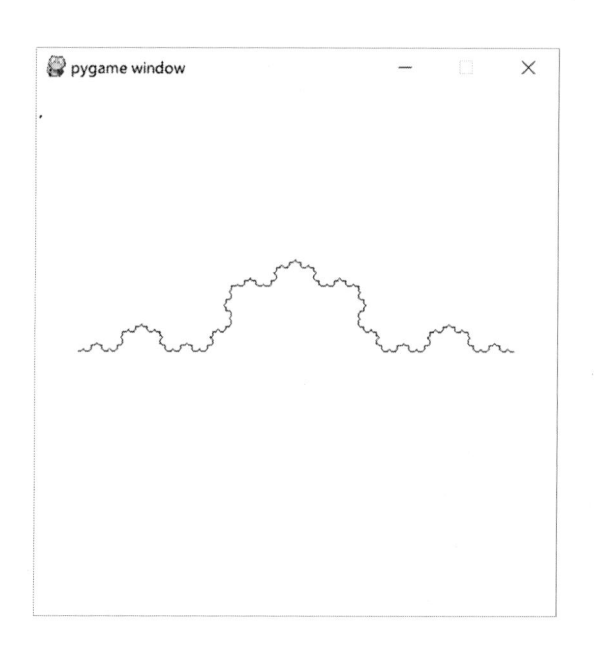

図 1-26　コッホ曲線プログラムの実行結果

リスト 1-4　KochApp.py　コッホ曲線プログラム

```python
from CurveApp import Curve
import pygame
import math

# コッホ曲線クラス
class Koch(Curve): # Curveクラスを継承
    # n:再帰レベル, len:長さ, angle:角度を与えて曲線描画
    def koch(self, n, len, angle):
        if n == 1:              # n=1なら線を一本描く（長さと角度で）
            self.forward(len, angle)
        else:                   # n>1なら4回再帰呼び出しで描く
            l = len / (2 / math.sqrt(2) + 2)    # 長さの縮小
            a = math.pi * 0.25
```

```
            self.koch(n - 1, 1, angle)         # 再帰描画(直進)
            self.koch(n - 1, 1, angle - a)     # 再帰描画(-a回転)
            self.koch(n - 1, 1, angle + a)     # 再帰描画(+a回転)
            self.koch(n - 1, 1, angle)         # 再帰描画(直進)

    def draw(self): # 描画開始処理
        self.move(50, 300)         # 開始位置の設定
        self.koch(5, 500, 0)       # コッホ曲線の描画

if __name__ == "__main__":
    Koch()
```

　図 1-27 のように Koch クラスは Curve クラスから派生させ，move や forward
メソッドの機能を継承し，draw，koch メソッドはコッホ曲線独自の処理を実装
しています。このように Koch クラスはオブジェクト指向の活用によって，基本
プログラムとの差異のみのシンプルなプログラムになっています。

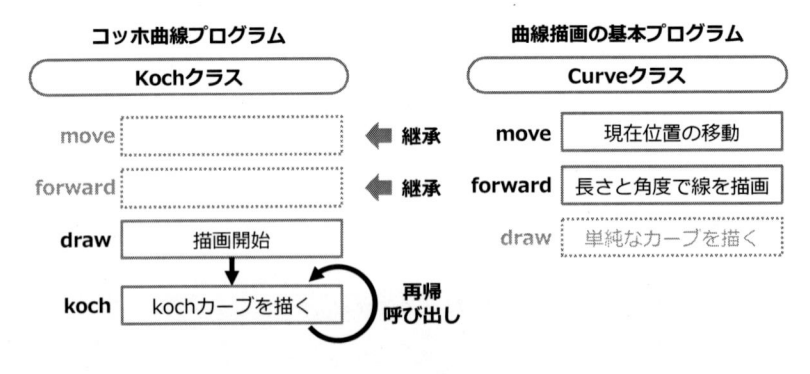

図 1-27　オブジェクト指向の派生クラスによる実装

　コッホ曲線という図形は 4 本の線による基本構造を持ちます。4 本の線は次の
再帰呼び出し部分によって構成され，図 1-28 のように①〜④の線パターンを用
い，koch メソッドを再帰呼び出しすることで各線がさらに 4 本線で再帰的に構
成されます。この自己相似形は再帰レベル n に応じて繰り返されます。なお，再
帰関数 koch を最初に呼び出す処理が必要なので draw メソッドで行っています。

```
self.koch(n - 1, l, angle)        # 再帰描画（直進）    … ①
self.koch(n - 1, l, angle - a)    # 再帰描画（-a回転）  … ②
self.koch(n - 1, l, angle + a)    # 再帰描画（+a回転）  … ③
self.koch(n - 1, l, angle)        # 再帰描画（直進）    … ④
```

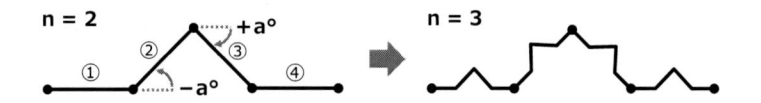

図 1-28　コッホ曲線の自己相似形構造

❑ ドラゴン曲線プログラム

　図 1-29 とリスト 1-5 は，ドラゴン曲線を描くプログラムの実行結果とリストです。ドラゴン曲線は 2 本の線による基本構造の自己相似形になっています。

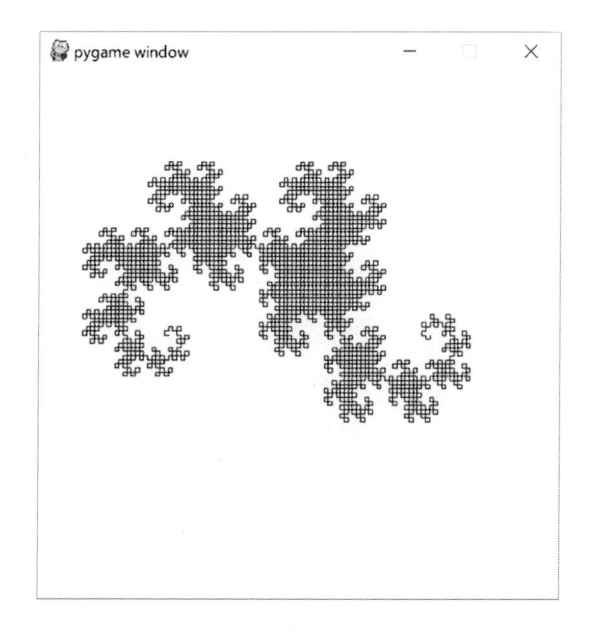

図 1-29　ドラゴン曲線プログラムの実行結果

リスト 1-5　DragonApp.py　ドラゴン曲線プログラム

```python
from CurveApp import Curve
import pygame
import math

# ドラゴン曲線クラス
class Dragon(Curve): # Curveクラスを継承
    # n:再帰レベル, len:長さ, angle:角度, sw:スイッチを与えて曲線描画
    def dragon(self, n, len, angle, sw):
        if n == 1:                  # n=1なら線を一本描く
            self.forward(len, angle)
        else:                       # n>1なら2回再帰呼び出しで描く
            l = len / (2 / math.sqrt(2))        # 長さの縮小
            a = math.pi * 0.25 * sw             # 角度計算(swで+-反転)
            self.dragon(n - 1, l, angle - a, 1) # 再帰描画(-a回転)
            self.dragon(n - 1, l, angle + a, -1) # 再帰描画(+a回転)

    def draw(self):    # 描画開始処理
        self.move(150, 300)         # 開始点の設定
        self.dragon(13, 300, 0, 1)  # ドラゴン曲線の描画

if __name__ == "__main__":
    Dragon()
```

　ドラゴン曲線は，次の再帰呼び出し部分によって構成され，図 1-30 のように①，②の 2 本の線パターンを用い，各線がさらに 2 本線で再帰的に構成されます。図の n=2 における①の角度は「基準角 -a°」ですが，n=3 では「①の角度 -a°」となります。つまり基準角が一つ前の再帰レベルの角度になっています。

　また，②の部分は再帰呼び出しするたびにスイッチ変数 sw を反転させます。これによって角度の＋－が反転し -a° +a° → +a° -a° というように再帰レベルが増すたびにスイッチしていきます。sw によって，2 本の線を構成する際に 1 本目の曲がる向きと 2 本目の曲がる向きを逆にするわけです。

```python
            self.dragon(n - 1, l, angle - a, 1) # 再帰描画(-a回転)　… ①
            self.dragon(n - 1, l, angle + a, -1) # 再帰描画(+a回転)　… ②
```

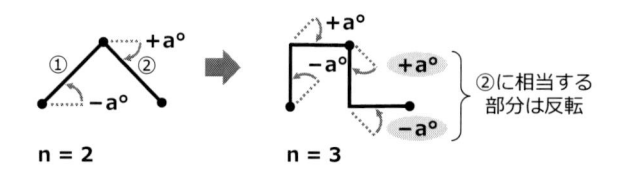

図1-30　ドラゴン曲線の自己相似形構造

　この曲線の考え方として，図 1-31 のような例があります。これは紙を 2 つ折りにしていき，その後90°に開いていくとドラゴン曲線の形になっているというもので，折っていくことが自己相似形の構築に相当すると考えられます。

　紙を 2 つに折ることは 1 つの要素を 2 本の線で表すことに対応し，その状態の紙をさらに 2 つに折ると，2 本の線がそれぞれさらに 2 本になり，計 4 本の線になるわけです。このとき折る向きは対称形ではなく逆になり，これが 2 本目の線の向きを反転させる sw の働きに対応しています。

　ドラゴン曲線描画を頭の中でシミュレートしてみると，せいぜい n=3 くらいの再帰レベルがいいところで，それ以上は難しくなっていきます。再帰処理は，状態の記憶を蓄積しながら処理するので，再帰レベルが増すたびに記憶すべき状態が増していき，人の頭で考えるには大変な処理になります。

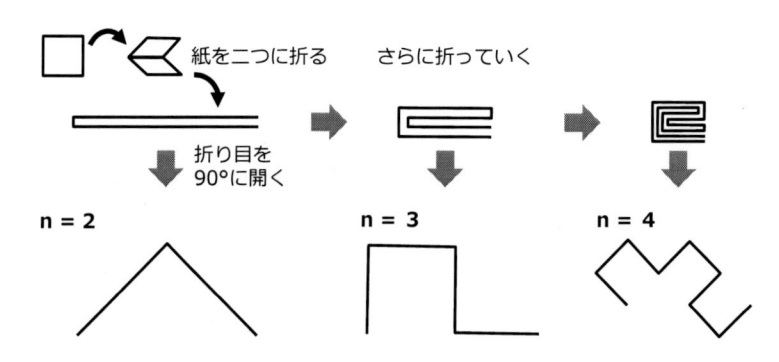

図1-31　ドラゴン曲線の考え方の例

❏ シェルピンスキー曲線プログラム

　図 1-32 とリスト 1-6 は，シェルピンスキー曲線を描くプログラムの実行結果とリストです。シェルピンスキー曲線における自己相似形の基本構造は三角形であり，三角形の内部がさらに三角形で構成されるような自己相似形です。

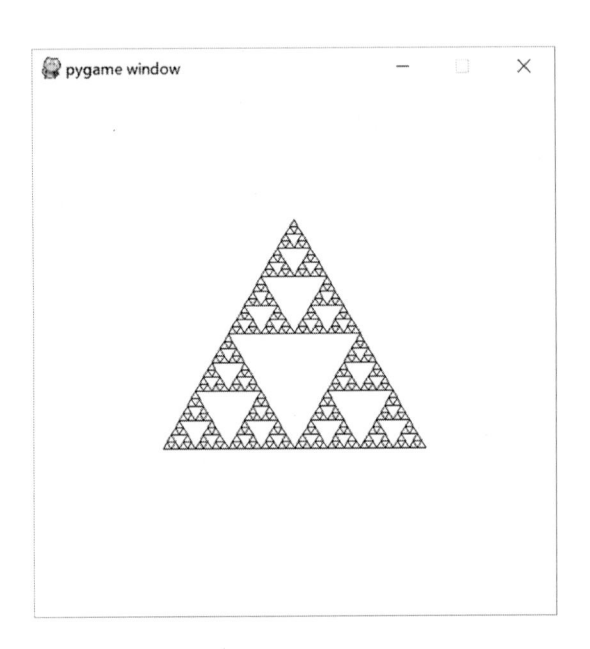

図 1-32　シェルピンスキー曲線プログラムの実行結果

リスト 1-6　SierpinskiApp.py　シェルピンスキー曲線プログラム

```python
from CurveApp import Curve
import pygame
import math

# シェルピンスキー曲線クラス
class Sierpinski(Curve): # Curveを継承
#再帰レベル, 開始位置, 長さを与えて描画
    # n:再帰レベル, len:長さ, x,y:起点を与えて曲線描画
    def sierpinski(self, n, len, x, y):
        l = len / 2
```

```
        if n == 1:   # n=1なら線を3本使って三角形を描く
            x1 = x - l
            x2 = x + l
            y1 = y + l * math.sqrt(3)
            self.draw_line(x, y, x1, y1)
            self.draw_line(x1, y1, x2, y1)
            self.draw_line(x2, y1, x, y)
        else:        # n>1なら3角形三つを再帰呼び出しで描く
            l2 = l / 2         # 長さの縮小
            # 再帰(上の三角形)
            self.sierpinski(n - 1, l, x, y)
            # 再帰(下の2つの三角形)
            self.sierpinski(n - 1, l, x - l2, y + l2 * math.sqrt(3))
            self.sierpinski(n - 1, l, x + l2, y + l2 * math.sqrt(3))

    def draw(self): # 描画開始処理
        self.sierpinski(6, 300, 300, 150) # シェルピンスキー曲線の描画
if __name__ == "__main__":
    Sierpinski()
```

　シェルピンスキー曲線は図 1-33 のように①〜③の 3 つの三角形から成るパターンを用い，各三角形内がさらに再帰的に 3 つの三角形で構成されていきます。

　sierpinski メソッドの引数には再帰レベル n，三角形の長さ（サイズ）len，三角形の上部頂点座標 x, y を与えます。再帰レベル n が 1 のときは三角形を描画します。これには直線を描く draw_line メソッドを 3 回使用して描いており，正三角形の辺の比 1:2:$\sqrt{3}$ という知識を使い，基準座標 x, y から x1, y1 および x2, y1 を求め，これら 3 点間にそれぞれ直線を描きます。

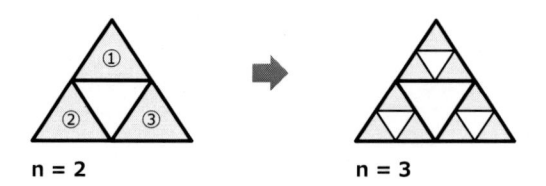

n = 2　　　　　　　　n = 3

図 1-33　シェルピンスキー曲線の自己相似形構造

　再帰レベル n が 1 より大きい場合は，次のように三角形の①〜③の各頂点（三角形の上部頂点）座標を与えて sierpinski を再帰的に呼び出します。このとき引数 len を半分にした l2 を用いて下部 2 つの三角形の上部頂点を求めます。

```
self.sierpinski(n-1, l, x, y)                     # 上の三角形     … ①
self.sierpinski(n-1, l, x-l2, y+l2 * math.sqrt(3)) # 左下の三角形 … ②
self.sierpinski(n-1, l, x+l2, y+l2 * math.sqrt(3)) # 右下の三角形 … ③
```

❑ ツリー曲線プログラム

　図 1-34 とリスト 1-7 は木を模倣したツリー曲線を描くプログラムの実行結果とリストです。木の枝を再帰的に構築していきます。

図 1-34　ツリー曲線プログラムの実行結果

リスト 1-7　TreeApp.py　ツリー曲線プログラム

```python
from CurveApp import Curve
import pygame
import math
import random

# ツリー曲線クラス
class Tree(Curve):
    # n:再帰レベル, len:長さ, angle:角度, sw:スイッチを与えて曲線描画
    def tree(self, n, len, angle, sw): # 描画処理
        x = self.last_x
        y = self.last_y
        if n == 1:   # n=1なら線を一本描く(長さと角度で)
            self.forward(len, angle)
        else:         # n>1なら3回再帰呼び出しで描く
            l = len / (2 / math.sqrt(2))   # 長さの縮小
            a = math.pi * 0.15 * sw         # 角度の計算(swで+-反転)
            # 角度に揺らぎを与える
            angle += angle * (0.5 - random.random()) * 0.1
            # 枝の構成
            self.forward(l*0.33, angle)              # 直進
            self.tree(n-1, l*0.8, angle-a, 1)    # 再帰(-a回転)
            self.forward(l*0.33, angle)              # 直進
            self.tree(n-1, l*0.7, angle+a, -1)   # 再帰(+a回転, sw反転)
            self.forward(l*0.33, angle)              # 直進
            self.tree(n-1, l*0.6, angle, 1)      # 再帰(直進)
        self.last_x = x
        self.last_y = y

    def draw(self): # 描画開始処理
        self.move(300, 600)                          # 開始位置の設定
        self.tree(7, 450, math.pi * -0.5, 1)    # ツリー曲線の描画

if __name__ == "__main__":
    Tree()
```

　図 1-34 の実行結果をよく見ると，木の枝部分が自己相似形になっています。これは，図 1-35 のような自己相似形の基本構造により，枝の構成要素①〜③と再帰構造①'〜③'で構築されています。

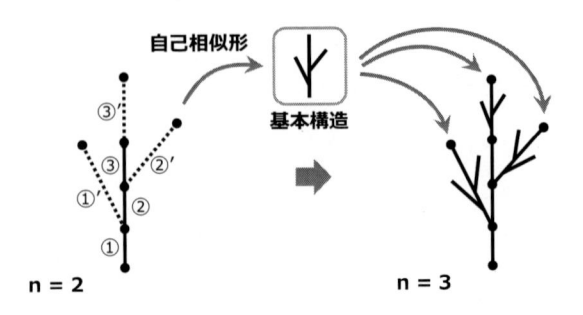

図 1-35　ツリー曲線の自己相似形構造

　tree メソッドの引数には，再帰レベル n，直線の長さ len，直線の基準 angle，そして向きを反転描画するフラグの sw を与えます。再帰レベル n が 1 のときは直線 1 本を描画します。n が 1 より大きい場合は，次のように枝の構造を直線と再帰描画で構成します。枝の構成要素①～③は forward メソッドで直線を描画し，再帰構造①'～③'を tree の再帰呼び出しで描きます。なお，②'の部分は sw によって反転描画しています。再帰レベルが増すと，点線部の枝①'②'③'が自己相似形となります。

　これらの描画処理では長さと角度を適当な倍数によって計算していますが，その値を調整すると木の形が変化します。なお angle は random メソッドによる乱数値を生成して微妙な揺らぎを与えており，実行するたびに形が異なっているのがわかると思います。

```
# 角度に揺らぎを与える
angle += angle * (0.5 - random.random()) * 0.1

# 枝の構成
self.forward(l*0.33, angle)        # 直進                  … ①
self.tree(n-1, l*0.8, angle-a, 1)  # 再帰(-a回転)          … ①'

self.forward(l*0.33, angle)        # 直進                  … ②
self.tree(n-1, l*0.7, angle+a, -1) # 再帰(+a回転, sw反転)  … ②'

self.forward(l*0.33, angle)        # 直進                  … ③
self.tree(n-1, l*0.6, angle, 1)    # 再帰(直進)            … ③'
```

1.5 ハノイの塔

❏ 目標と副問題への分割

再帰処理では，副問題を解くことで問題全体を解決します。問題解決例としてハノイの塔というパズルを解いてみましょう。ハノイの塔は，図 1-36 のように円盤群を目標の場所に移動させるものです。円盤は 3 つの支柱間で移動でき，すでに置いてある円盤上に移動させても構いません。ただし，大きい円盤をそれより小さい円盤の上に乗せてはいけません。この制約を守り，目標状態の支柱へ正しい大きさの順番になるよう移動させる手順を求めるのがこの問題です。

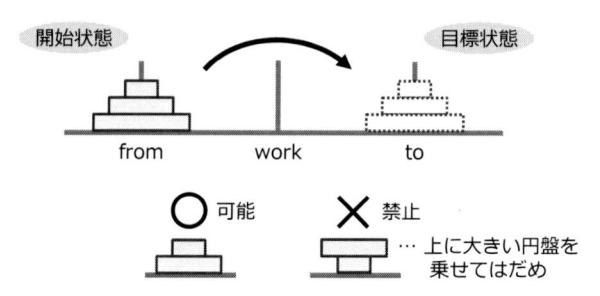

図 1-36　ハノイの塔の目標とルール

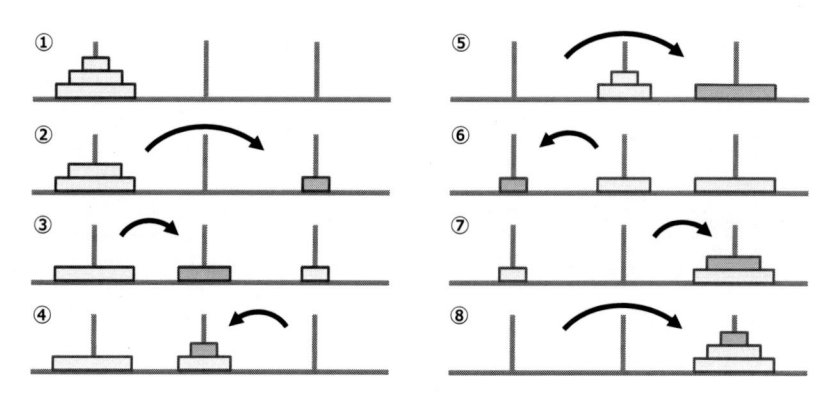

図 1-37　ハノイの塔の移動過程

　図 **1-37** はルールに従って目標状態まで移動させる過程です。円盤枚数が増え
ていくと手順の数も次のように指数関数的に増加します。

3 枚 7 回，4 枚 15 回，5 枚 31 回, …, 10 枚 1023 回，11 枚 2047 回, …

　移動手順を考えるために，小規模な問題から基本手順を求めます。そこで，図
1-38 のように最下部の円盤 1 枚に対しその上の全部を 1 枚とみなし，計 2 枚と
して扱い，上の 1 枚にあたる複数の円盤は後で再帰的に処理します。

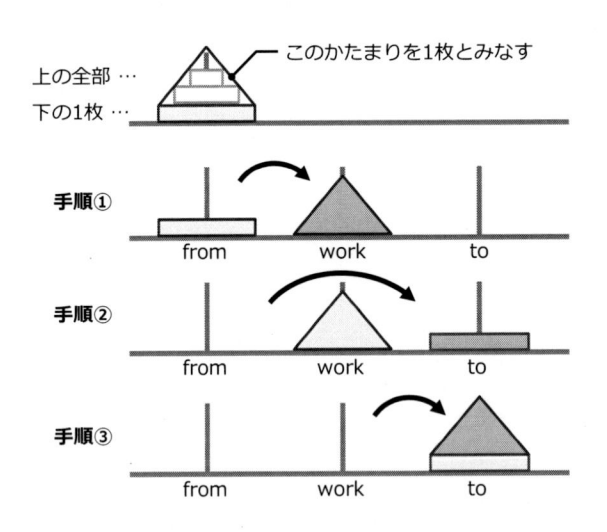

図 1-38　円盤の基本移動手順

　2 枚の移動は手順①〜③に従って，移動元（**from**）と移動先（**to**）がどこであ
るかに関わらず，①**from→work**，②**from→to**，③**work→to** の手順で移動します。
　まとめると，2 枚の移動手順を最小単位の問題とします。そして 3 枚なら 1+2
枚を 1+ひとかたまり＝2 枚とみなして，ひとかたまりの部分を副問題として解き
ます。こうして円盤枚数が何枚であっても，同じ処理内容で解決できるように再
帰処理を使います。この手順では移動はすべて再帰関数に任せ，再帰関数へは
from, to, work がどこであるかを伝えます。再帰関数は伝えられた位置間の移

動を行いますが，円盤が複数枚の場合は，図 1-39 のようにさらに再帰呼び出し
に委ねます。

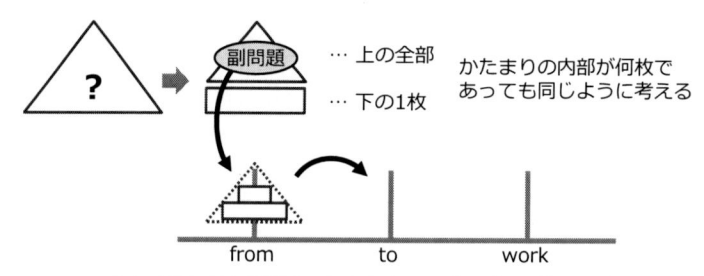

かたまりに対し手順①～③と同じアルゴリズムを使って動かす

図 1-39　副問題への同じアルゴリズムの適用

□ ハノイの塔プログラム

リスト 1-8 はハノイの塔の問題解決プログラムです。改めて，このプログラム
では第 10 章の連結リスト処理モジュール「Cons クラス」を使用します。以降の
他のプログラムでも Cons クラスを使用するものは，このモジュールをインポー
トする設定（リスト 1-8 の最初の 3 行の記述）を必要とします。連結リスト処理
モジュールは，AI 向きの連結リストデータ構造であるコンスセル（cons cell）
を実装しており，ツリー構造のデータ構築などが容易です。これによって複雑な
AI データ処理を簡潔かつ柔軟に行うことができます。

リスト 1-8　TowerOfHanoiApp.py　ハノイの塔プログラム

```python
import sys, os
sys.path.append('../')
from my.Cons import Cons, Nil

# 何かキーを押すまで停止
# ハノイの塔クラス
class TowersOfHanoi: # 塔 # 円盤数
    def __init__(self, n):
        self.n = n
```

```python
        self.tower = [Cons.range(1, n + 1), Nil, Nil]
        self.hanoi(n, 0, 2, 1)  # n枚, fro=0, to=2, work=1 で実行開始

    # m枚をfroからtoへ移動, work:作業場所
    def hanoi(self, m, fro, to, work):
        if m == 1:  # 移動対象が1枚なら
            # toの先頭にfroの先頭を追加し, froの先頭を取り去る
            self.tower[to] = Cons(self.tower[fro].head,
                                  self.tower[to])
            self.tower[fro] = self.tower[fro].tail
            self.disp()                        # 状態を表示
        else:       # 移動対象が複数枚なら, 副問題を解く
            self.hanoi(m - 1, fro, work, to)    # froからworkへ移動
            self.hanoi(1, fro, to, work)        # froからtoへ移動
            self.hanoi(m - 1, work, to, fro)    # workからtoへ移動

    def disp(self):
        s = (Cons.from_list(self.tower)
                .map(lambda x: Cons.fill(0, self.n - x.length())
                .append(x)))
        # [(2,3), (), (1)] => ((0,2,3), (0,0,0), (0,0,1)) のように変換
        while s.head != Nil: # 上の層からループする
            s.foreach(lambda x: sys.stdout.write(
                          " " * (self.n - x.head) +
                          "■" * 2 * x.head +
                          " " * (self.n - x.head)))
            s = s.map(lambda x: x.tail)
            print()
        print("−" * (self.n * 2 * 3))
        print("{0}¥t{1}¥t{2}".format(
            self.tower[0], self.tower[1], self.tower[2]))

if __name__ == "__main__":
    TowersOfHanoi(3)     # ハノイの塔オブジェクトを生成して実行
```

```
 ▬
▬▬      ▬
────────────────
(2, 3)  () (1)


▬▬  ▬▬  ▬
────────────────
(3)   (2)   (1)
```

(3) (1, 2) ()

() (1, 2)　(3)

(1)　(2)　(3)

(1)　() (2, 3)

() () (1, 2, 3)

　まず先に，本プログラムで使用する Cons クラスの基本機能について取り上げ
ておきましょう。Cons のコンストラクタは次のように Cons リストを生成します。

コンストラクタ(Cons クラス)

```
a = Cons(1)                    => (1)        … Cons リスト
b = Cons(2, a)                 => (2, 1)     … Cons リスト
c = Cons(1, Cons(2, Cons(3)))  => (1, 2, 3)  … Cons リスト
```

　引数 1 個のコンストラクタは，引数を要素とする長さ 1 の Cons リストを生成
します。また，引数 2 個のコンストラクタは，第 2 引数の Cons リスト先頭に第
1 引数を追加した Cons リストを新たに生成します。Cons リストの性質について，
Cons クラスのメソッドは，すべてイミュータブル（immutable，変更不能）です。
要素の値を変更できるミュータブル（mutable）な配列（Python のリスト型）と
は異なり，Cons リストは要素の値を変更できません。これは，副作用のない関
数型言語の性質に準じています。再帰処理や AI プログラミングでは，手続き型
よりも関数型スタイルのほうが簡潔かつ柔軟に記述できますので，Cons リスト
を用いて副作用のない関数型スタイルで記述していきます。
　Cons リストを生成する別の方法として，static メソッドの of，range があり
ます。of は任意の値で初期化した Cons リストを，range は連続数値の Cons リ

ストを生成します。

```
of, range メソッド（Cons クラス）
a = Cons.of(1, 2, 3)        => (1, 2, 3)        … 任意の初期値
b = Cons.range(0, 5)        => (0, 1, 2, 3, 4)  … 連番生成
```

Cons リストの要素を参照するには，head，tail プロパティを使います。head は先頭要素を，tail は第 2 要素以降の Cons リストを参照します。これらの変数は，参照が目的であり，変数への別の値の代入はできず，関数型スタイルによって，あくまでイミュータブルに扱います。

```
head, tail 変数（Cons クラス）
a            => (1, 2, 3)     … 変数 a の内容が(1，2，3)のとき
a.head       => 1            … 先頭
a.tail       => (2, 3)       … 第 2 要素以降
```

Nil は，値が空リスト()である Cons オブジェクトです。ある Cons リストが空リストかどうか調べるのに Nil と比較するときなどに使用します。

```
Nil（Cons クラス）
Nil                   => ()           … 空リスト
a                     => (1, 2, 3)
a.tail.tail.tail == Nil   => True       … 空リストかどうか？
```

また他のコレクションから Cons リストを生成する手段として，配列（Python のリスト型）から Cons リストに変換する from_list メソッドがあります。

```
from_list メソッド（Cons クラス）
x = [1, 2, 3]
Cons.from_list(x)      => (1, 2, 3)   … Python リストから Cons リストに変換
y = [[1, 2], 3]
Cons.from_list(y)      => ((1, 2), 3) … 再帰的変換も可能
```

ハノイの塔のプログラムではコンストラクタ呼び出し TowersOfHanoi(3)で円

盤 3 枚のハノイの塔オブジェクトを生成します。コンストラクタでは，塔を初期化し，再帰関数 hanoi の引数として，移動対象の円盤枚数 m と移動位置の fro, to, work を与えます。移動位置は支柱の左から 0,1,2 の番号で表します。フィールド tower は 3 つの支柱にある円盤の現在の状態を表す配列であり，次の記述でデータ構造を構築します。初期状態では一番左の支柱[0]番に円盤 1,2,3 の順で格納され，[1][2]番には空リスト()が格納されています。

```
tower = [Cons.range(1, n + 1), Nil, Nil]
tower => [(1, 2, 3), (), ()]                … Cons リストの配列
```

tower のデータ構造は，簡潔に処理するために図 1-40 のような配列と Cons リストを使い分けます。支柱は配列を用いて tower[添え字]でアクセスします。配列では任意の要素の参照と書き換えが簡単かつ高速にできます。各支柱の円盤は Cons リストを使用します。先頭の円盤を取り除き別の Cons リストの先頭に追加するといった処理が，Cons リストの長さ（円盤の枚数）に関わらず高速にできます。一般的に配列では，こうしたデータ操作に処理時間がかかります。

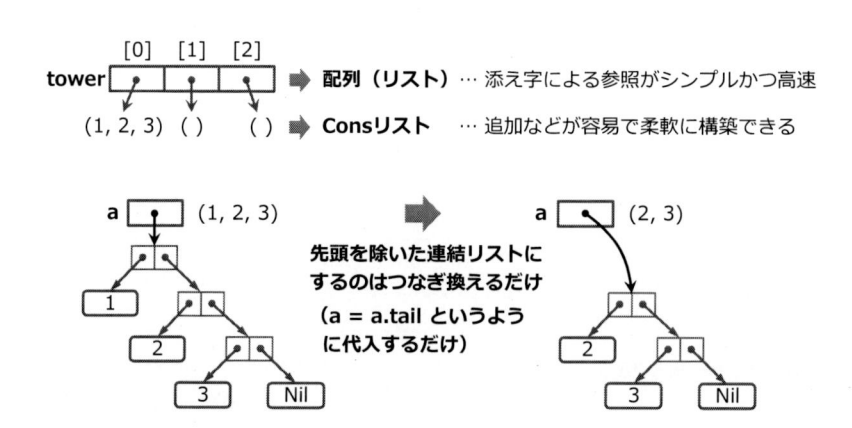

図 1-40　円盤の状態を表すデータ構造

円盤枚数 m が 1 のときは，1 枚の移動手順に従い，fro の先頭（最上部を意味

する）から抜き取って to の先頭に加えます。また，m が 1 以外ならば，次の処理にあるように，手順①〜③を適用して 3 つの移動処理を再帰呼び出しで行います。手順①と③では，m-1 として最下部の 1 枚を除き円盤枚数を 1 減らしています。これが上に乗ったかたまりに対する副問題化です。

```
self.hanoi(m - 1, fro, work, to)    # froからworkへ移動  … 手順①
self.hanoi(1, fro, to, work)        # froからtoへ移動    … 手順②
self.hanoi(m - 1, work, to, fro)    # workからtoへ移動   … 手順③
```

　円盤の移動状態を表示するために，表示処理用の disp メソッドを呼び出します。このとき Cons.from_list(tower)によって，柔軟性の高いリスト処理ができるよう Cons リストに変換します。その後に適用している map メソッドは，3 つの円盤リストをそれぞれ加工して新たな Cons リストに再構成するものです。

```
s = (Cons.from_list(self.tower)
        .map(lambda x: Cons.fill(0, self.n - x.length())
        .append(x)))
# [(2,3), (), (1)] => ((0,2,3), (0,0,0), (0,0,1)) のように変換
```

　Cons クラスの map メソッドは Cons リストの各要素に同じ処理を適用する繰り返し処理を行います。map の引数は関数であり，ラムダ式を渡して呼び出します。今回のラムダ式「lambda x: Cons.fill(…)」は，map から Cons リストの各要素を引数 x として受け取りながら，x に処理を適用した結果を再び Cons リストにして返すものです。つまり map は処理対象リスト(要素 1, 要素 2, 要素 3)の各要素にラムダ式を適用し，結果リスト(結果 1, 結果 2, 結果 3)を返します。また append, length は次のような連結形式，長さを求めるメソッドです。

map メソッド（Cons クラス）	
a	=> ((1, 2), (3), (4, 5, 6))
a.map(lambda x: x.tail)	=> ((2), (), (5, 6))

append, length メソッド（Cons クラス）	
a	=> (1, 2, 3)
b	=> (4, 5)

```
a.append(b)     => (1, 2, 3, 4, 5)     … Cons リストの連結
a.length()      => 3                   … Cons リストの長さ
```

fill メソッドは，値を繰り返して Cons リストを生成します。

fill メソッド(Cons クラス)
```
Cons.fill(123, 3)     => (123, 123, 123)     … 値を繰り返した Cons リスト
```

❏ ハノイの塔プログラム・グラフィックスバージョン

　図 1-41 とリスト 1-9 はハノイの塔プログラムのグラフィックスバージョンの実行画面とリストです。今度は，円盤が 1 枚ずつ移動していく様子がアニメーションのように表示されます。円盤数を多くすると手順数が爆発的（指数関数的）に増加するため非常に時間がかかるようになります。また，動きのあるプログラムをスムーズに処理するためにマルチスレッド処理を行っています。

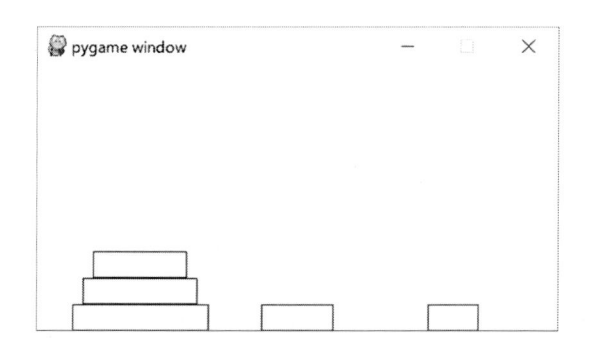

図 1-41　ハノイの塔プログラム（グラフィックスバージョン）の実行結果

リスト 1-9　TowersOfHanoiGraphicsApp.py　ハノイの塔（グラフィックスバージョン）
```python
import sys, os
sys.path.append('../')
from my.Cons import Cons, Nil
import pygame
from pygame.locals import *
from threading import Thread
```

```python
import time
from ctypes import windll

windll.shcore.SetProcessDpiAwareness(1)        # 高解像度モニタに対応

# 円盤1枚を表すクラス
class Saucer:
    # 円盤1枚作成(idx:円盤インデックス, n:全円盤数, w, h:スクリーンサイズ)
    def __init__(self, idx, n, w, h):
        self.color = (0, 0, 0)
        self.idx = idx
        self.n = n
        self.w = w
        self.h = h
        self.sw = w * (0.3 - (n - idx) * 0.2 / n)
        self.sh = h / max(10, n)
        self.set_tower(0, n - idx - 1)

    # 塔にセットして座標設定(tower:塔インデックス, level:何段目か)
    def set_tower(self, tidx, level):
        self.x = self.w / 2 + (tidx - 1) * self.w * 0.3 - self.sw / 2
        self.y = self.h - (level + 1) * self.sh

    def draw(self, screen): # 円盤1枚描画
        pygame.draw.rect(screen, self.color,
                (self.x, self.y, self.sw, self.sh), 1)

# ハノイの塔クラス
class TowersOfHanoi(Thread):
    def __init__(self, n): # n:円盤枚数
        Thread.__init__(self)      # スレッドクラス初期化
        pygame.init()              # pygameモジュールの初期化
        self.screen = pygame.display.set_mode((600, 300)) # スクリーン
        self.sleep = 0.3           # スピード調整用
        self.n = n
        self.tower = [Cons.range(1, n + 1), Nil, Nil]
        self.saucers = []
        w = self.screen.get_width()
        h = self.screen.get_height()
        for i in range(n):
            self.saucers.append(Saucer(i, n, w, h))
        self.start()               # 円盤移動スレッド開始
        self.gui_loop()            # GUIメインループ開始
```

```python
    def gui_loop(self):
        while (True):                # GUIメインループ
            for event in pygame.event.get():
                if event.type == QUIT:
                    pygame.quit()
                    sys.exit()
            time.sleep(0.2)        # 一定時間停止(CPU負荷を下げるため)

    def run(self):  # スレッドの処理本体
        self.hanoi(self.n, 0, 2, 1) # n枚, fro=0, to=2, work=1で開始

    def draw(self): # 全円盤の描画
        if not pygame.display.get_init():
            return          # pygameモジュール解除なら何もしない
        self.screen.fill((255, 255, 255))
        for s in self.saucers:
            s.draw(self.screen)        # 各円盤を描画
        pygame.display.update()        # 画面更新

    def disp(self, fro, to): # froからtoへ円盤を移動させた状態を描画
        time.sleep(self.sleep)                      # スピード調整
        saucer = self.saucers[self.tower[fro].head-1] # 移動対象の円盤
        saucer.set_tower(to, self.tower[to].length()) # 円盤の座標変更
        self.draw()                                  # 描画

    # m枚をfroからtoへ移動, work:作業場所
    def hanoi(self, m, fro, to, work):
        if m == 1:                    # 移動対象が1枚なら
            self.disp(fro, to)                    # 移動状態を描画
            # toの先頭にfroの先頭を追加し, froの先頭を取り去る
            self.tower[to] = ¥
                        Cons(self.tower[fro].head, self.tower[to])
            self.tower[fro] = self.tower[fro].tail
        else:                          # 移動対象が複数枚なら, 副問題を解く
            self.hanoi(m - 1, fro, work, to)      # froからworkへ移動
            self.hanoi(1, fro, to, work)          # froからtoへ移動
            self.hanoi(m - 1, work, to, fro)      # workからtoへ移動
if __name__ == "__main__":
    TowersOfHanoi(5)      # 枚数を設定してTowersOfHanoiオブジェクト生成
```

TowersOfHanoi オブジェクトを生成すると，コンストラクタ__init__におい

て各種準備を行った後，円盤移動スレッドの開始と GUI メインループの開始によって，それらをマルチスレッド動作させます。

```
self.start()              # 円盤移動スレッド開始
self.gui_loop()           # GUIメインループ開始
```

　TowersOfHanoi クラスは Thread クラスから派生させているので，スレッド開始は start メソッドに，スレッド内の処理は run メソッドに記述します。本プログラムでは，コンストラクタ内の self.start()によって問題解決のためのスレッドが開始し，run メソッドが自動的に呼び出されます。

　別スレッドとして起動された run 内では，hanoi メソッドを呼び出して問題解決と円盤移動を実行します。一方，メインスレッド上ではそのまま gui_loop メソッドを呼び出し，そこでウィンドウ GUI 処理を継続し，マウス操作に応じた処理を行います。これらを異なるスレッドで実行することで，円盤移動中でも，いつでもウィンドウ操作ができるわけです。

　Saucer クラスは，円盤 1 枚を表すグラフィックス用オブジェクトであり，面倒なグラフィックスにおける座標，サイズの計算や描画処理をまとめてあります。個々の円盤である Saucer オブジェクトは次のように円盤数 n 個分生成し，配列に格納して使用します。この配列は，Saucer オブジェクトを格納しておくものであり，後で配列要素の追加・削除・交換などは発生しません。

```
self.saucers = []
        :
for i in range(n):
    self.saucers.append(Saucer(i, n, w, h))
```

　今回の hanoi メソッドは前回とほぼ同じであり，問題解決に用いるデータ構造 tower を操作しながら再帰的に処理します。hanoi 内ではグラフィックスに関わる Saucer オブジェクトの処理は直接やりません。

　一方，表示処理では，まず disp メソッドによって，Saucer オブジェクトの座標変更などを行います。

```
def disp(self, fro, to): # froからtoへ円盤を移動させた状態を描画
    time.sleep(self.sleep)                    # スピード調整
    saucer = self.saucers[self.tower[fro].head-1] # 移動対象の円盤
    saucer.set_tower(to, self.tower[to].length()) # 円盤の座標変更
    self.draw()                               # 描画
```

　次に draw メソッドでは，グラフィックスに関わる処理を行います。ループでは更新された Saucer オブジェクトに対する draw メソッドを呼び出して，一枚一枚の円盤を描画しています。

```
def draw(self): # 全円盤の描画
    if not pygame.display.get_init():
        return          # pygameモジュール解除なら何もしない
    self.screen.fill((255, 255, 255))
    for s in self.saucers:
        s.draw(self.screen)       # 各円盤を描画
    pygame.display.update()       # 画面更新
```

第 2 章　解の探索と　バックトラッキング

2.1　N クイーン問題

❑ 解の探索と状態空間

　N クイーン問題は，チェス盤にクイーンを配置する問題です。例えば 8 クイーンならば，図 2-1 のように 8×8 のマスに縦横斜めに重ならないような配置パターンがどれだけあるか列挙します。処理手順は，1 行ずつ Q を重複しないよう配置していきますが，どこにも置けない状態ならその置き方は破棄し，他の置けるところを試していきます。

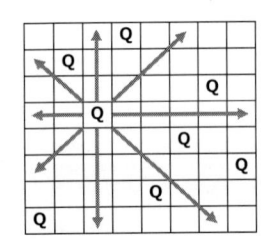

各行のQが他と縦・横・斜めに
重ならない配置をすべて求める

図 2-1　8 クイーン問題

　N クイーン問題は，状態空間探索としてすべての配置の組み合わせである状態空間から目標状態を見つけ出す問題です。配置の組み合わせを調べるのは膨大で複雑な作業ですが，N の個数に関係なく，いかにシンプルな処理手法で問題解決できるかがポイントとなります。これには再帰処理を活用して簡潔に記述します。

　状態空間は，図 2-2 のようにツリー構造としてとらえて組み合わせを試していきます。ツリー探索中に縦横斜めの重複があればその枝探索は失敗とみなして探

索を打ち切ります。そして最終的な目標状態までたどり着ける枝のルートを探します。4クイーンのケースでは最終的な解にたどり着けるルートは2つです。

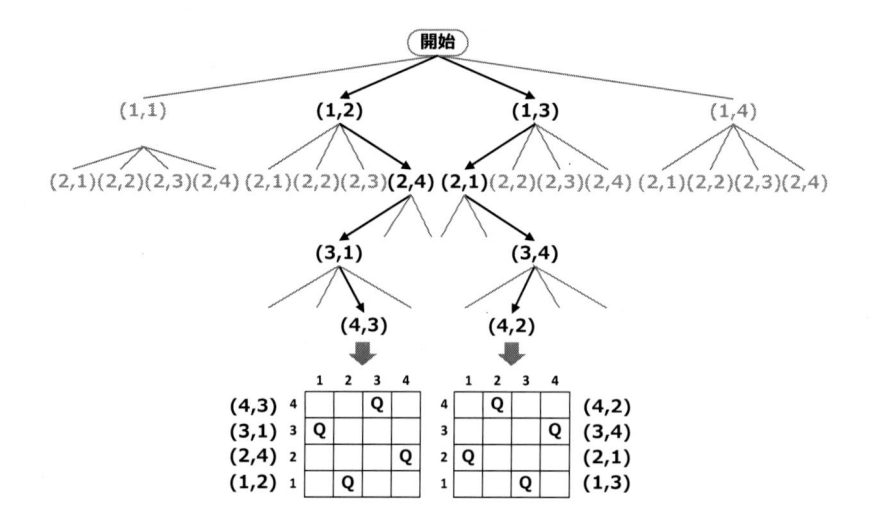

図2-2　4クイーンのときの状態空間探索と目標状態のパターン

❏ Nクイーン問題プログラム

リスト2-1はNクイーン問題を解くプログラムです。連結リスト処理モジュール Cons を使用します。

リスト2-1　QueensApp.py　Nクイーン問題プログラム

```python
import sys, os
sys.path.append('../')
from my.Cons import Cons, Nil

# Nクイーン問題クラス
class Queens:
    def check(self, r, c, pat): # 縦と斜めに重複しないかチェック
        return pat.forall(lambda p: c != p.second and
                                    r - p.first != abs(c - p.second))
```

```python
    def queen(self, r): # 配置可能なリストを複数返す
        if r == 0:
            return Cons.of(Nil)
        else:
            return (self.queen(r - 1)
                        .flat_map(lambda p: Cons.range(1, self.n + 1)
                            .filter(lambda c: self.check(r, c, p))
                            .map(lambda c: Cons(Cons.of(r, c), p))))

    def solve(self, n): # 問題を解き各配置リストから文字列を作成して表示
        print("問題解決中...")
        self.n = n
        self.queen(n).foreach(
                    lambda pat: (
                        print(),
                        pat.foreach(
                            lambda p: print(
                                ("+" * (p.second - 1)) +
                                "Q" +
                                ("+" * (n-p.second))))))

if __name__ == "__main__":
    Queens().solve(8)          # クイーン数(行数)を指定して開始
```

実行結果

```
問題解決中...

+++Q++++
+Q++++++
++++++Q+
++Q+++++
++++Q+++
+++++++Q
++++Q+++
Q+++++++

++++Q+++
+Q++++++
+++Q++++
++++++Q+
++Q+++++
+++++++Q
+++++Q++
Q+++++++

        :
（以下省略）
```

　クイーン数（行数）N=8 とした 8 クイーン問題では，queen メソッドは図 2-3 のように配置可能なすべての解答パターン（92 通りある）を Cons リストで返します。一つ一つの解答パターンは 8 個の位置情報から成る Cons リストで表現されます。各位置情報は，(行番号，列番号) という Cons リストを用います。

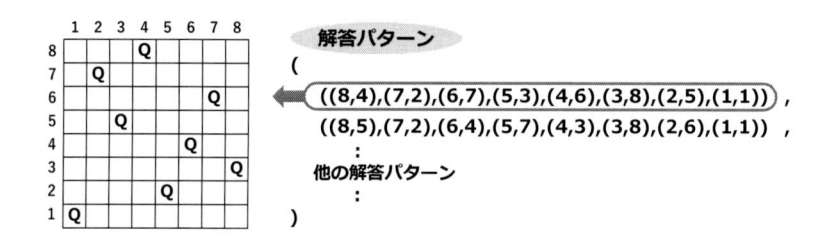

図 2-3　解答パターンのデータ表現

　check メソッドは r 行 c 列に置けるか，これまでの配置リスト pat を調べます。例えば，図 2-4 において 1 行 1 列，2 行 5 列，3 行 8 列に置いた状態で，次に 4 行 6 列に置けるか調べるとき check(4,6, ((3,8),(2,5),(1,1)))で呼び出されます。そして pat のすべてを forall メソッドで 4 行 6 列に対し，縦と斜めの位置に重ならないか調べます（3 行目までしか置いていないため横方向は調べなくてもいい）。この場合，pat と重ならないので check は True を返します。

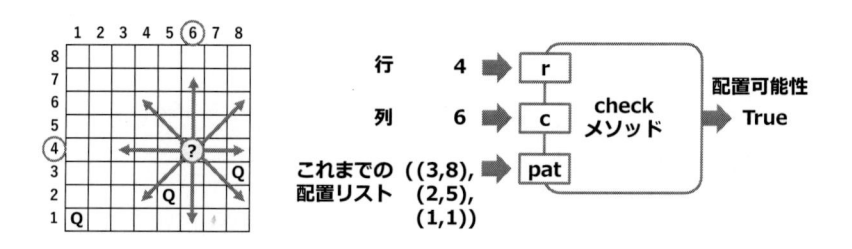

図 2-4　check メソッド

　図 2-5 のように，check 内では引数 r，c，pat からラムダ式による判定を行います。forall は pat の各リスト要素 p に対してすべてにラムダ式を適用し，そ

の結果の論理積を返します。つまり，位置 r，c にクイーンを置いたとき，pat の
すべてに対して重複配置にならないかを調べて結果を返します。

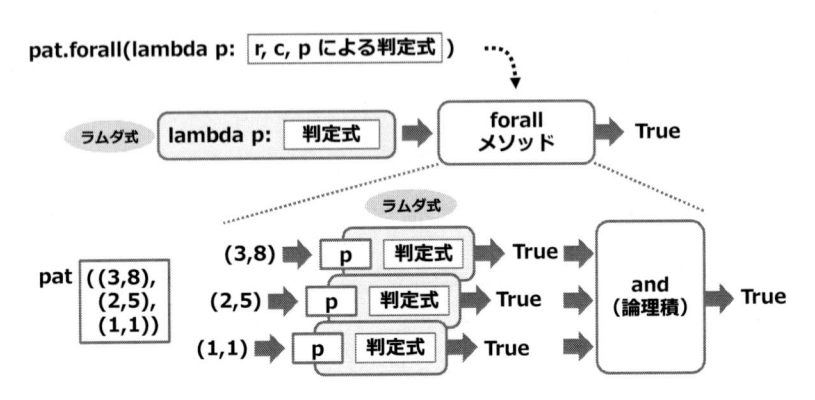

図 2-5　forall メソッドにおけるラムダ式の適用

　Cons クラスの forall メソッドは，次のように Cons リスト要素すべてに対し
てラムダ式による判定条件を適用し，すべて True ならば True を返します。

```
forall メソッド（Cons クラス）
a                               => (2, 4, 10)
a.forall(lambda x: x % 2 == 0)  => True     … すべて True ならば True
```

　forall による繰り返しの間，各配置情報はラムダ式の引数 p に格納され，
p.first で行番号，p.second で列番号を参照して位置関係を調べます。Cons ク
ラスの first，second プロパティは，先頭，2 番目の要素をそれぞれ返します。

```
first, second プロパティ（Cons クラス）
p             => (2,5)
p.first       => 2        … 先頭要素
p.second      => 5        … 2 番目要素
```

　再帰関数の queen メソッドでは，副問題 queen(r-1)で得られた解答パターン
のリストから一つずつ取り出して p とし，1〜n の列番号を c とし，p, c の組み

合わせから，配置可能な組み合わせを抽出します。例として，図 2-6 は N=4 の 4
クイーン問題における queen の再帰処理の途中結果です。

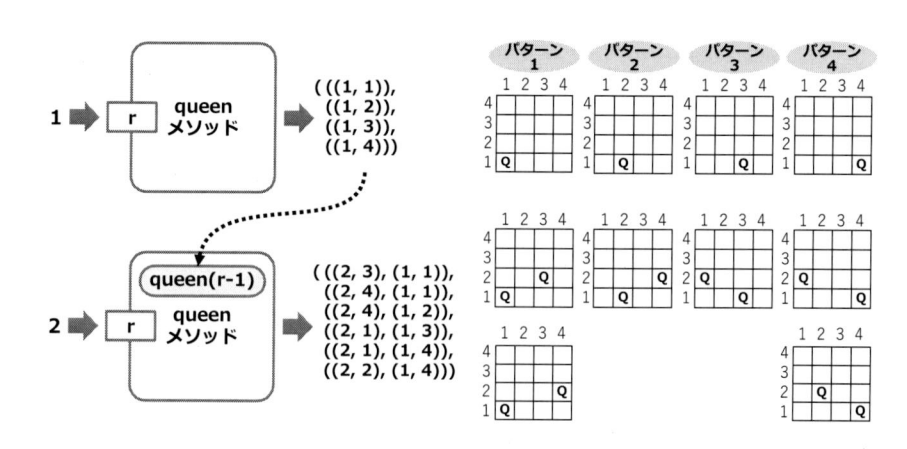

図 2-6　queen メソッド

　queen(2)の処理では再帰的に queen(1)の結果（1 行目に配置可能なパターン
1〜4）を参照し，それらに対し 2 行目に配置可能なパターンを生成します。パタ
ーン 1，4 に対し 2 つ，2，3 に対し 1 つが生成され，計 6 パターンとなります。
　queen メソッドで使われている Cons クラスの filter メソッドは，リスト要素
に対しラムダ式の判定条件を適用し，True になる要素だけを Cons リストで返し
ます。

```
filter メソッド(Cons クラス)
a                            => (1, 2, 3, 4)
a.filter(lambda x: x % 2 == 0)  => (2, 4)        … True になるものだけ
```

　8 クイーン問題において，例えば p，r が次の値の場合，check(r,c,p)が True
を返すのは c の値 1〜8 のうち 2，7，8 のときです。このとき，図 2-7 のように
filter は，配置リスト p と行番号 r を参照しながら，range が生成した列番号
リスト(1,2,…,8)の各要素 c に対してラムダ式を適用し，結果が True となる c
を絞り込み，それらを Cons リストにした結果(2,7,8)を返します。

```
p      => ((2, 5), (1, 1))
r      => 3
```

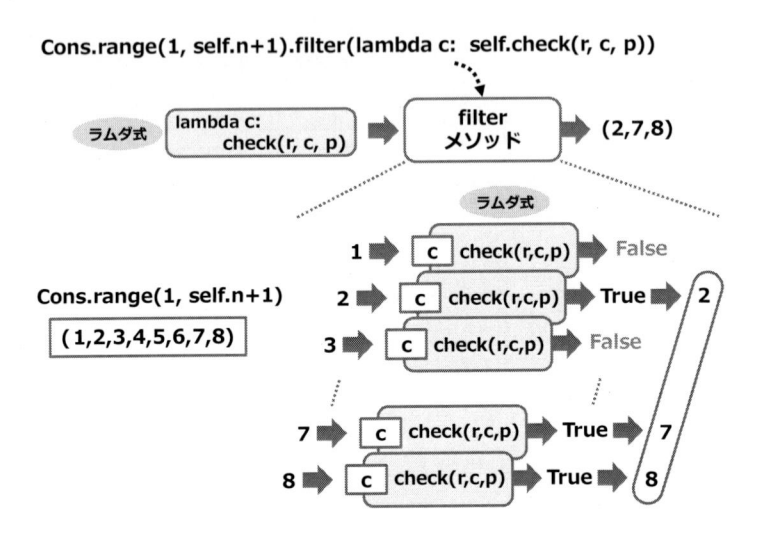

図 2-7　filter メソッドにおけるラムダ式の適用

　filter の結果(c1,c2,c3,…)と r と p(p1,p2,…)から新たなパターン
((r,c1),p1,p2,…)という形を作りますが，これには map のラムダ式によって
(((r,c1),p1,p2,…), ((r,c2),p1,p2,…),…)という複数パターンができます。
例えば，次のような状況では，ひとつのパターン p に対し，追加位置(3,2),
(3,7), (3,8)を用いて新たな組み合わせパターンを3つ（①〜③）生成します。

```
p              => ((2, 5), (1, 1))
r              => 3
filter の結果   => (2, 7, 8)        … c の組み合わせ
(2, 7, 8).map(lambda c: Cons(Cons.of(r, c), p)))
                        => ( ((3, 2), (2, 5), (1, 1)),   … ①
                             ((3, 7), (2, 5), (1, 1)),   … ②
                             ((3, 8), (2, 5), (1, 1)) ) … ③
```

　得られた複数のパターンは，ひとつのパターン p に対する組み合わせですが，

もともと p は queen(r-1)の 1 要素です。よって，queen(r-1)が返す複数のパタ
ーンに対して，さらに複数の組み合わせパターンを生成することになります。こ
のとき，queen の返す値は(パターン,パターン,パターン,パターン,…)としたい
ところですが，map で生成すると((パターン,パターン),(パターン,パターン)
…)という二重のリストになってしまいます。そこで flat_map を使います。イメ
ージとしては次のように 2 つの結果が連結され，二重のリストではなくなります。

```
queen(r-1)              => ((p1,p2), (p3,p4))
filter().map()の結果 1  => ((p5,p1,p2), (p6,p1,p2), (p7,p1,p2))
filter().map()の結果 2  => ((p8,p3,p4), (p9,p3,p4), (p10,p3,p4))
                   ↓
   map で生成      => ( ((p5,p1,p2), (p6,p1,p2), (p7,p1,p2)),
                        ((p8,p3,p4), (p9,p3,p4), (p10,p3,p4)) )
   flat_map で生成 => ( (p5,p1,p2), (p6,p1,p2), (p7,p1,p2),
                        (p8,p3,p4), (p9,p3,p4), (p10,p3,p4)    )
```

　Cons クラスの flat_map メソッドは，Cons リストの各要素にラムダ式を適用
し，得られた Cons リストを次のようにフラット化します。

flat_map メソッド(Cons クラス)
```
a                            => ((1, 2), (3, 4))
a.map(lambda x: => Cons(0, x))  => ((0, 1, 2), (0, 3, 4))
a.flat_map(lambda x: Cons(0, x)) => (0, 1, 2, 0, 3, 4)   … フラット化
```

　solve メソッドでは，queen(n)から得られた全パターンに対し，Cons クラス
の foreach メソッドで出力処理を行います。foreach は，map のように Cons リ
スト各要素にラムダ式を適用しますが，実行するだけで結果は返しません。

foreach メソッド(Cons クラス)
```
a                            => ((3, 4), (2, 1), (1, 3))
a.map(lambda x: x.head)      => (3, 2, 1)
a.foreach(lambda x: x.print())   … 結果は返さず出力するだけ
```

　queen が返す各解答パターンは，リストの長さが最初は 1 だったものが，再帰から戻ってきて，先頭に新たな位置情報が追加され，長くなっていきます。戻るたびに組み合わせによってパターンは 8 倍に増え，さらにそこから filter の抽出で消去されながら配置可能なパターンが結果に生き残っていきます。

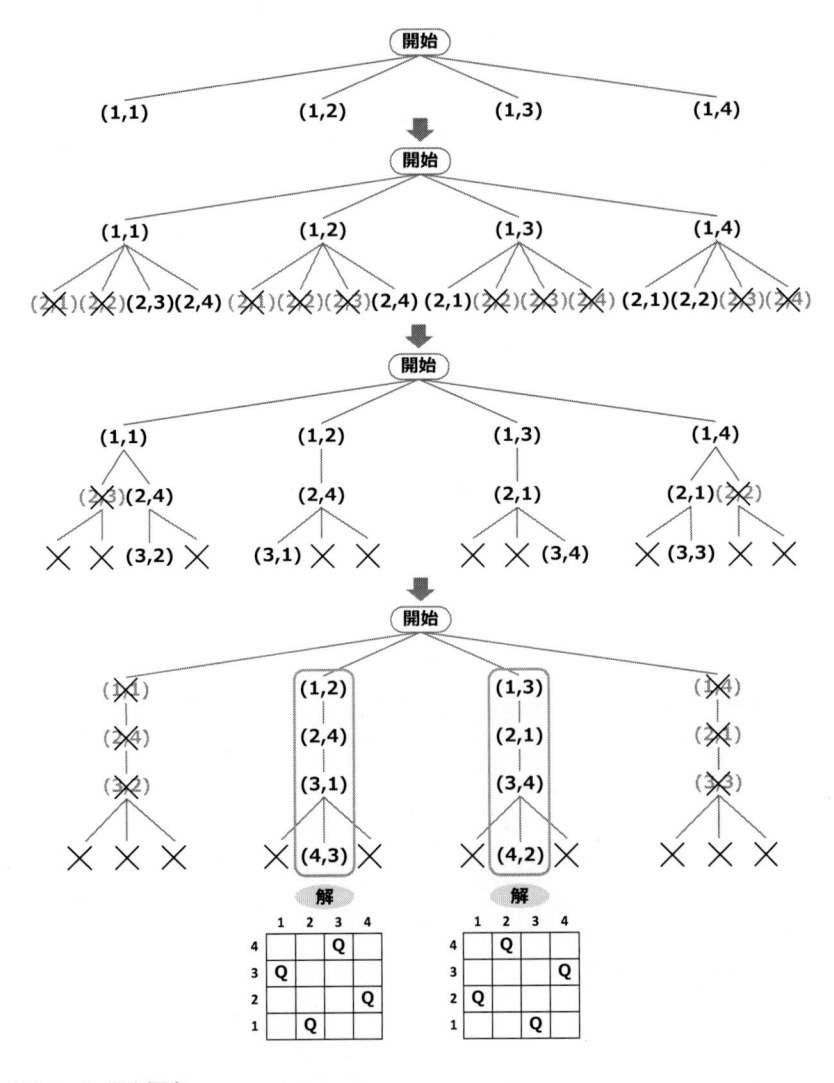

図 2-8　幅優先探索

　queen の再帰処理を探索過程に着目して見てみましょう。図 2-8 は 4 クイーンの場合の queen による探索過程です。組み合わせの生成（枝分かれ）と重複配置による探索打ち切り（枝刈り）を行いながら，ツリーのレベルを下に進めていきます。このような探索を，幅優先探索（breadth first search）と呼び，探索空間であるツリーに対し，水平方向をすべて調べてから下に向かっていきます。

　4 クイーンにおける queen の再帰呼び出しをトレースするコードを追加してみましょう。リスト 2-2 は Queens クラスをもとに派生させた QueensTrace クラスです。QueensTrace は Trace クラスからも派生させており，trace_in，trace_out メソッドで引数と戻り値を表示させています。

リスト 2-2　QueensTraceApp.py　N クイーン問題プログラム（トレース機能バージョン）

```python
import sys, os
sys.path.append('../')
from my.Cons import Cons, Nil, Trace
from QueensApp import Queens

# Nクイーン問題クラス
class QueensTrace(Queens, Trace):
    def queen(self, r): # トレースバージョン
        self.trace_in("queen", [r])
        if r == 0:
            ret = Cons.of(Nil)
        else:
            ret = (self.queen(r - 1)
                        .flat_map(lambda p: Cons.range(1, self.n + 1)
                        .filter(lambda c: self.check(r, c, p))
                        .map(lambda c: Cons(Cons.of(r, c), p))))
        self.trace_out("queen", ret)
        return ret

if __name__ == "__main__":
    QueensTrace().solve(4)        # クイーン数(行数)を指定して開始
```

実行結果

```
（改行位置は見やすいように修正してあります）
0: queen (4)
- 1: queen (3)
- - 2: queen (2)
- - - 3: queen (1)
```

```
- - - - 4: queen (0)
- - - - 4: queen = (())                          … 初期値として空リスト
- - - 3: queen = (((1, 1)), ((1, 2)), ((1, 3)), ((1, 4)))
                                … 探索候補は4パターン
- - 2: queen = (((2, 3), (1, 1)), ((2, 4), (1, 1)), ((2, 4), (1, 2)),
              ((2, 1), (1, 3)), ((2, 1), (1, 4)), ((2, 2), (1, 4)))
                                … 探索候補は6パターン
- 1: queen = (((3, 2), (2, 4), (1, 1)), ((3, 1), (2, 4), (1, 2)),
              ((3, 4), (2, 1), (1, 3)), ((3, 3), (2, 1), (1, 4)))
                                … 探索候補は4パターン
0: queen = (((4, 3), (3, 1), (2, 4), (1, 2)),
            ((4, 2), (3, 4), (2, 1), (1, 3)))
                                … 最終的な探索結果は2パターン
＋＋Q＋
Q＋＋＋
＋＋＋Q
＋Q＋＋

＋Q＋＋
＋＋＋Q
Q＋＋＋
＋＋Q＋
```

　各再帰呼び出しの戻り値は，次のように探索結果のパターンを Cons リストに
したものが返されていきます。初回の結果である queen(0)の戻り値は，初期値
として Cons.of(Nil) = (())といった空のリストが返されます。その結果を受
け取った queen(1)の処理では，(()).flat_map(p …)によって p の値は()が 1
個，次は，(1,2,3,4).filter(c …)によって c の値は 1,2,3,4 の 4 個で 1 個×
4 個の組み合わせとなります。このとき r は 1，p は()なので，組み合わせで得
られるパターンは Cons((1,1),())→((1,1))という要領で作られていきます。

```
queen(0) => (())                              … 空リスト

queen(1) => (((1, 1)),                        … パターン 1
             ((1, 2)),                        … パターン 2
             ((1, 3)),                        … パターン 3
             ((1, 4)))                        … パターン 4

queen(2) => (((2, 3), (1, 1)),                … パターン 1
             ((2, 4), (1, 1)),                … パターン 2
```

```
              ((2, 4), (1, 2)),              … パターン 3
              ((2, 1), (1, 3)),              … パターン 4
              ((2, 1), (1, 4)),              … パターン 5
              ((2, 2), (1, 4)))              … パターン 6

queen(3) => (((3, 2), (2, 4), (1, 1)),       … パターン 1
              ((3, 1), (2, 4), (1, 2)),       … パターン 2
              ((3, 4), (2, 1), (1, 3)),       … パターン 3
              ((3, 3), (2, 1), (1, 4)))       … パターン 4

queen(4) => (((4, 3), (3, 1), (2, 4), (1, 2)),  … パターン 1
              ((4, 2), (3, 4), (2, 1), (1, 3)))  … パターン 2
```

　こうして位置の長さが 1 である 4 パターンが得られ，それらが，map によって
リストでくくられて，結果は (((1,1)), ((1,2)), …)という形になります。
さらにその結果を受け取った queen(2)では，4 パターン×4 個＝16 個の組み合
わせを生成し，そこから filter で配置可能なパターンのみにフィルタリングさ
れ，(((2,3),(1,1)), ((2,4),(1,1)), …)と長さが 2 である 6 パターンが得
られます。こうしてパターンの生成と条件による絞り込みが繰り返されていきま
す。毎回の再帰処理ではパターンに新たな r，c の組み合わせが追加されるので
次第に各パターンの長さが伸びていき，最終的に queen(4)では，位置の長さが 4，
つまり 4 クイーン分の位置情報が構築されます。

2.2　騎士の巡回問題

❏ ルート探索とバックトラッキング

　騎士の巡回問題は，図 2-9 のようにチェスのナイト（騎士）の移動ルールに従
ってチェス盤のマスをすべて 1 回ずつ訪れるルートを発見する問題です。
　開始位置から移動させ，すでに訪れたマスに来ると，そのルート選択は失敗と
みなし，戻って別のルートを試します。このようにコンピュータが試行錯誤しな
がら後戻りする処理方法をバックトラッキング（backtracking）と呼びます。

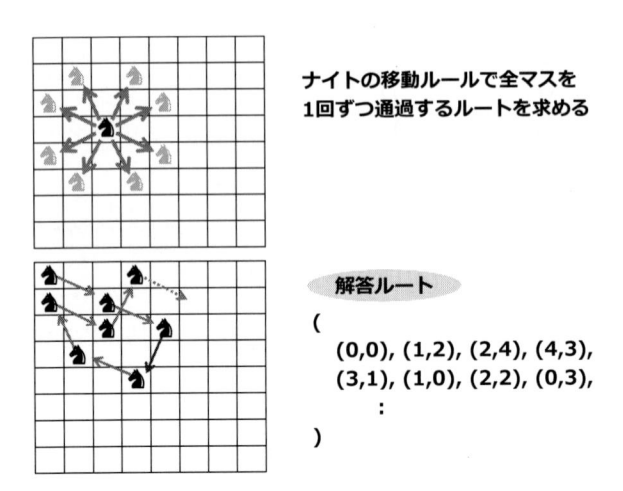

ナイトの移動ルールで全マスを
1回ずつ通過するルートを求める

解答ルート

```
(
  (0,0), (1,2), (2,4), (4,3),
  (3,1), (1,0), (2,2), (0,3),
      :
)
```

図 2-9　騎士の巡回問題

❏ 騎士の巡回問題プログラム

リスト 2-3 は騎士の巡回問題を解くプログラムです。チェス盤サイズ N=5 と
し，再帰関数 knight メソッドがバックトラッキングしながらルート探索します。

リスト 2-3　KnightsTourApp.py　騎士の巡回問題プログラム

```python
import sys, os
sys.path.append('../')
from my.Cons import Cons, Nil

# 騎士の巡回問題クラス
class KnightsTour:
    def __init__(self, n): # n: チェス盤サイズ
        self.n = n
        self.bd = Cons.make_list2(n, n, 0) # n×nチェス盤(2次元配列)生成
        self.pat = Cons.from_list(          # ナイトの移動パターン生成
            [[ 1,   2], [ 1, -2], [-1,   2], [-1, -2],
             [ 2,   1], [ 2, -1], [-2,   1], [-2, -1]]).to_list()

    def knight(self, r, c, cnt, route): # r,cへの移動を試す
        if r >= 0 and r < self.n and c >= 0 and ¥
           c < self.n and self.bd[r][c] == 0:
            self.bd[r][c] = cnt # マスに移動数を代入
            if cnt == self.n * self.n:
```

```
                    return Cons(Cons.of(r,c),route) #最終位置到達, 結果を返す
                for p in self.pat:
                    # 次の移動を試す
                    rt = self.knight(r + p.first, c + p.second, cnt + 1,
                                      Cons(Cons.of(r, c), route))
                    if rt != Nil:
                        return rt    # ルート探索成功, 結果を返す
                self.bd[r][c] = 0    # 失敗したのでマスを空に戻す
            return Nil               # 失敗したのでNilを返す

        def solve(self, r, c): # r,cから開始して巡回ルートを求める
            print("ルート検索中...")
            print(self.knight(r, c, 1, Nil))      # 巡回ルートを求めて表示
            for row in self.bd:                    # チェス盤を表示
                for col in row:
                    sys.stdout.write("{0:2d} ".format(col))
                print()

if __name__ == "__main__":
    KnightsTour(5).solve(0, 0) # チェス盤サイズ, 初期位置を指定して開始
```

実行結果

```
ルート検索中...
((0, 4), (2, 3), (4, 4), (3, 2), (4, 0), (2, 1), (0, 2), (1, 4), (3,
3), (4, 1), (2, 0), (0, 1), (1, 3), (3, 4), (4, 2), (3, 0), (1, 1),
(0, 3), (2, 2), (1, 0), (3, 1), (4, 3), (2, 4), (1, 2), (0, 0))
 1 14 19  8 25
 6  9  2 13 18
15 20  7 24  3
10  5 22 17 12
21 16 11  4 23
```

　変数 bd はチェス盤の 2 次元配列であり，移動順序を記録します。その構築に使用する Cons クラスの make_list2 メソッドは，2 次元配列を作成するもので，例えば 3×3 の配列を作成して 0 で初期化するには次のようにします。

make_list2 メソッド（Cons クラス）

```
bd = Cons.make_list2(3, 3, 0)  => [[0, 0, 0], [0, 0, 0], [0, 0, 0]]
```

　変数 pat はナイトの移動可能パターンのリストで，図 2-10 のように各要素は

行と列の移動量を表す Cons リストです。(1,-2)なら，現在位置から+1 行と-2
列の移動量です。

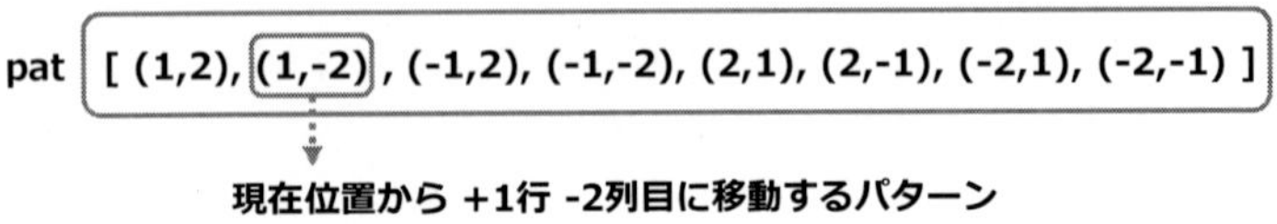

pat 　| [(1,2), (1,-2) , (-1,2), (-1,-2), (2,1), (2,-1), (-2,1), (-2,-1)] |

現在位置から +1行 -2列目に移動するパターン

図 2-10　騎士の移動可能パターンデータ構造

　pat は初期化しやすいように，すべてのレベルをリストで記述し，from_list
メソッドですべて Cons リストにしてから to_list メソッドで一番外側のレベル
のみリストに戻しています。これは for ループで処理するためです。

to_list メソッド（Cons クラス）

```
a              => ((1, 2), (3, 4))
a.to_list()    => [(1, 2), (3, 4)]
```

　knight メソッドの引数 r, c は移動試行位置，cnt は何回目の移動かを表すカ
ウンタで初期値は 1 です。route はそこまでの移動ルートを累積したものです。
knight は探索結果のルートを Cons リストにして返します。図 2-11 は移動ルー
トの探索過程の中で，ある時点の状態を表したものです。変数 bd はチェス盤を
表す 2 次元配列であり，0 で初期化されています。knight メソッドは試行位置が
空（0）ならばそこに値（cnt）を入れ，そこから移動可能位置を再帰的に探索し
ていきます。そうして試行位置が空以外ならば失敗とみなし Nil（空リスト）を
返します。失敗すると，試行位置に入れた値（cnt）は 0 に戻して，別の移動ル
ートの探索をバックトラッキングでやり直します。
　図 2-12 は，4×4 のチェス盤でのルート探索過程です。目標にたどり着くまで
探索ツリーを下へ下へと探していき，失敗すると戻って別の枝のルートを試しま
す。このように成功するまでツリーレベルの深さを進めていく形態を，深さ優先
探索（depth first search）といいます。なお，騎士の巡回問題で 3×3 や 4×
4 のチェス盤での解は存在せず，knight メソッドは最終的に空リストを返します。

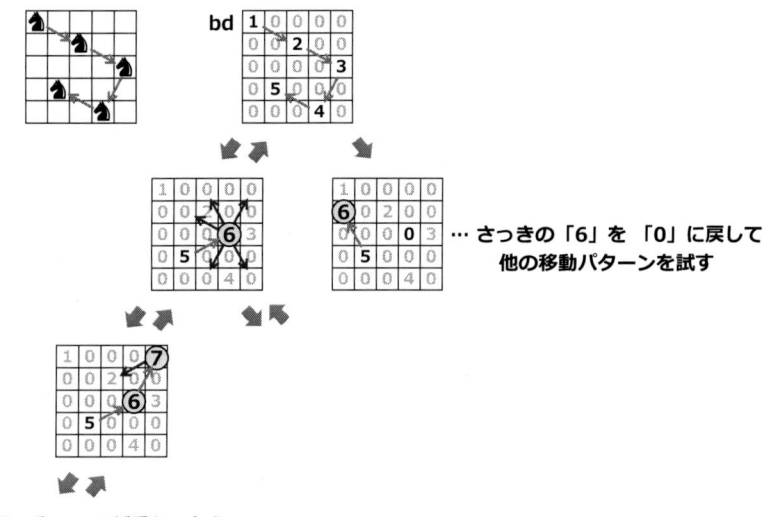

… さっきの「6」を「0」に戻して
他の移動パターンを試す

**その先でコマが重なったら
バックトラッキング（後戻り）する**

図 2-11　バックトラッキングによるルート探索

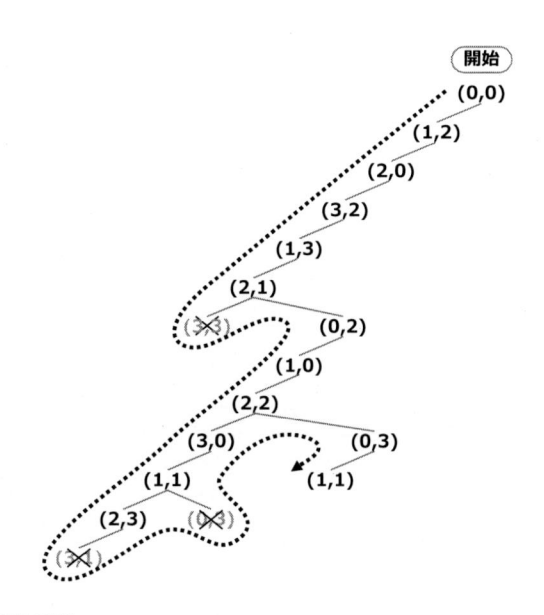

図 2-12　深さ優先探索

❏ 騎士の巡回問題プログラム・グラフィックスバージョン

リスト 2-4 と図 2-13 は，騎士の巡回問題プログラムの探索過程をアニメーションンン化したグラフィックスバージョンです。ルート探索が失敗すると元に戻って別ルートを探索する様子を見ることができます。

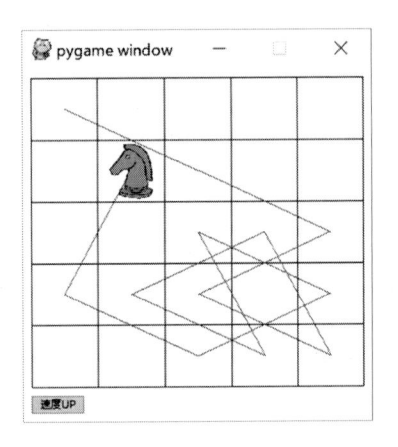

図 2-13　騎士の巡回問題プログラム（グラフィックスバージョン）の実行結果

リスト 2-4　KnightsTourGraphicsApp.py　騎士の巡回問題（グラフィックスバージョン）

```python
import sys, os
sys.path.append('../')
from my.Cons import Cons, Nil
import pygame
from pygame.locals import *
from threading import Thread
import time
from ctypes import windll


windll.shcore.SetProcessDpiAwareness(1)        # 高解像度モニタに対応

# 騎士の巡回問題クラス
class KnightsTour(Thread):
    def __init__(self, n):
        Thread.__init__(self)      # スレッドクラス初期化
        pygame.init()              # pygameモジュールの初期化
```

```python
        self.screen = pygame.display.set_mode(((400, 400))  # スクリーン
        self.n = n
        self.speed_rate = 1.0
        self.bd = Cons.make_list2(n, n, 0)
        self.pat = Cons.from_list(
            [[ 1,   2], [ 1, -2], [-1,   2], [-1, -2],
             [ 2,   1], [ 2, -1], [-2,   1], [-2, -1]]).to_list()
        self.footprint = []
        self.bd_color = (0, 0, 0)
        self.footprint_color = (255, 0, 0)
        self.x = 0
        self.y = 0
        self.w = self.screen.get_width() - 20
        self.h = self.screen.get_height() - 50
        self.unit_w = self.w // n
        self.unit_h = self.h // n
        self.img = pygame.image.load("knight.png")  # 騎士の画像
        self.img = pygame.transform.scale(self.img,
                        (self.unit_w, self.unit_h))  # 画像サイズ調整
        self.btn_font = pygame.font.Font(           # ボタンフォント
                        "C:\Windows\Fonts\meiryo.ttc", 12)
        self.btn_rect = pygame.Rect(10, 370, 60, 20)    # ボタン位置
        self.start()            # 問題解決スレッド開始
        self.gui_loop()         # GUIメインループ開始

    def gui_loop(self):
        while (True):           # GUIメインループ
            for event in pygame.event.get():
                if event.type == QUIT:
                    pygame.quit()
                    sys.exit()
                elif event.type == MOUSEBUTTONDOWN:  # ボタンで高速化
                    if self.btn_rect.collidepoint(event.pos):
                        self.speed_rate = 0.01
            time.sleep(0.2)     # 一定時間停止（CPU負荷を下げるため）

    def run(self):  # スレッドの処理本体
        self.knight(0, 0, 1, Nil)

    def draw(self):  # 全体の描画
        if not pygame.display.get_init():
            return              # pygameモジュール解除なら何もしない
        self.screen.fill((255, 255, 255))
        for r in range(self.n + 1):     # 罫線の描画ループ
```

```python
            y = (10 + r * self.unit_h)
            for c in range(self.n + 1):
                x = (10 + c * self.unit_w)
                pygame.draw.line(self.screen, self.bd_color,
                                 (10, y), (10 + self.w, y), 1)
                pygame.draw.line(self.screen, self.bd_color,
                                 (x, 10), (x, 10 + self.h), 1)
        if len(self.footprint) >= 2:
            pygame.draw.lines(self.screen, self.footprint_color,
                              False, self.footprint, 1) # 足跡を描画
        self.screen.blit(self.img, (self.x, self.y))    # イメージ描画
        # ボタン表示処理
        pygame.draw.rect(self.screen, (255,200,128), self.btn_rect, 0)
        pygame.draw.rect(self.screen, (128,128,128), self.btn_rect, 1)
        text = self.btn_font.render("速度UP", True, (0, 0, 0))
        text_rect = text.get_rect(center
            = (self.btn_rect.centerx, self.btn_rect.centery))
        self.screen.blit(text, text_rect)
        pygame.display.update()                          # 画面更新

    def disp(self, forward, r, c): # r, c に移動させた状態を描画
        time.sleep((0.2 if forward else 0.05) * self.speed_rate)
                    # 進みは遅く, 戻りは速く
        self.x = (10 + c * self.unit_w)
        self.y = (10 + r * self.unit_h)
        if forward:     # 進んだ場合
            self.footprint.append((self.x + 0.5 * self.unit_w,
                                   self.y + 0.5 * self.unit_h))
        else:           # 戻った場合
            self.footprint.pop()
        self.draw()

    def knight(self, r, c, cnt, route): # r,cへの移動を試す
        if r >= 0 and r < self.n and c >= 0 and \
           c < self.n and self.bd[r][c] == 0:
            self.bd[r][c] = cnt        # マスに移動数を代入
            self.disp(True, r, c)      # グラフィックス表示
            if cnt == self.n * self.n: # 最終位置到達, 結果を返す
                return Cons(Cons.of(r, c), route)
            for p in self.pat:  # 次の移動を試す
                rt = self.knight(r + p.first, c + p.second, cnt + 1,
                                 Cons(Cons.of(r, c), route))
                if rt != Nil:
                    return rt    # ルート探索成功, 結果を返す
```

```
            self.bd[r][c] = 0       # 失敗したのでマスを空に戻す
            prev = route.head       # 直前の位置
            self.disp(False, prev.first, prev.second) # グラフィックス表示
        return Nil                  # 失敗したのでNilを返す

if __name__ == "__main__":
    KnightsTour(5)                  # 騎士巡回オブジェクトの生成
```

グラフィックス処理のため，__init__，disp，draw メソッドは長くなってい
ますが，単純な処理しかやっていません。今回もウィンドウユーザインタフェー
スの処理と問題解決処理を同時進行できるよう，マルチスレッドを用いてメイン
スレッドで GUI 処理を，別スレッドでルート探索とアニメーション表示を行って
います。start で開始された別スレッドでは run メソッドが呼ばれます。メイン
スレッドでは gui_loop の GUI イベント処理のメインループに入ります。

```
        self.start()            # 問題解決スレッド開始
        self.gui_loop()         # GUIメインループ開始
```

今回は GUI 要素として，画面下に「速度 UP」ボタンを四角形描画で作成し，こ
れをクリックすると，描画時の time.sleep 関数によるウエイト時間を短くして
高速表示するようにしています。よって gui_loop メソッド内では，マウスクリ
ックのイベントに呼応する処理を記述してあります。

kight メソッドは，ルート探索処理は前回と同じですが，移動状態が変化する
たびに disp メソッドを呼び出して描画用の処理を行います。disp では，騎士の
座標を変数 x，y に求め，移動ルートの座標を配列変数 footprint（足跡）に記
録していきます。この disp はルートを進むときと，失敗して戻るときにそれぞ
れ呼ばれます。disp 内では，進むときはリスト末尾に追加する append 関数を使
い，戻るときは pop 関数でリスト末尾から除去します。こうして，現在のルート
情報が記憶されます。

描画処理本体である draw メソッドでは，移動ルートを pygame パッケージの
lines 関数で描画しています。騎士のイメージは用意しておいた画像
knight.png を用い，pygame パッケージの blit 関数で 1 マス分の矩形に合わせ
て画像描画しています。

第 3 章　論理パズル

3.1　宣教師とモンスター

❏ ルールと目標状態

　宣教師とモンスター問題はで，図 3-1 のように宣教師 3 人とモンスター3 人が川の対岸に渡るのが目的です。使えるボートは定員 2 名までです。ただし，いずれかの岸において，モンスターの数が宣教師の数を上回ると宣教師が襲われてしまいます。この状況を回避し，無事に渡る手順を求めるのがこの問題です。

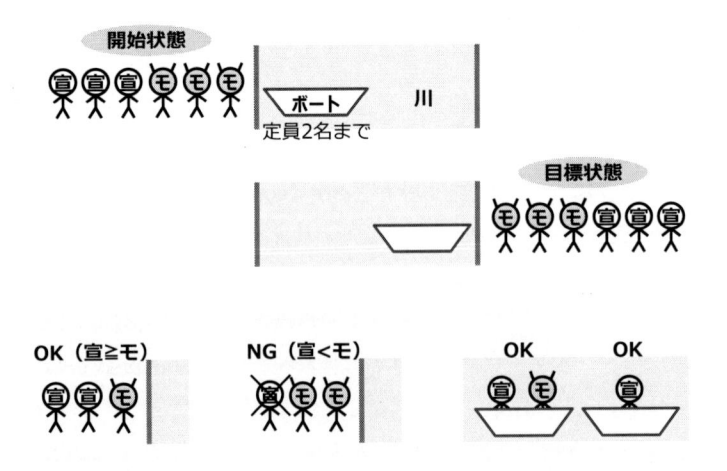

図 3-1　宣教師とモンスター問題

　ボートに乗れるのは宣教師やモンスターに関わりなく 1 名か 2 名です。ボートで移動している最中にそれぞれの岸において，宣教師数≧モンスター数なら安全ですが宣教師数＜モンスター数の状況になると，モンスターの習性により宣教師を襲います。宣教師もモンスターも対岸へ渡りたいという目的は一致しています

が，手順を誤ると惨事となってしまうのです。図 3-2 はこの問題の解決手順です。

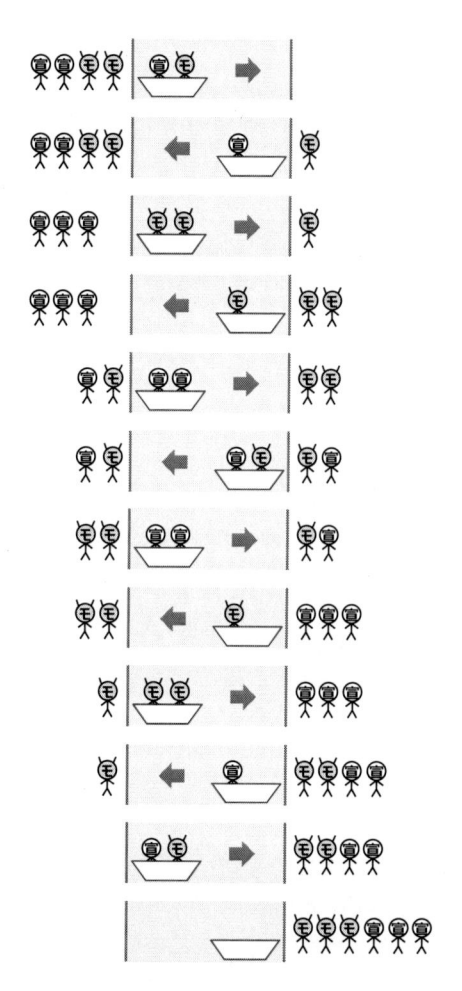

図 3-2　宣教師とモンスター問題の解決手順

　各過程においてボート移動中およびボートが岸に着いて上陸した状態で，各岸では，宣教師数≧モンスター数の状況になっており安全な手順です。このような複雑な手順をプログラミングでシンプルに解決するには再帰処理を活用します。各再帰処理の過程で安全状態かを調べることで失敗を判定し，失敗の場合はバックトラッキングで後戻りします。そうして目標状態にたどり着く解を求めます。

❏ 川渡問題プログラム

　宣教師とモンスター問題をプログラミングする前に，そのベースとなる「川渡り問題」のクラスを作成し，オブジェクト指向によって以後の開発を効率化します。リスト **3-1** は川渡り問題のプログラムです。再帰関数 **search** メソッドが問題解決のエンジン部分となります。

リスト 3-1　RiverClossingSolverApp.py　川渡り問題プログラム

```python
import sys, os
sys.path.append('../')
from my.Cons import Cons, Nil


# 川渡り問題クラス
class RiverClossingSolver:
    def solve(self): # 問題解決
        # 可能な乗船パターーン
        self.op_all = Cons.of(Cons.of("A", "B"), Cons.of("B", "C"),
                              Cons.of("C", "A"), Cons.of("A"),
                              Cons.of("B"), Cons.of("C")
                              ).map(lambda x: x.sorted())
        # 岸の初期状態
        st = Cons.of(Cons.of("A", "B", "C").sorted(), Nil)
        # 移動記録初期状態
        history = Cons.of(Cons(Nil, Cons(Cons.of('←'), st)))
        # 解を見つける
        solution = self.search(st, self.op_all, -1, history)
        # 移動記録表示
        print("移動者¥t移動方向¥t結果状態(左岸) 結果状態(右岸)")
        solution.reverse().foreach(
            lambda x: print(x.map(
                        lambda y: y.join("")).join("¥t¥t¥t")))

    def safe(self, st): # この移動結果は安全な状態か？
        # 安全ルール：Cを単独で残してはいけない
        return not (st.first.equals(Cons.of("C")) or
                    st.second.equals(Cons.of("C")))

    def goal(self, st): # この移動結果はゴールか？
        return st.head == Nil    # 左岸が空か

    def move(self, fro, to, op):
```

```python
        fro1 = fro.diff(op) # 乗船者を取り除いた残り
        if fro1.length() == fro.length() - op.length():
            return Cons.of(fro1, op.append(to))
        else:
            return Nil


    # 移動手順を探し，成功したらその記録を返す
    def search(self, st, ops, boat, history):
        if ops == Nil:
            return Nil         # もう試すパターンが無く失敗
        op = ops.head
        op_tail = ops.tail
        # 移動状況の作成（dir:方向，st_new:新たな状態）
        if boat == -1:
            dir = Cons.of('→')
            st_new = (self.move(st.first, st.second, op)
                        .map(lambda x: x.sorted()))
        else:
            dir = Cons.of('←')
            st_new = (self.move(st.second, st.first, op)
                        .reverse().map(lambda x: x.sorted()))
        # 移動対象不足でmove失敗，残りの操作を試す
        if st_new == Nil:
            return self.search(st, op_tail, boat, history)
        # ゴールなら成功
        elif self.goal(st_new):
            return Cons(Cons(op, dir, st_new), history)
        # 移動禁止状態か，過去状態に戻ると失敗，残りの操作を試す
        elif not self.safe(st_new) or ¥
                history.exists(
                    lambda x: x.tail.equals(Cons(dir, st_new))):
            return self.search(st, op_tail, boat, history)
        # 移動成功，新たな状態から進める
        else:
            ret = self.search(st_new, self.op_all, -boat,
                            Cons(Cons(op, dir, st_new), history))
            if ret != Nil:  # 新たな状態から成功ならそれを返す
                return ret
            else:           # 失敗なら残りの操作を試す
                return self.search(st, op_tail, boat, history)

if __name__ == "__main__":
    RiverClossingSolver().solve()    # 川渡り問題オブジェクト生成・開始
```

実行結果

移動者	移動方向	結果状態（左岸）	結果状態（右岸）
	←	ABC	
BC	→	A	BC
C	←	AC	B
AC	→		ABC

　本プログラムでは，動作テストとして移動者 ABC のうち C が岸に単独で残らないことを条件にしました。実行結果では条件が守られた状態で ABC 全員が左岸から右岸に渡る手順が 1 行ずつ表示されています。最初の手順は BC がボートに乗って右岸へ渡り，次に C がボートに乗って左岸に渡ります。最後は AC が右岸に渡って完了です。各メソッドの内容は以降のプログラムで説明します。

❏ 宣教師とモンスター問題プログラム

　リスト 3-2 は宣教師とモンスター問題のプログラムです。先ほどの RiverClossingSolverApp.py を参照してクラスを再利用します。

リスト 3-2　MissionariesAndCannibalsApp.py　宣教師とモンスター問題プログラム

```python
import sys, os
sys.path.append('../')
from my.Cons import Cons, Nil
from RiverClossingSolverApp import RiverClossingSolver

# 宣教師とモンスターの川渡り問題クラス（川渡り問題のクラスを継承）
class MissionariesAndCannibals(RiverClossingSolver):
    def safe(self, st): # この移動結果は安全な状態か？
        # 両岸において宣教師がゼロか，宣教師≧モンスターなら安全
        return st.forall(lambda x: x.count("宣") == 0 or
                                    x.count("宣") >= x.count("モ"))

    def solve(self): # 問題解決
        # 可能な乗船パターン
        self.op_all = Cons.of(Cons.of("宣", "宣"), Cons.of("宣", "モ"),
                        Cons.of("モ", "モ"), Cons.of("宣"),
                        Cons.of("モ")).map(lambda x: x.sorted())
        # 岸の初期状態
        st = Cons.of(Cons.of("宣","宣","宣","モ","モ","モ").sorted(),
```

```
                        Nil)
    # 移動記録初期状態
    history = Cons.of(Cons(Nil, Cons(Cons.of('←'), st)))
    # 解を見つける
    solution = self.search(st, self.op_all, -1, history)
    # 移動記録表示
    print("移動者¥t移動方向¥t結果状態（左岸）結果状態（右岸)")
    solution.reverse().foreach(
        lambda x: print(x.map(
                        lambda y: y.join("")).join("¥t¥t¥t")))

if __name__ == "__main__":
    # 宣教師とモンスターの川渡り問題オブジェクト生成・開始
    MissionariesAndCannibals().solve()
```

実行結果

移動者	移動方向	結果状態（左岸）	結果状態（右岸）
	←	モモモ宣宣宣	
モ宣	→	モモ宣宣	モ宣
宣	←	モモ宣宣宣	モ
モモ	→	宣宣宣	モモモ
モ	←	モ宣宣宣	モモ
宣宣	→	モ宣	モモ宣宣
モ宣	←	モモ宣宣	モ宣
宣宣	→	モモ	モ宣宣宣
モ	←	モモモ	宣宣宣
モモ	→	モ	モモ宣宣宣
宣	←	モ宣	モモ宣宣
モ宣	→		モモモ宣宣宣

　本プログラムでは，`MissionariesAndCannibals` クラスは川渡り問題の `RiverClossingSolver` クラスから派生させています。

　表 3-1 に両クラスの継承関係をまとめました。これによると宣教師とモンスター問題では，`solve`，`safe` の 2 つのメソッドだけを実装するシンプルなプログラムになっています。`goal`，`move`，`search` メソッドはそのまま機能を継承して利用します。いわば川渡り問題が一般化したプログラムであり，宣教師とモンスター問題は一部をカスタマイズした文字通り「派生」バージョンとなります。

表 3-1　クラスの継承関係

クラス	宣教師とモンスター問題 MissionariesAndCannibals	川渡り問題 RiverClossingSolver
変数	継承	op_all
処理開始メソッド	solve（再定義）	solve
安全状態判定メソッド	safe（オーバーライド）	safe
目標状態判定メソッド	継承	goal
ボート移動メソッド	継承	move
手順探索メソッド	継承	search

　solve メソッドで初期化される変数について見てみましょう。変数 op_all は，図 3-3 のようなすべての乗船パターンの Cons リストです。op_all の要素は，比較処理をしやすくするために，Cons クラスの sorted メソッドでソートしておきます。これは map と組み合わせて，(… (宣,モ) …) → (… (モ,宣) …)というように，1 段深いレベルのリスト（リスト内のリスト）をソートします。

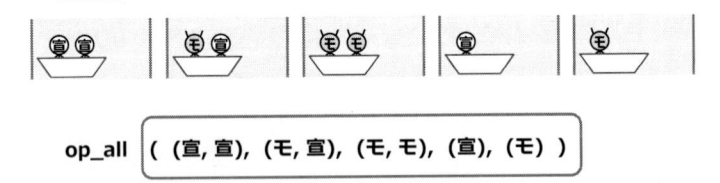

図 3-3　乗船パターンのリストデータ

```
sorted メソッド（Cons クラス）
(4, 2, 3, 5, 1).sorted()  => (1, 2, 3, 4, 5)  … Cons リストをソート
((宣, 宣),(宣, モ),(モ, モ),(宣),(モ)).map(lambda x: x.sorted())
  =>((宣, 宣),(モ, 宣),(モ, モ),(宣),(モ))      … リスト要素内をソート
```

　変数 st は，左右の岸の状態を図 3-4 のような Cons リストで表します。両岸内も sorted でソートします。st はボートの移動によって変化していきます。

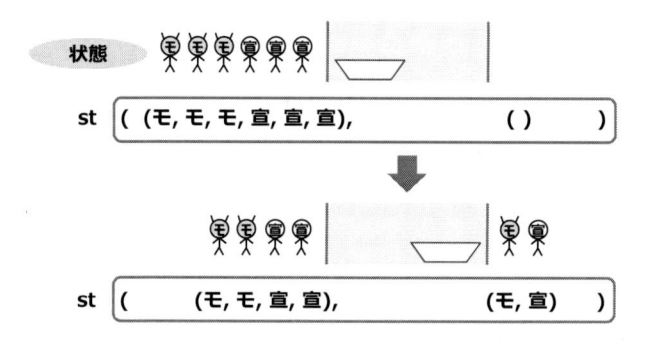

図3-4　状態のリストデータ

　変数 history は移動記録です。図 3-5 のように移動者，移動方向，左岸状態，右岸状態のリストを 1 回分の移動記録として，基底クラスの search メソッド内では，移動が成功するたびに，リストの先頭に新たな移動記録を追加していきます。初期状態ではボートと全員は左岸に位置しています。

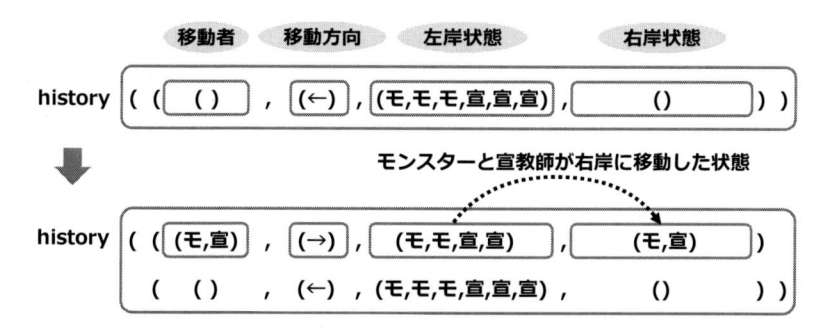

図 3-5　移動記録のデータ構造

　基底クラスの move メソッドは，図 3-6 のように移動元（fro），移動先（to）の状態，および 1 つの乗船パターン（op）を与えると，移動結果として(移動元，移動先)という Cons リストで返します。move 内では，移動元から乗船者を取り除いた Cons リストを作るために Cons クラスの diff メソッドを使用します。diff は Cons リストの差集合を返します。

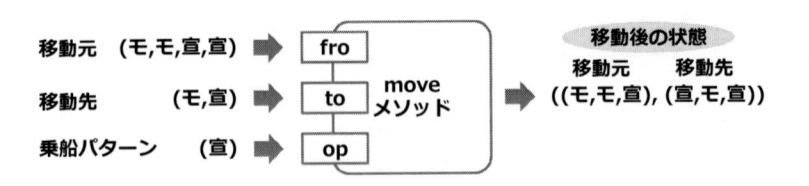

図 3-6　移動処理

```
diff メソッド（Cons クラス）
fro                          => (モ, 宣, 宣, 宣) … 移動元
op                           => (宣, 宣)         … 乗船者
fro1 = fro.diff(op)          => (モ, 宣)         … 移動後の移動元状態
```

　乗船者全員が移動した際の残りの要素数と，移動後の移動元要素数を比較し，一致すれば，その移動は可能であったと判断します。要素数が異なれば，移動はできていないと判断し，もとの移動元，移動先の状態を返します。

```
fro                          => (モ, 宣, 宣, 宣) … 移動元
op                           => (モ, モ)         … 乗船者
fro1 = fro.diff(op)          => (宣, 宣, 宣)       … 移動後の移動元状態

fro.length() - op.length()   => 2
fro1.length()                => 3   … 長さが異なるので移動できていない
```

　移動できた場合は，Cons クラスの append メソッドを使って次のように移動後の状態を生成します。append は 2 つの Cons リストを結合して返します。

```
fro1                         => (モ, 宣)         … 移動後の移動元状態
op                           => (宣, 宣)         … 乗船者
to                           => (モ, モ)         … 移動先
Cons.of(fro1, op.append(to)) => ((モ, 宣), (宣, 宣, モ, モ))
                                … (移動元，移動先)の新たな状態
```

　基底クラスの goal メソッドは，目標状態になったかを判定します。この処理は簡単で，次のように左岸が空リストであるか調べるだけです。

```
def goal(self, st): # この移動結果はゴールか？
    return st.head == Nil    # 左岸が空か
```

　safe メソッドはオーバーライド（override）しているので，基底クラス内で呼ばれた場合，派生クラスの方の safe が呼ばれます。宣教師とモンスター問題の safe メソッドは，次の処理によって安全な状態であるかを判定します。これは図 3-7 のように，両岸の状態に対してラムダ式を使った判定を行います。

```
def safe(self, st): # この移動結果は安全な状態か？
    # 両岸において宣教師がゼロか，宣教師≧モンスターなら安全
    return st.forall(lambda x: x.count("宣") == 0 or
                               x.count("宣") >= x.count("モ"))
```

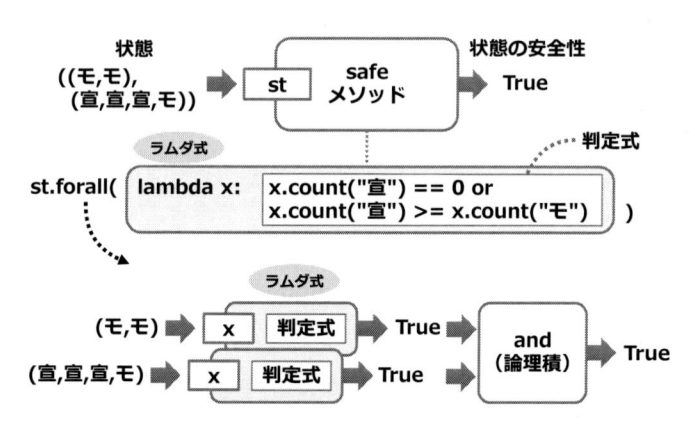

図 3-7　宣教師とモンスター問題の safe メソッド

　Cons クラスの forall メソッドは，両岸の状態である変数 st のすべての要素に対し，ラムダ式が真になるかを調べます。すべての要素とは，すなわち左岸リストと右岸リストのことです。各リストに対し，宣教師数＝0 または宣教師数≧モンスター数が真であるかを調べればよいことになります。Cons クラスの count メソッドは，Cons リスト内の指定した要素をカウントします。

```
count メソッド（Cons クラス）
x                => (モ，モ，宣，宣)
x.count("宣")    => 2
```

　基底クラスの search メソッドは，移動手順の解を求める再帰関数です。まず
乗船パターンである引数 ops の先頭を op へ，残りを op_tail に格納します。例
えば ops が次のような状態なら op と op_tail にはこのように格納されます。

```
ops      => ((宣，宣),(モ，宣),(モ，モ),(宣),(モ))
 ↓
op       => (宣，宣)
op_tail  => ((モ，宣),(モ，モ),(宣),(モ))
```

　search では move メソッドを使って右岸，あるいは左岸への移動を試みて，移
動結果を st_new に格納します。もし移動対象がなければ st_new は Nil になり，
残りの移動操作を試すために search を再帰呼び出しします。

```
# 移動状況の作成（dir:方向, st_new:新たな状態）
if boat == -1:
    dir = Cons.of('→')
    st_new = (self.move(st.first, st.second, op)
                .map(lambda x: x.sorted()))
else:
    dir = Cons.of('←')
    st_new = (self.move(st.second, st.first, op)
                .reverse().map(lambda x: x.sorted()))
```

　移動できた後は，この st_new を用いて次の状態判定を行い，図 3-8 のように
再帰処理を進めます。

①目標状態になったか？
②宣教師が襲われる状態か？
③過去の状態と同じ状態（もとに戻ってしまい手順がループして終わらない）か？

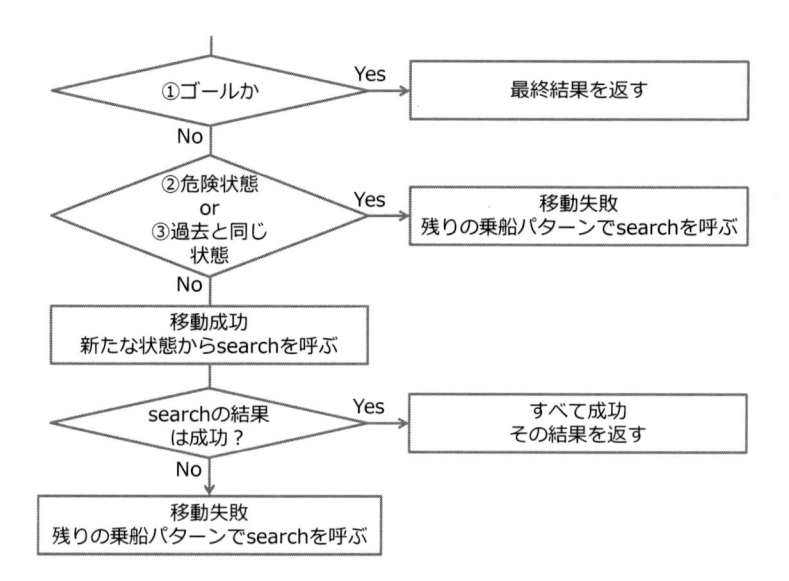

図 3-8　search メソッド内の移動判定フロー

　①の判定には **goal** メソッドを使って目標状態であるか判定します。②の判定には **safe** メソッドを使い，宣教師とモンスターの数が安全な状態かを判定します。③の判定には，これまでの移動状態に同じ状態があるかを調べます。同じ状態があったなら，移動可能であっても同じ移動手順を何度もループしてしまう可能性があります。そこで，移動記録 **history** に同じ移動状況があるかどうか **Cons** クラスの **exists** メソッドで調べます。

```
history.exists(lambda x: x.tail.equals(Cons(dir, st_new)))
        … x の先頭要素は移動者情報なので，そのあとの x.tail を比較する

このとき次の場合があると，過去に同じ移動状況があったことになる
x.tail            => ((→), (モ,宣), (モ,モ,宣,宣))    … 過去の記録
Cons(dir, st_new) => ((→), (モ,宣), (モ,モ,宣,宣))    … 今回の状況
```

　exists は一つでもラムダ式の結果が **True** になれば **True** を返します。また，同じ移動状況か調べるには，**Cons** クラスの **equals** メソッドを使って **st_new** と **st** の **Cons** リストが同じ内容か再帰的に比較します。

```
┌─ exists メソッド（Cons クラス）──────────────────────────────────┐
│ a                              => (1, 2, 3)                      │
│ a.exists(lambda x: x % 2 == 0)   => True      … 1 つでも True ならば │
└───────────────────────────────────────────────────────────────┘
```

```
┌─ equals メソッド（Cons クラス）──────────────────────────────────┐
│ a          => ((→), (モ,宣), (モ,モ,宣,宣))                        │
│ b          => ((→), (モ,宣), (モ,モ,宣,宣))                        │
│ a.equals(b)  => True                                            │
└───────────────────────────────────────────────────────────────┘
```

②③の判定によって移動成功となると，新たな状態 st_new を起点にさらに search の再帰呼び出しを行います。再帰呼び出しの結果が成功であれば，目標状態に到達したことを意味します。また，失敗であれば，st_new への移動は成功したものの，何回か先で失敗したことを意味するので，バックトラッキングによって，st_new の移動状態を破棄し，残りの乗船パターンに委ねます。

3.2　農民と狼とヤギとキャベツ

❏ ルールと目標状態

別の川渡り問題として，農民と狼とヤギとキャベツ問題があります。図 3-9 はその開始状態，目標状態，安全状態，禁止状態，乗船ルールなどを表しています。これも，すべてが対岸に渡るのが目標です。ボートには最低でも農民が乗り，さらにもう一つ何かを乗せて渡ることができます。ただし農民がそばにいないと狼はヤギを襲い，ヤギはキャベツを食べる習性があります。それらの禁止状態を避けて無事に川を渡る手順を求める問題です。

図 3-10 はこの問題の解決手順です。各過程においてボート移動中の岸の状態では，農民がそばにいない状態での狼とヤギの組み合わせ，またヤギとキャベツの組み合わせが発生しない状況になっています。

今回の問題解決も宣教師とモンスター問題と同様の手法で解決ができ，再び川渡り問題のプログラムを再利用します。

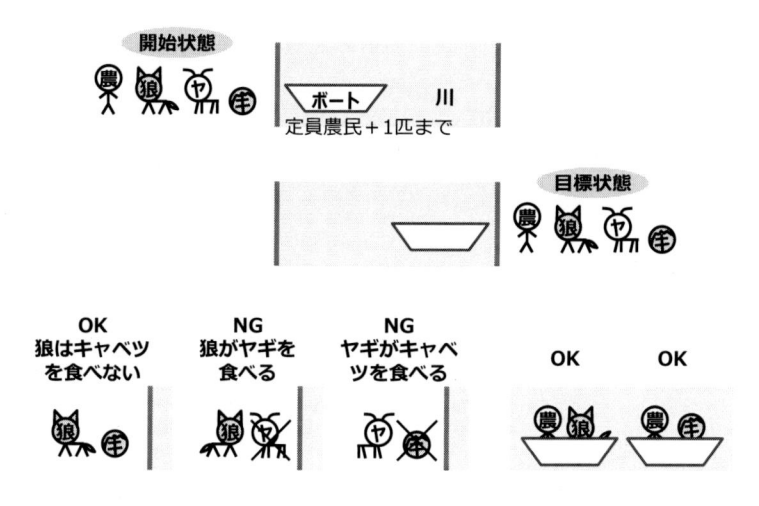

図 3-9　農民と狼とヤギとキャベツ問題

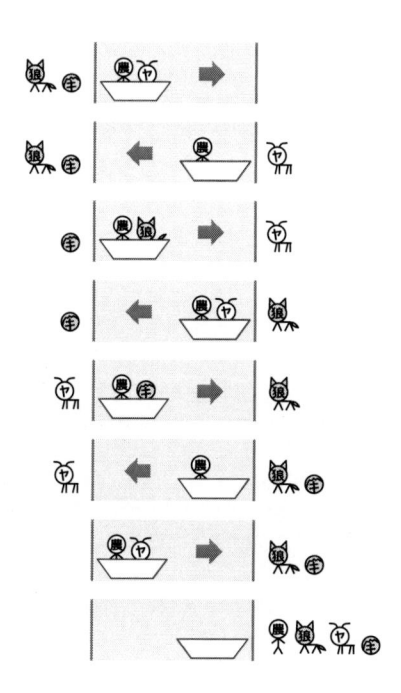

図 3-10　農民と狼とヤギとキャベツ問題の解決手順

　農民と狼とヤギとキャベツ問題も，宣教師とモンスター問題と同じようなプログラムになるはずなので，まず各問題解決の設定を表 3-2 にまとめました。なお，宣教師，モンスターを宣，モと省略し，農民，狼，ヤギ，キャベツを農，狼，ヤ，キと省略しています。

表 3-2　2 つの問題解決の設定

	宣教師とモンスター問題	農民と狼とヤギとキャベツ問題
目標状態	同じ	同じ
非安全状態	宣の数 ＜ モの数	農なし and 狼・ヤあり or 農なし and ヤ・キあり
状態の初期値	宣×3，モ×3	農，狼，ヤ，キ
可能な乗船パターン	宣宣，モモ，宣モ，宣，モ	農，農狼，農ヤ，農キ

❏ 農民と狼とヤギとキャベツ問題プログラム

　リスト 3-3 は農民と狼とヤギとキャベツ問題プログラムです。このプログラムでは，川渡り問題の RiverClossingSolver クラスを継承する WolfGoatCabbage クラスを作成します。今回の乗船パターンである変数 op_all は，図 3-11 のようになります。

リスト 3-3　WolfGoatCabbageApp.py　農民と狼とヤギとキャベツ問題プログラム

```python
import sys, os
sys.path.append('../')
from my.Cons import Cons, Nil
from RiverClossingSolverApp import RiverClossingSolver

# 農民と狼とヤギとキャベツの川渡り問題クラス（川渡り問題のクラスを継承）
class WolfGoatCabbage(RiverClossingSolver):
    def safe(self, st): # この移動結果は安全な状態か？
        return not st.exists(
            lambda x: not x.contains("農") and ¥
                      x.contains("ヤ") and ¥
                      (x.contains("狼") or x.contains("キ")))
```

```
    def solve(self): # 問題解決
        # 可能な乗船パターン
        self.op_all = Cons.of(Cons.of("農", "狼"), Cons.of("農", "ヤ"),
                           Cons.of("農", "キ"), Cons.of("農")
                           ).map(lambda x: x.sorted())
        # 岸の初期状態
        st = Cons.of(Cons.of("農", "狼", "ヤ", "キ").sorted(), Nil)
        # 移動記録初期状態
        history = Cons.of(Cons(Nil, Cons(Cons.of('←'), st)))
        # 解を見つける
        solution = self.search(st, self.op_all, -1, history)
        # 移動記録表示
        print("移動者¥t移動方向¥t結果状態(左岸) 結果状態(右岸)")
        solution.reverse().foreach(
            lambda x: print(x.map(
                lambda y: y.join("")).join("¥t¥t¥t")))

if __name__ == "__main__":
    WolfGoatCabbage().solve()    # オブジェクト生成・開始
```

移動者	移動方向	結果状態（左岸）	結果状態（右岸）
	←	キヤ狼農	
ヤ農	→	キ狼	ヤ農
農	←	キ狼農	ヤ
狼農	→	キ	ヤ狼農
ヤ農	←	キヤ農	狼
キ農	→	ヤ	キ狼農
農	←	ヤ農	キ狼
ヤ農	→		キヤ狼農

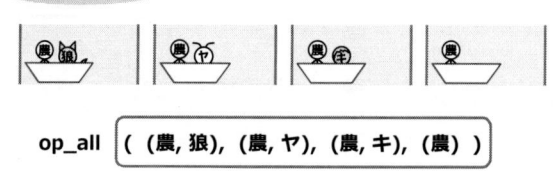

乗船パターン

op_all　((農, 狼), (農, ヤ), (農, キ), (農))

図 3-11　乗船パターンのリストデータ

　今回の `safe` メソッドは，次のような処理によって安全な状態であるかを判定します。この処理は危険状態である「農夫がいない状態で，ヤギと狼，あるいはヤギとキャベツの存在」について，Cons クラスの `exists` メソッドで両岸に対して判定します。最終的に，結果を否定することで安全状態を判定しています。

```
def safe(self, st): # この移動結果は安全な状態か？
    return not st.exists(
        lambda x: not x.contains("農") and ¥
                  x.contains("ヤ") and ¥
                  (x.contains("狼") or x.contains("キ")))
```

　Cons クラスの `contains` メソッドは，次のように Cons リストにある要素が含まれるかを判定します。

```
contains メソッド（Cons クラス）
x                  => (キ, 狼, 農)
x.contains("狼") => True
x.contains("ヤ") => False
```

❏ オブジェクト指向とプログラミングスタイル

　図 3-12 は，川渡り問題クラスとのメソッド構成の比較です。

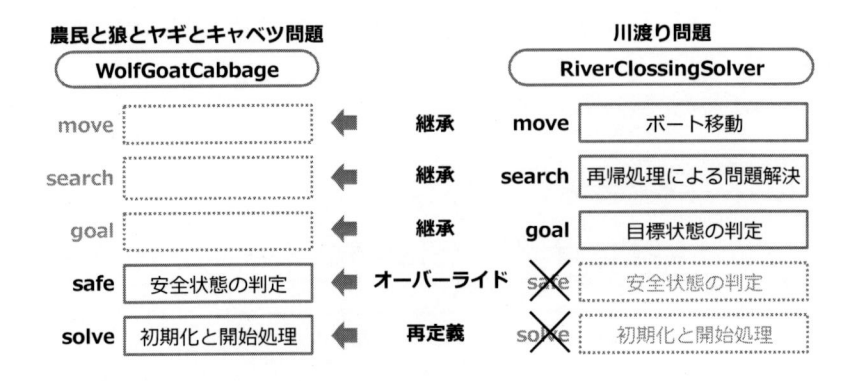

図 3-12　オブジェクト指向による機能継承と再定義

　派生クラス WolfGoatCabbage と基底クラス RiverClossingSolver において，乗船パターンや初期状態の設定などを行う solve メソッド，安全状態であるか判定する safe メソッドは，内容が異なるので再定義あるいはオーバーライドしています。それ以外の変数と関数は基底クラスから継承しています。

　図 3-13 は，これまでの 3 つのクラスの親子関係を表したものです。プログラムを追加・変更してバージョンアップしていく開発において，オブジェクト指向開発では，追加・変更はもとのプログラムを基底クラス（base class，スーパークラス）として中身を変えず，派生クラス（derived class，サブクラス）を追加する形で追加・変更に対応します。これによって再開発時のテスト・デバッグ箇所が主に派生クラスだけで済むので開発効率が上がります。また今回のように，「宣教師…」，「農民…」の 2 つのプログラムに対し，あらかじめ共通部分を「川渡り問題」として一般化（汎用化）したクラス設計によって，全体の開発効率を上げることができます。

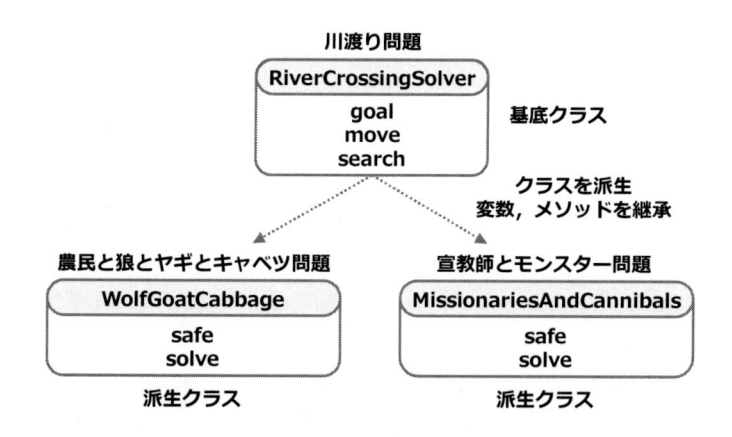

図 3-13　汎用機能を基底クラスとした問題解決のオブジェクト指向設計

　オブジェクト指向プログラミングは，経験を要する複雑な開発スタイルのように感じられますが，多くの場合，その目的は「プログラムを簡潔に作りたい」「大きく複雑にしたくない」「二度手間をなんとかしたい」というような希望を実現することではないでしょうか。オブジェクト指向の機能はこれらの実現を支

援してくれます。そうした観点でオブジェクト指向の仕組みについて次のように
表現してみます。

- 大きなプログラムを，様々な役割で小さく部品化したい。　　　… クラス
- 使いやすく安全な部品は，中身が露出せず極力覆われている。　… 隠蔽
- 既存部品（親）を再利用して，新たな部品（子）を楽に作る。　… 派生
- 親の機能をそのまま子でも使いたいときは特に何もしなくていい。　… 継承
- 既存部品の機能を変更したいが，親はいじらずに子に新機能を実装した。その機
  能は親の中で呼ばれているため，親の中から子の新機能を呼ぶ仕組みが必要
  　　　　　　　　　　　　　　　　　　　　　　　　　　… オーバーライド

　オブジェクト指向の機能は難しいですが，どの仕組みも開発者の希望を実現す
るためのものと言えます。関数型プログラミングもまた難しい開発スタイルです。
実はこれも「プログラムを簡潔に作りたい」「プログラムを柔軟に記述したい」
「バグが潜む危険をなくしたい」ということを実現する手段であると言えます。
本書では Cons クラスやラムダ式を用いており，それらが関数型スタイルによる
プログラミング手法の一例です。現実問題として，関数型スタイルは修得が難し
く技術者も少ないと思われますが，実は一般ユーザから開発者まで幅広く人気と
実績のある JavaScript も関数型言語に分類でき，多くのプログラマが関数型の
感性にすでに触れているものと思います。どのように記述すれば関数型の恩恵が
得られるのか，わかりづらいかもしれませんが，初めは関数型スタイルで書いた
方がプログラムは短くなる場合がある，ということに着目してはどうでしょうか。

❏ 農民と狼とヤギとキャベツ問題・グラフィックスバージョン

　農民と狼とヤギとキャベツ問題プログラムのグラフィックスバージョンを作っ
てみました。これはボートで移動する様子がアニメーション表示されるものです。
図 3-14 とリスト 3-4 はその実行結果とソースリストです。使用する画像として，
川，ボートに river.png，boat.png を，農民，狼，ヤギ，キャベツに
farmer.png，wolf.png，goat.png，cabbage.png を用意します。またアニメー
ション動作にはマルチスレッドを使用しています。

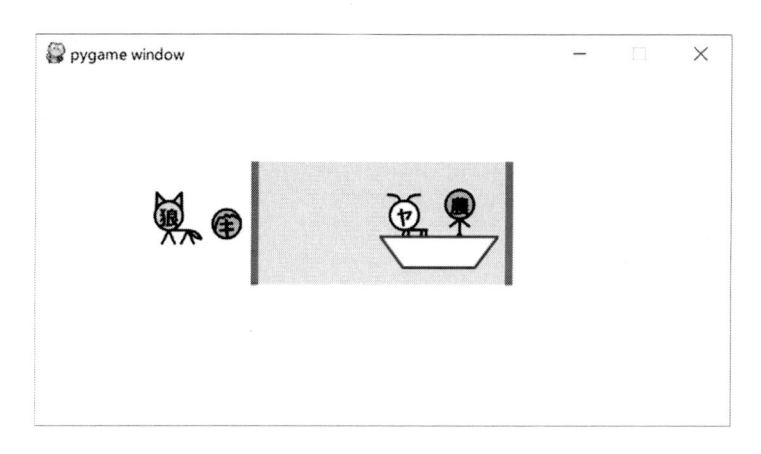

図3-14　農民と狼とヤギとキャベツ問題（グラフィックスバージョン）の実行画面

リスト 3-4　WolfGoatCabbageGraphicsApp.py　農民と狼とヤギとキャベツ問題（グラフィックスバージョン）

```python
import sys, os
sys.path.append('../')
from my.Cons import Cons, Nil
from RiverClossingSolverApp import RiverClossingSolver
import pygame
from pygame.locals import *
from threading import Thread
import time
from ctypes import windll

windll.shcore.SetProcessDpiAwareness(1)      # 高解像度モニタに対応

class Point:
    def __init__(self, x, y):
        self.x = x
        self.y = y

class Data: # グラフィックス要素用のデータ構造
    def __init__(self, fname, x, y):
        self.img = pygame.image.load(fname) # 画像
        self.pt = Point(x, y)                # 座標
        w, h = self.img.get_rect().size

# 農民と狼とヤギとキャベツの川渡り問題クラス（川渡り問題クラスを継承）
class WolfGoatCabbage(Thread, RiverClossingSolver):
```

```python
def __init__(self):
    Thread.__init__(self)       # スレッドクラス初期化
    pygame.init()               # pygameモジュールの初期化
    self.screen = pygame.display.set_mode((800, 400)) # 画面サイズ
    self.left_ox = 250          # 川の左位置
    self.right_ox = 540         # 右位置
    self.boat_w = 130           # ボート幅
    self.char_w = 60            # キャラクタ幅
    self.move_w = self.right_ox-self.left_ox-self.boat_w # 移動幅
    self.river = Data("river.png", self.left_ox, 100)    # 川
    self.boat = Data("boat.png", self.left_ox, 110)      # ボート
    # キャラクタ用の辞書（連想配列）
    self.dic = {  "農": Data("farmer.png", 0, 130),
                  "狼": Data("wolf.png", 0, 130),
                  "ヤ": Data("goat.png", 0, 130),
                  "キ": Data("cabbage.png", 0, 130) }
    self.start()                # 問題解決スレッド開始
    self.gui_loop()             # GUIメインループ開始

def gui_loop(self):
    while (True):               # GUIメインループ
        for event in pygame.event.get():
            if event.type == QUIT:
                pygame.quit()
                sys.exit()
        time.sleep(0.2)         # 一定時間停止（CPU負荷を下げるため）

def run(self):  # スレッドの処理本体
    self.solve()

def draw_image(self, obj):  # 画像の描画
    self.screen.blit(obj.img, (obj.pt.x, obj.pt.y))

def draw(self): # 全体の描画
    if not pygame.display.get_init():
        return                  # pygameモジュール解除なら何もしない
    self.screen.fill((255, 255, 255))
    self.draw_image(self.river)  # 川描画
    for key, obj in self.dic.items():
        self.draw_image(obj)     # キャラクタ描画
    self.draw_image(self.boat)   # ボート描画
    pygame.display.update()      # 画面更新
```

```python
    def animate(self, op, boat_dir, bank): # 移動状況をアニメーション
        print(op, boat_dir, bank)
        left_bank = bank.first       # 左岸状態
        right_bank = bank.second     # 右岸状態
        # 位置の決定
        if boat_dir == -1:           # 右方向へアニメーション
            right_bank = right_bank.diff(op)
            self.boat.pt.x = self.left_ox
        elif boat_dir == 1:          # 左方向へアニメーション
            left_bank = left_bank.diff(op)
            self.boat.pt.x = self.right_ox - self.boat_w
        def move1(key, dx):          # キャラクタの位置決定関数
            self.dic[key].pt.x = self.posX
            self.posX += dx
        self.posX = self.left_ox - self.char_w
        left_bank.foreach(lambda key: move1(key, -self.char_w))
        self.posX = self.right_ox + self.char_w / 3
        right_bank.foreach(lambda key: move1(key, self.char_w))
        self.posX = self.boat.pt.x
        op.foreach(lambda key: move1(key, self.char_w))
        self.draw()                  # 再描画
        if boat_dir != 0:            # アニメーション動作ならば
            interval = 0.01
            delta = 2
            dx = -boat_dir * delta
            i = 0
            while i < self.move_w:       # アニメーションループ
                self.boat.pt.x += dx     # ボート位置
                def move2(key, dx):      # キャラクタの位置決定関数
                    self.dic[key].pt.x += dx
                op.foreach(lambda key: move2(key, dx)) # 移動者位置
                time.sleep(interval)     # 一定時間稼ぎ
                self.draw()              # 再描画
                i += delta
        time.sleep(0.5)

    def safe(self, st): # この移動結果は安全な状態か？
        return not st.exists(
            (lambda x: not x.contains("農") and
                       x.contains("ヤ") and
                       (x.contains("狼") or x.contains("キ"))))

    def solve(self): # 問題解決
```

```
    # 可能な乗船パターン
    self.op_all = Cons.of(Cons.of("農", "狼"), Cons.of("農", "ヤ"),
                          Cons.of("農", "キ"), Cons.of("農")
                          ).map(lambda x: x.sorted())
    # 岸の初期状態
    st = Cons.of(Cons.of("農", "狼", "ヤ", "キ").sorted(), Nil)
    # 移動記録初期状態
    history = Cons.of(Cons(Nil, Cons(Cons.of('←'), st)))
    # 解を見つける
    solution = self.search(st, self.op_all, -1, history)
    # 移動手順をアニメーション表示
    solution.reverse().tail.foreach((lambda x:
        self.animate(x.first,
                     -1 if x.second.equals(Cons.of('→')) else 1,
                     x.tail.tail)))
    self.animate(Nil, 0, solution.first.tail.tail)
if __name__ == "__main__":
    WolfGoatCabbage()  # 農・狼・ヤ・キ問題のオブジェクト生成
```

　グラフィックス要素用のデータ構造として，図 3-15 のような Data クラスを作成しています。Data クラスはキャラクタの画像と位置情報を持ち，それらキャラクタ情報は辞書型データ（連想配列）の変数 dic を用意して格納しています。

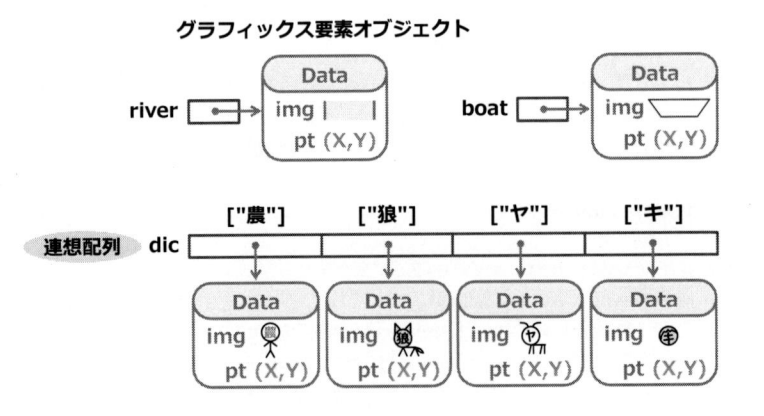

図 3-15　グラフィックス要素オブジェクトとデータ構造

```
self.dic = {  "農": Data("farmer.png", 0, 130),
              "狼": Data("wolf.png", 0, 130),
              "ヤ": Data("goat.png", 0, 130),
              "キ": Data("cabbage.png", 0, 130) }
```

こうすることで dic["農"]によって農民の Data オブジェクトを参照します。本プログラムでは移動者を"農", "狼", "ヤ", "キ"という文字列で表しているので，その値をそのまま使って Data オブジェクトが参照できるというわけです。

solve メソッドの問題解決処理は前回と同じですが，最後に結果を表示する段階で，テキストによる結果表示をアニメーション表示機能に置き換えています。図 3-16 のように，ボート移動手順の結果が格納された変数 solution は，毎回の移動状況の Cons リストであり，そこから 1 要素ずつ取り出して，アニメーションで移動状況をプレイバックします。今回もウィンドウ GUI 用メインスレッドと問題解決・アニメーション用スレッドのマルチスレッドで構成しています。

animate メソッドではグラフィックス要素の位置計算とアニメーション制御をします。これはボートと乗船者の位置をループで少しずつ変化させながら，その都度画面を再描画するという単純な処理です。アニメーション速度調整は，ループ処理内に time.sleep(interval)による待機処理を挿入しています。

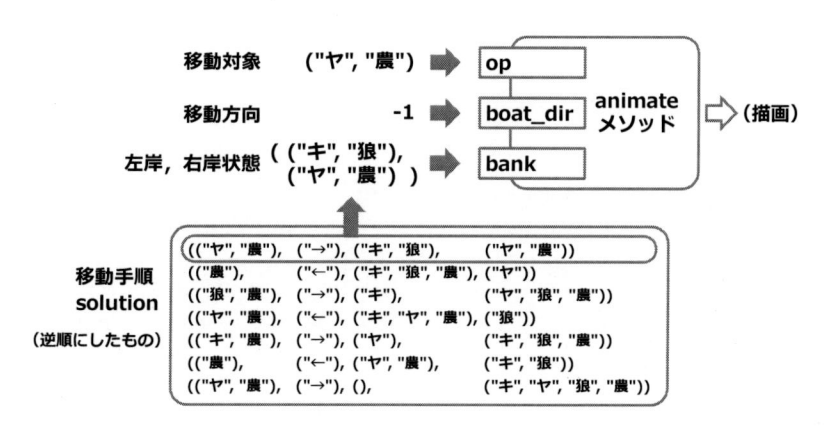

図 3-16　移動手順のアニメーション化

第 4 章　ゲーム木理論

4.1　ゼロサムゲーム

❏ 二人零和有限確定完全情報ゲーム

　ゼロサムゲーム（zero-sum game，ゼロ和ゲーム）は，複数人によるゲームにおいて全員の利益の総和がゼロになるものです。例えば 2 人のジャンケンで勝ちを+1，負けを-1，引き分けを±0 とすると，両者の得点は足すと常にゼロになります。これは引き分けない限りどちらかが勝って利益を得て，他方が負けて損失することを意味しています。

　チェス，オセロ，将棋，囲碁，三目並べなどは 2 人で行うゼロサムゲームであり，二人零和有限確定完全情報ゲームと呼ばれます。これは，次のような性質をもつゲームです。

　●二人零和有限確定完全情報ゲーム
- 2 人で行う
- ゼロサムゲームであり
- すべての手の組み合わせが有限であり
- 理論的にすべて先読み可能であり
- 運の要素が無く
- 相手が取った意思決定状態を知ることがでる

　今回は人とゼロサムゲームを対戦するコンピュータプログラムをテーマにします。コンピュータの戦略として，常に最良の手を選択して，膨大な手の組み合わせの中から効率よく探索することを目標にします。対象として，三目並べを取り上げてプログラミングしてみましょう。

　三目並べの取り得る手は，図 4-1 のような組み合わせによるゲーム木で表現で

き，取り得る手（マス目の数や置けるコマの種類など）の多さによってゲーム木の規模が大きくなります。

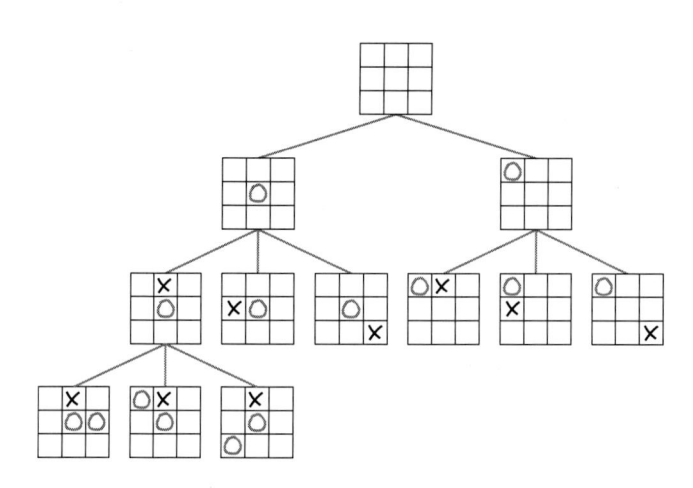

図4-1 ゲーム木

なお，全員が負ける可能性がある非ゼロサムゲームというのもあり，例として「囚人のジレンマ」などがあります。2 人の囚人がいて 2 人が罪を黙秘すれば懲役 2 年。1 人が自白すれば釈放され他方が懲役 5 年。2 人とも自白すると 2 人とも懲役 10 年となるルールです。

4.2 TicTacToe

❏ ルールと勝敗

TicTacToe は三目並べゲームであり，図 4-2 のような 3×3 のマス目に 2 人が交互に印をつけ，縦横斜めのいずれかで 3 つ並ぶと勝ちとなるゼロサムゲームです。なお 2 人が最良の手を打っていくと引き分けとなる性質を持っています。

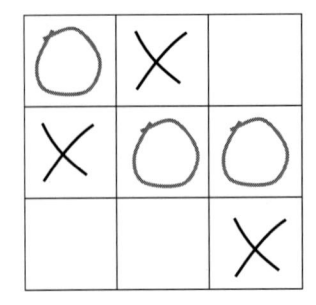

図 4-2　TicTacToe ゲーム

❏ TicTacToe 基本プログラム

　まず，基本機能バージョンによる **TicTacToe** プログラムをリスト **4-1** に示します。これは人とコンピュータの対戦プログラムで，ユーザが行と列番号を入力し，コンピュータはランダムにコマを置きます。このバージョンをもとにゲーム戦略を実装していきます。

リスト 4-1　TicTacToeApp.py　TicTacToe 基本プログラム

```python
import sys, os
sys.path.append('../')
from my.Cons import Cons, Nil
import random

# TicTacToe基本バージョンクラス
class TicTacToe:
    def __init__(self):
        self.playing = True      # ゲーム続行フラグ
        self.winner = ' '        # 勝者格納用
        self.bd = Cons.make_list2(3, 3, ' ')    # 3x3ゲーム盤
        a = Cons.of(0, 1, 2)
        # 勝ちの添え字パターンを作成
        self.pat = Cons(
            a.map(lambda x: Cons.of(x, x)),       # 斜め3マス
            a.map(lambda x: Cons.of(2-x, x)),     # 斜め3マス
            a.map(lambda r: a.map(lambda c: Cons.of(r,c))) # 水平3×3
            .append(a.map(lambda c:
                    a.map(lambda r: Cons.of(r,c))))) # 垂直3×3
```

```python
def goal(self, p): # 勝者判定(3マス並んだか)
    return self.pat.exists(lambda t: t.forall(
        lambda a: self.bd[a.first][a.second] == p))

def fin(self): # 終了判定(もう置けないか)
    return not Cons.range(0, 3).exists(lambda r:
        Cons.range(0, 3).exists(lambda c: self.bd[r][c] == ' '))

def turn(self, p): # プレイヤー交代
    return '×' if p == '○' else '○'

def computer(self, p): # コンピュータの手(ランダム)
    # 空いているマスを列挙
    free = Cons.range(0, 3).flat_map(
        lambda r: Cons.range(0, 3).map(
            lambda c: Cons.of(r, c))).filter(
                lambda x: self.bd[x.first][x.second] == ' ')
    f = free.get(random.randint(0, free.length()-1))
    r1 = f.first    # 行
    c1 = f.second   # 列
    self.bd[r1][c1] = p
    print("computer:{0} = {1},{2}".format(p, r1, c1))

def human(self, p): # 人間の手(行, 列のキー入力)
    while True:
        s = input("row col =>").split() # 入力データを分割
        r = int(s[0]) # 数値にしてrに格納
        c = int(s[1]) # 数値にしてcに格納
        if r <= 2 and c <= 2 and self.bd[r][c] == ' ': # 置けるなら
            self.bd[r][c] = p
            break
        # 置けない場所ならばループして再試行
    print("human:{0} = {1},{2}".format(p, r, c))

def disp(self): # 盤表示
    print(Cons.from_list(self.bd).map(
                    lambda x: x.join(" | ")).join("¥n"))

def play(self): # ゲームメインループ
    p = '○' # 最初のプレイヤー設定
    self.disp()
    while self.playing:
        if p == '○':
            self.human(p)        # 人間の処理
```

```
        else:
            self.computer(p)     # コンピュータの処理
        if self.goal(p):         # 勝ったか？
            self.winner = p
            self.playing = False
        elif self.fin():         # 終了したか？
            self.playing = False
        else:
            p = self.turn(p)     # プレイヤー交代
        self.disp()
    if self.winner != ' ':       # 勝者がいれば
        print("\n" + self.winner + " Win!")
    else:
        print("drawn")

if __name__ == "__main__":
    TicTacToe().play()          # ゲーム開始
```

実行結果

```
  |   |
  |   |
  |   |
human:○ = 0,1
  | ○ |
  |   |
  |   |
computer:× = 0,0
× | ○ |
  |   |
  |   |
    :
（途中省略）
    :
human:○ = 2,1
× | ○ | ×
  | ○ |
× | ○ | ○

○ Win!           … ○の勝ち
```

※ キー入力画面

```
Python input                              ×
row col =>  0 1
                          OK      Cancel
```

　__init__ メソッドの初期化処理において，変数 bd はゲーム盤の 2 次元配列で

あり，初期状態で空白文字が入っています。コマを置くたびに「○」「×」がその
のまま文字として bd[行][列]に格納されていきます。変数 pat は 3 目並んだか
を調べるための添え字パターンで，次のような整数 2 個による Cons リスト×3 目
×8 パターンの Cons リストで作成されます。

```
(((0,0),(1,1),(2,2)),((2,0),(1,1),(0,2)),                        …斜め
 ((0,0),(0,1),(0,2)),((1,0),(1,1),(1,2)),((2,0),(2,1),(2,2)), …横
 ((0,0),(1,0),(2,0)),((0,1),(1,1),(2,1)),((0,2),(1,2),(2,2))) …縦
```

computer メソッドは，空いているマスの一覧リストを作り，ランダムで 1 つ
を選んで bd に「×」を格納します。human メソッドではキーボードから 0〜2 の
行と列の番号を入力すると，その位置に対応する bd に「○」を格納します。
play メソッドはゲームループとして，繰り返すたびにプレイヤーをターンさせ
computer と human を交互に呼んでいきます。ゲームループは図 4-3 のようなフ
ローチャート（流れ図）で表されます。

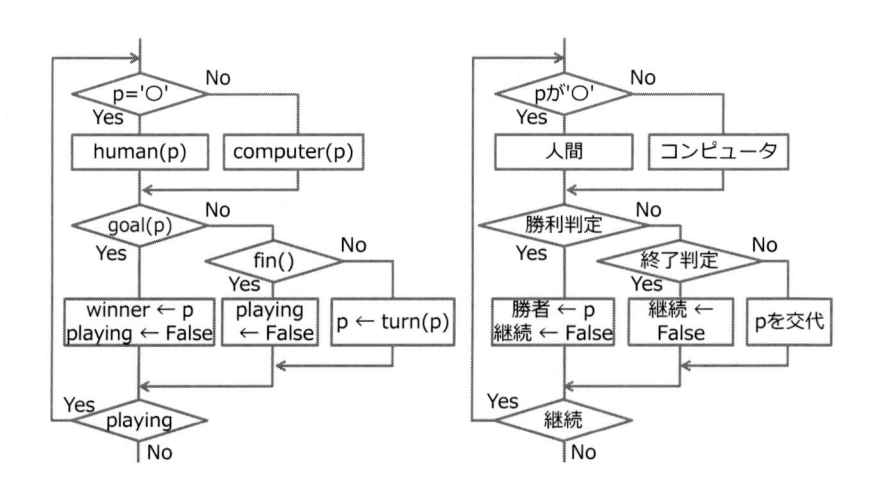

図 4-3　ゲームループのフローチャート（右：日本語化した内容）

computer，human メソッドは汎用的な作りになっており，引数にコマの種類を

与えます。これによって例えば human の呼び出しを次のように computer に置き換えると，コンピュータ（○）とコンピュータ（×）の自動対戦になります。

```
if p == '○':
    self.computer(p)      … 試しにhumanをcomputerに置き換えてみた
else:
    self.computer(p)      # コンピュータの処理
```

❏ TicTacToe グラフィックスプログラム

リスト 4-2 はグラフィックスによるバージョンです。図 4-4 のようなグラフィックスウィンドウで表示し，キーボード入力からマウスクリックに操作方法を変更しています。途中経過や勝敗などの状況はコンソールに表示します。グラフィックス処理を用い，多くの機能を TicTacToe クラスから継承したオブジェクト指向スタイルのプログラミングを行います。

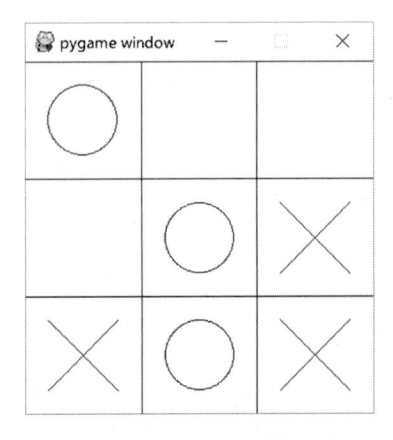

図4-4　TicTacToe グラフィックスプログラムの実行画面

リスト 4-2　TicTacToeGraphicsApp.py　TicTacToe グラフィックスプログラム

```
import sys, os
sys.path.append('../')
from my.Cons import Cons, Nil
```

```python
from TicTacToeApp import TicTacToe
import pygame
from pygame.locals import *
from threading import Thread
import time
from ctypes import windll

windll.shcore.SetProcessDpiAwareness(1)        # 高解像度モニタに対応

# TicTacToe（グラフィックスバージョン）クラス（TicTacToeから派生）
class TicTacToeGraphics(TicTacToe, Thread):
    def __init__(self):
        Thread.__init__(self)    # スレッドクラス初期化
        TicTacToe.__init__(self)# 親クラス初期化
        pygame.init()            # pygameモジュールの初期化
        self.screen = pygame.display.set_mode((400, 400)) # 画面サイズ
        self.font = pygame.font.SysFont("Arial Black", 30)
        self.clicked = False     # クリックによる選択状態フラグ
        self.r = 0               # マウス選択位置（行）
        self.c = 0               # マウス選択位置（列）
        self.start()             # ゲームスレッド開始
        self.gui_loop()          # GUIメインループの開始

    def gui_loop(self):
        while (True):            # GUIメインループ
            for event in pygame.event.get():
                if event.type == QUIT:
                    pygame.quit()
                    sys.exit()
                if event.type == MOUSEBUTTONDOWN:    # マウスクリック時
                    self.click(event.pos[0], event.pos[1])
            time.sleep(0.2)      # 一定時間停止（CPU負荷を下げるため）

    def run(self):  # ゲームスレッドの処理本体
        self.play() # ゲーム開始

    def click(self, x, y): # クリック処理
        if not self.clicked:
            self.c = int(x * 3 / self.screen.get_width())
            self.r = int(y * 3 / self.screen.get_height())
            self.clicked = True      # 選択状態にする

    def human(self, p):
        while True:
```

```python
            while not self.clicked: # マウス選択待ちループ
                time.sleep(0.1)
            if self.bd[self.r][self.c] == ' ':
                self.bd[self.r][self.c] = p # 空白ならマーク代入
                self.clicked = False        # 未選択状態にしておく
                print("human:{0} = {1},{2}".format(p, self.r, self.c))
                break
            else:
                self.clicked = False        # 未選択状態にしておく
                # 置けない場所なのでループして再試行


    def disp(self): # ゲーム盤再描画
        if not pygame.display.get_init():
            return                  # pygameモジュール解除なら何もしない
        cl = (0, 0, 0)
        self.screen.fill((255, 255, 255))    # 背景をクリア
        w = self.screen.get_width()
        h = self.screen.get_height()
        dw = w / 3
        dh = h / 3
        for i in range(3):
            x = i * dw          # 罫線の横位置
            y = i * dh          # 罫線の縦位置
            if x > 0: pygame.draw.line(self.screen, cl, (x,0), (x,h))
            pygame.draw.line(self.screen, cl, (0, y), (w, y))
        mw = dw * 0.6
        mh = dh * 0.6
        for r in range(3):
            for c in range(3):
                if self.bd[r][c] != ' ':
                    x1 = int(c * dw + (dw - mw) * 0.5)  # マーク左座標
                    y1 = int(r * dh + (dh - mh) * 0.5)  # マーク上座標
                    w1 = int(mw)                        # マーク幅
                    h1 = int(mh)                        # マーク高さ
                    x2 = int(x1 + mw)                   # マーク右座標
                    y2 = int(y1 + mh)                   # マーク下座標
                    if self.bd[r][c] == '○':    # ○を描く
                        pygame.draw.ellipse(self.screen, cl,
                                            (x1, y1, w1, h1), 1)
                    elif self.bd[r][c] == '×': # ×を描く
                        pygame.draw.line(self.screen, cl,
                                            (x1, y1), (x2, y2))
                        pygame.draw.line(self.screen, cl,
                                            (x2, y1), (x1, y2))
```

```
        if not self.playing and self.winner != ' ':
            text = self.font.render("You win!" if self.winner == '○'
                            else "You lose", True, (255, 0, 0))
            self.screen.blit(text, (5, 5))
        pygame.display.update()  # 画面更新

if __name__ == "__main__":
    TicTacToeGraphics()        # TicTacToeGraphicsオブジェクト生成
```

TicTacToeGraphics クラスは基底クラス TicTacToe から派生させ，play メソッドなどの機能を継承します。オーバーライドしたメソッドには disp, human があります。これらのオーバーライドメソッドは，ゲームエンジンである基底クラスの play メソッド中から呼び出されます。つまり，交互にコマを置きながら勝敗判定していくというゲーム進行ルールは基底クラスの処理を再利用し，表示や入力の手段が派生クラスによって新たにカスタマイズされた作りになっています。

　disp メソッドはコンソール出力に代わってグラフィックス描画をします。ゲーム盤の罫線描画，○，×の描画を行い，最後に「"You win!"」「You lose」などのグラフィックス文字の表示も行っています。human メソッドは，それが呼ばれると，マウスクリックでマスが選択されるまでループで待機します。選択されたかどうかは clicked フラグを調べています。もし True になったら，選択先である bd[r][c]の内容をまず調べ，置けるようならコマを置きます。置けない場所ならば，ループの最初に戻ります。ここで選択フラグ clicked は click メソッド内でセットされます。click はメインスレッドの GUI ループである gui_loop メソッド内でマウスイベントの監視処理から呼び出されます。

```
    def gui_loop(self):
        :
        for event in pygame.event.get():
            if event.type == QUIT:
                :
            if event.type == MOUSEBUTTONDOWN:    # マウスクリック時
                self.click(event.pos[0], event.pos[1])
                :
```

　ここで，クラス，スレッド，メソッドの関係をまとめてみましょう。図 4-5 は

クラスおよびスレッドに注目した構成図です。まず，プログラム起動時のスレッ
ドをメインスレッド，ゲームループと描画処理をゲームスレッドとします。メイ
ンスレッドでは，`TicTacToeGraphics` オブジェクトの生成と共にコンストラク
タ `__init__` が呼び出されます。`TicTacToeGraphics` は基底クラスである
`TicTacToe` クラスのメソッドも継承しています。

　`__init__` では `start` メソッドによってゲームスレッドを起動した後，
`gui_loop` を呼び出して GUI ループに入り，マウスイベント発生時の処理を行い
ます。起動したゲームスレッドでは，`run` メソッドが自動的に呼び出され，そこ
から `play` メソッドを呼び出してゲームループに入ります。

　`play` メソッドは `TicTacToeGraphics` クラスには存在しませんが，基底クラス
より継承しているので `play` メソッドはちゃんと存在しています。そして，クリ
ック処理とグラフィックス描画処理をそれぞれ `TicTacToeGraphics` 側で新たに
用意した `human` と `disp` メソッドが処理します。これらはオーバーライドによっ
て，基底クラスの `play` から呼び出された場合，基底クラス側ではなく派生クラ
ス側の `human` と `disp` が呼ばれるわけです。本プログラムは，このようなオブジ
ェクト指向設計とマルチスレッド設計によって動作しています。

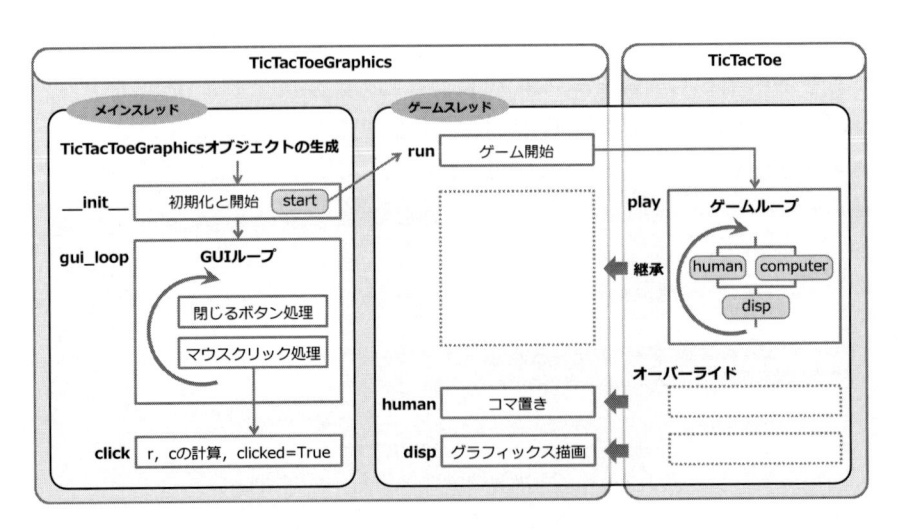

図4-5　TicTacToe グラフィックスプログラムのクラスとスレッド

4.3 ミニマックス戦略

❏ 最良の手を打つ戦略

　では，コンピュータを強くしてみましょう。ランダムな手では勝ちは偶発的であり，考えてプレイする人間にはかないません。そこで勝つために何かを優先して戦うこと，つまり戦略を持たせてみます。

　ミニマックス戦略（minmax strategy）は最良の手を選択することを基本とした手法です。各局面を数値化し，数手先まで読みその選択肢の中から自分の手が最大（Max）で，かつ相手の手が自分にとって最小（Min）になる選び方をします。自分にとっての最小は相手にとっての最大であり，両者が常に最良の手を打つシナリオを想定してシミュレートします。

　図4-6は3手先まで読んだときのゲーム木です。ここでは自分がコンピュータであり，相手が人間です。1手先は自分の手，2手先はそれに対する相手の手，そして3手先はさらにそれに対する自分の手にあたります。

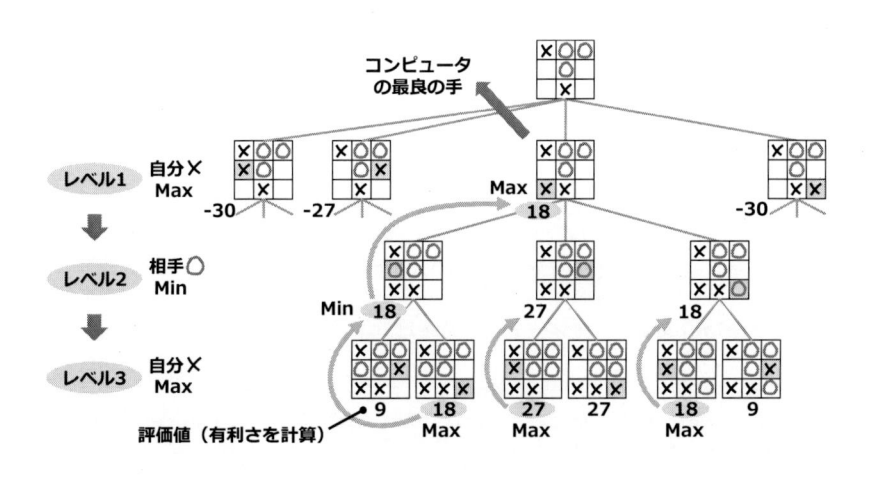

図4-6　ミニマックス戦略

　まず3手先である最深部（レベル3）において，評価値（有利さを計算したも

の）の最大値 Max を，枝別れしたグループ内から選択します。この最大値が自分の最良の手です。その値を 1 つ上（レベル 2）の評価値として決定します。レベル 2 では逆に最小値 Min を選択します。この最小値が相手の最良の手であり，相手がこう打つであろうという予測計算をすることを意味します。これを 1 つ上のレベル 1 の評価値として決定します。そしてレベル 1 では再び最大値 Max，つまり自分の最良の手を選択します。こうして 3 手先で自分が最良の局面を迎えるためのコンピュータの次の一手が決定します。

❏ TicTacToe ミニマックスプログラム

リスト 4-3 はミニマックス戦略を実装した TicTacToe のバージョンです。TicTacToeMinMax クラスはグラフィックスバージョン TicTacToeGraphics クラスから派生させています。実行させるとグラフィックス形式の表示は変わらず，さらにコンソール出力に探索回数を出力するようにしました。

リスト 4-3　TicTacToeMinMaxApp.py　TicTacToe ミニマックスプログラム

```python
import sys, os
sys.path.append('../')
from my.Cons import Cons, Nil
from TicTacToeGraphicsApp import TicTacToeGraphics
import pygame
from pygame.locals import *
from threading import Thread
import time

# TicTacToeMinMaxクラス(TicTacToeGraphicsから派生)
class TicTacToeMinMax(TicTacToeGraphics, Thread):
    def __init__(self):
        TicTacToeGraphics.__init__(self)     # 親クラス初期化

    def f(self, p, t): # 評価値計算
        me = t.count(lambda a: self.bd[a.first][a.second] == p)
        free = t.count(lambda a: self.bd[a.first][a.second] == ' ')
        other = 3 - me - free
        if me > 0 and other == 0:
            return pow(3, me)
        elif other > 0 and me == 0:
            return -pow(3, other)
```

```
            else:
                return 0

        def eval(self, p): # 全パターンの評価値合計
            return self.pat.map(lambda t: self.f(p, t)).sum()

        def search(self, p, psw, level):
            my_turn = psw == p
            minmax = Cons.of(0, 0, -sys.maxsize-1 if my_turn
                                              else sys.maxsize)
            count = 0
            for r in range(3):
                for c in range(3):
                    if self.bd[r][c] == ' ': # 空のマスのみ調べる
                        self.bd[r][c] = psw # マスに駒を置く(シミュレーション開始)
                        if level == 1 or self.goal(psw) or self.fin():
                            count += 1 # 探索回数のカウント
                            v = self.eval(p)
                        else: # 評価値計算 # 再帰的に探索
                            v1 = self.search(p, self.turn(psw), level - 1)
                            count += v1.second # 再帰的なカウント加算
                            v = v1.first.get(2) # 再帰的な評価値
                        self.bd[r][c] = ' ' #マスを空に戻す(シミュレーション終了)
                        # 評価値が良ければ, 最良の手にする
                        if my_turn and v > minmax.get(2) or ¥
                            not my_turn and v < minmax.get(2):
                            minmax = Cons.of(r, c, v)
            return Cons.of(minmax, count)    # 最良の手と探索回数を返す

        def computer(self, p): # コンピュータの手(最良の手を探索)
            s = self.search(p, p, 3) # 3手先まで読む
            r = s.first.first
            c = s.first.second
            self.bd[r][c] = p
            print("computer:{0} = {1},{2} MinMax search = {3}"
                    .format(p, r, c, s.second))

if __name__ == "__main__":
    TicTacToeMinMax()    # TicTacToeMinMaxオブジェクト生成
```

実行結果

```
human:○ = 1,1
computer:× = 0,0 MinMax search = 336
```

```
human:○ = 0,1
computer:× = 2,1 MinMax search = 105
human:○ = 1,2
computer:× = 1,0 MinMax search = 21
human:○ = 0,2
computer:× = 2,0 MinMax search = 2

× Win!
```

　大きな変更点である computer メソッドは，そこから呼び出される search メソッドがコンピュータにとって最良の一手を探索します。search では空のマスにコマを置くシミュレーションを level 回先まで再帰的に行います。そして評価値を計算し，ミニマックス戦略によってコンピュータが最大に，人間が最小になるような手を選択します。

　図 4-7 は評価値計算によってコンピュータが最大になる手を選択する場合です。f メソッドは縦横斜めの「ある 3 目パターン」において，自分（コンピュータ，×マーク）側に次のように得点を付けます。

　　×××＝ 27 点，　　××空＝　9 点，　　×空空＝　3 点

　　　　　　　　　　　　　　… （空は空白のマスを意味する）

　相手（人間，○マーク）側も，次のように同様の得点付けをマイナス点として求めます。なお，「○×」混在の部分の得点はゼロとします。

　　○○○＝ -27 点，　　○○空＝ -9 点，　　○空空＝ -3 点
　　○○×＝　0 点，　　○×空＝　0 点

　そして，eval メソッドが f メソッドによって得られた全パターンの得点の総和を計算し，その局面の評価値とします。なお，今回の計算法では，同じコマの連続数を n とすると，3 の n 乗で計算しています。このような評価値計算の方法は特に決まっていませんので，自分なりの重み付け計算など考えてみるといいでしょう。

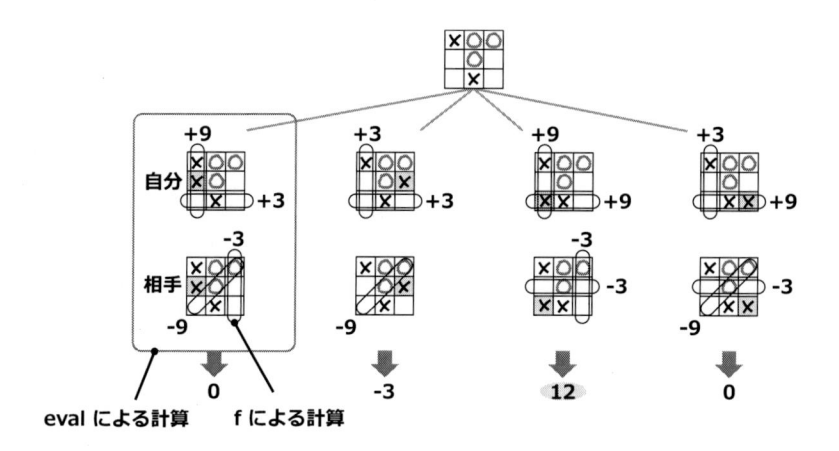

図4-7　評価値の計算

　evalの処理内容は，図4-8のようにすべての3目並びパターン位置について，Cons クラスの map メソッドを使い，それぞれ f メソッドで得たすべての値の Cons リストを作り，sum メソッドによって総合計を求め，その局面の評価値とします。map には f で得点を求めるラムダ式を与えています。

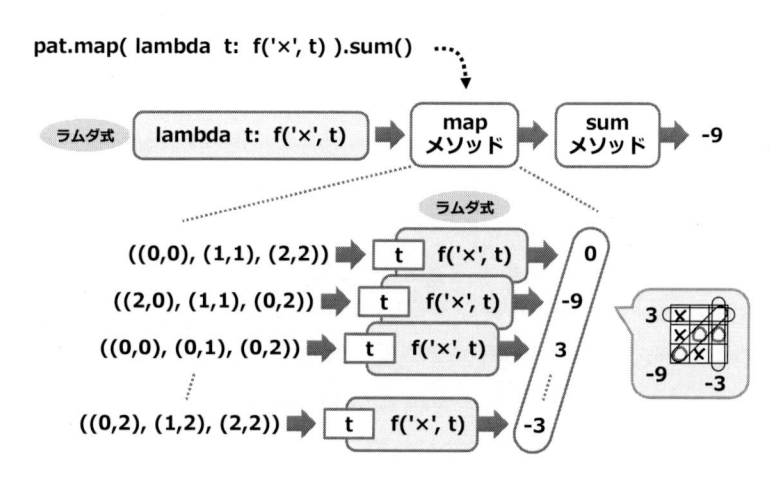

図4-8　eval メソッドの計算処理

　なお，Cons クラスの sum メソッドは，Cons リストの要素の合計値を求めます。

sum メソッド（Cons クラス）	
a	=> (1, 2, 0, -1, 3)
a.sum()	=> 5

　search メソッドは，結果を(minmax, count)という Cons リストで返します。
minmax は(行，列，評価値)という形式で，最大の手，あるいは最小の手を表し
ます。count は全探索回数がカウントされます。これは次節のアルファベータカ
ット手法との比較用に表示するものです。実行結果では，3 手先まで読む場合，
初回は 336 回と探索回数が多い状況となっています。

4.4　アルファベータカット

❏ 目的とアルゴリズム

　ミニマックスによる探索の場合，三目並べよりも状態空間の大きなゲームでは
探索コストが増加します。アルファベータカット（アルファベータ法，alpha-
beta pruning）は，ゲーム木から探索する必要のない枝をカット（枝刈り）す
ることで探索効率と実行速度を向上させます。ミニマックスの処理で最大値（最
小値）の手を探す場合，現在の評価値よりも小さい（大きい）値は選択されない
ことがわかっているので，評価値より小さく（大きく）なった場合はそこで探索
を打ち切ります。この操作を α カット（β カット）と呼びます。

　例えば図 4-9 において，最小値 Min を選ぶレベルで現在「0」が得られた状態
だとします。最小値を選ぶレベルの下位レベルでは最大値 Max が選択されるため，
「3」が出現すると，少なくとも「3」以上のものが下位レベルの最大値に決定す
るはずです。このとき，上位レベルでは最小値を選択します。

　上位レベルでは現在「0」が最小値候補であり，これより大きい値は選択され
ません。よって「3」は「0」より大きいので選ばれることは決してないのです。
つまりこれ以上の下位レベル探索は無意味であることが判明します。こうして β

カットによって探索を打ち切ることができます。

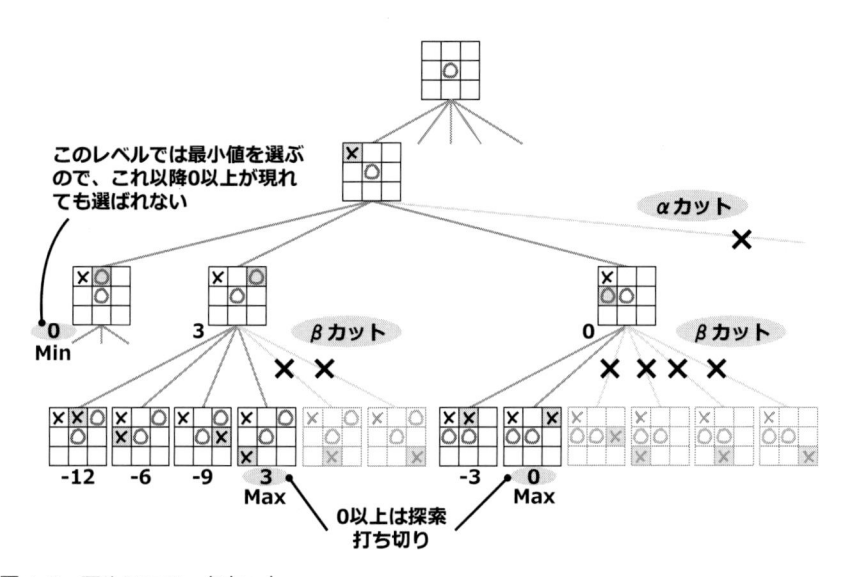

図 4-9　アルファベータカット

　このようにして，すべてを探索するのではなく状況を判断しながら効率よく処理を行います。3 目並べでなくチェスや将棋であればゲーム木は広大な探索空間となります。問題が複雑になると膨大な計算量になってしまうので，このような手法が有効です。

❑ TicTacToe アルファベータカットプログラム

　リスト 4-4 はアルファベータカットを実装した TicTacToe のバージョンです。各クラスはミニマックスバージョンから派生させています。

リスト 4-4　TicTacToeAlphaBetaApp.py　TicTacToe アルファベータカットプログラム

```
import sys, os
sys.path.append('../')
from my.Cons import Cons, Nil
from TicTacToeMinMaxApp import TicTacToeMinMax
```

```python
import pygame
from pygame.locals import *
from threading import Thread
import time

# TicTacToeAlphaBetaクラス(TicTacToeMinMaxから派生)
class TicTacToeAlphaBeta(TicTacToeMinMax, Thread):
    def __init__(self):
        TicTacToeMinMax.__init__(self)  # 親クラス初期化

    def search_a_b(self, p, psw, level, a_b):
        my_turn = psw == p
        minmax = Cons.of(0, 0, -sys.maxsize-1 if my_turn
                                            else sys.maxsize)
        count = 0
        for r in range(3):
            for c in range(3):
                if self.bd[r][c] == ' ': # 空のマスのみ調べる
                    self.bd[r][c] = psw # マスに駒を置く(シミュレーション開始)
                    if level == 1 or self.goal(psw) or self.fin():
                        count += 1 # 探索回数のカウント
                        v = self.eval(p)
                    else: # 評価値計算 # 再帰的に探索
                        v1 = self.search_a_b(p, self.turn(psw),
                                        level - 1, minmax.get(2))
                        count += v1.second # 再帰的なカウント加算
                        v = v1.first.get(2) # 再帰的な評価値
                    self.bd[r][c] = ' ' #マスを空に戻す(シミュレーション終了)
                    # α β値によっては，これ以上の探索を打ち切って結果を返す
                    if my_turn and v >= a_b or ¥
                        not my_turn and v <= a_b:
                        return Cons.of(Cons.of(r, c, v), count)
                    # 評価値が良ければ，最良の手にする
                    if my_turn and v > minmax.get(2) or ¥
                        not my_turn and v < minmax.get(2):
                        minmax = Cons.of(r, c, v)
        return Cons.of(minmax, count)   # 最良の手と探索回数を返す

    def computer(self, p): # コンピュータの手(最良の手を探索)
        s = self.search_a_b(p, p, 3, sys.maxsize) # 3手先まで読む
        r = s.first.first
        c = s.first.second
        self.bd[r][c] = p
        print("computer:{0} = {1},{2} AlphaBeta search = {3}"
```

```
                .format(p, r, c, s.second))
if __name__ == "__main__":
    TicTacToeAlphaBeta()     # TicTacToeAlphaBetaオブジェクト生成
```

実行結果

```
human:○ = 1,1
computer:× = 0,0 AlphaBeta search = 99
human:○ = 0,1
computer:× = 2,1 AlphaBeta search = 69
human:○ = 0,2
computer:× = 2,0 AlphaBeta search = 14
human:○ = 1,0
computer:× = 2,2 AlphaBeta search = 2

× Win!
```

　ミニマックスバージョンの search メソッドに対し，アルファベータカットの
search_a_b メソッドで異なることは，新たな引数 a_b が増えたことと，次のよ
うな探索打ち切り処理が追加されたことです。それ以外の部分はミニマックスバ
ージョンの search メソッドと同じです。引数 a_b にはアルファ値（ベータ値）
を渡し，これを基準に下位レベルの探索打ち切りを判定しています。この打ち切
りによって無駄な探索を抑えています。

```
                # α β値によっては，これ以上の探索を打ち切って結果を返す
                if my_turn and v >= a_b or not my_turn and v <= a_b:
                    return Cons.of(Cons.of(r, c, v), count)
```

　ミニマックスバージョンに対し，次の一手を決定する判断能力に違いはありま
せんが，実行結果を見てみると，例えば初手探索はミニマックスバージョンより
も 336→99 と探索回数が削減されており，より高速に最良の手を見つける処理に
なっています。これが，チェスや将棋のような広大な探索空間のゲームになると，
処理速度は非常に重要になってきます。

第 5 章　推論と知識ベース

5.1　推論エンジン

❏ プロダクションシステムと推論エンジン

　人工知能の代表的な情報処理システムにエキスパートシステム（専門家システム，expert system）があります。これは人の持つ複雑な知識をデータ表現し，それらの知識を利用した意思決定システムとして，例えば故障診断や化学構造分析，あるいはゲームなどの応用があります。エキスパートシステムの知識データ処理では「推論」によって答えを導き出すプロダクションシステム（production system）という手法が用いられています。

　プロダクションシステムはルールベースの推論システムであり，図 5-1 のように人の経験知識にもとづく「ルール」を蓄えた知識ベース（knowledge base），状況を表す「事実」を格納するワーキングメモリ，それらをもとに論理的な「推論」を行う推論エンジン（inference engine）で構成されます。

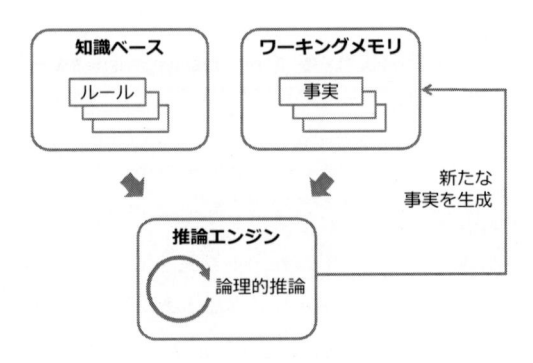

図 5-1　プロダクションシステムによる推論処理

　しくみは 3 段論法のように，現在存在する事実に対してルールをあてはめて推論処理を実行し，その結果として新事実が導き出されます。そして導き出された新事実をもとにさらにルールと他の事実を照らし合わせて推論が進行し，事実が次々と生成されていきます。こうした事実生成によって，何が言えるのか，答えは何か，といった推論による問題解決に利用できます。

　このような知的情報処理は人間も行っており，コンピュータによる模倣と言ってよいでしょう。状況が複雑な場合，人間には解決困難であってもコンピュータは見落とすことなく結果を導き出します。

　プロダクションシステムにおいて，知識は図 5-2 のようなルール情報として表現され，また事実は図 5-3 のように表現されます。

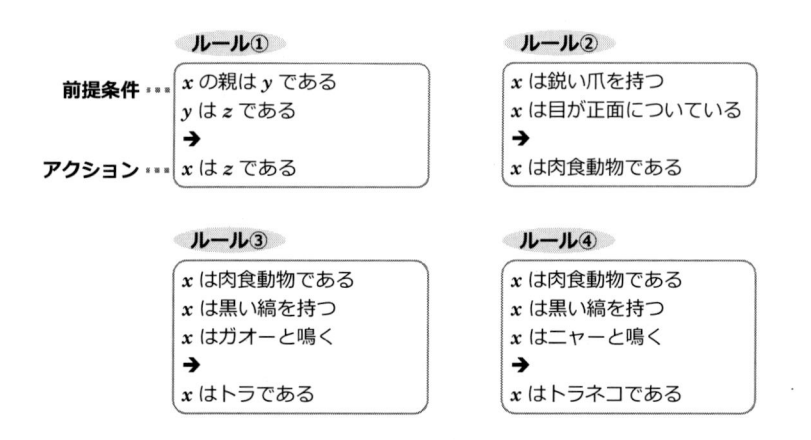

図 5-2　知識のルール表現

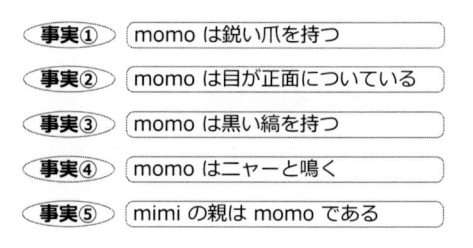

図 5-3　事実の表現

　各ルールは前提条件とアクション（結論）で構成されます。推論では前提条件に一致する事実が存在すればアクションによって新事実が生成されます。ルールには x，y，z などの変数を含めることができます。

　例えば，次のようにルール②に対して，事実①，事実②を適用すると，推論により新事実が導き出されます。この場合ルールの変数 x には momo が代入されます。

ルール②「x は鋭い爪を持つ」「x は目が正面についている」→「x は肉食動物である」

事実①　「momo は鋭い爪を持つ」
事実②　「momo は目が正面についている」

推論結果
新事実　「momo は肉食動物である」

　このような手順を繰り返し実行すると，図 5-4 のような推論結果が得られます。

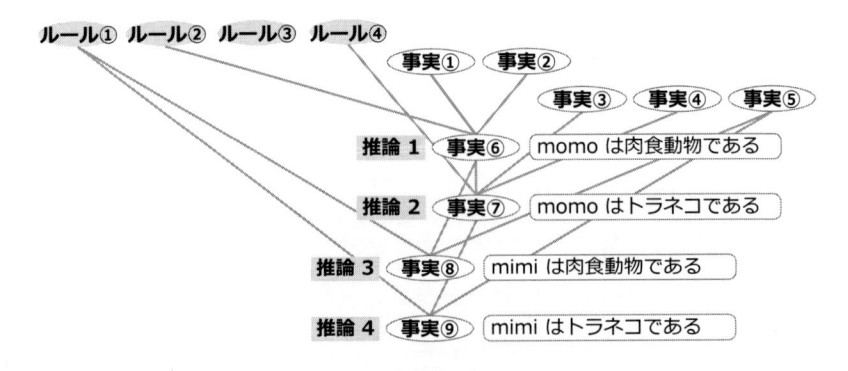

図 5-4　プロダクションシステムによる推論結果

　ルールが増加していくと，複雑化した因果関係で情報量が多くなり，もはや人間の思考能力では対応できません。推論エンジンは論理的思考と多大な知識量という，まさに特別な専門家でしか対処できないような知識処理を人間に代わってこなすことができます。

❏ 前向き推論と後ろ向き推論

推論には前向き推論（forward chaining）と後ろ向き推論（backward chaining）があります。前向き推論は，次のようにルールと事実から何らかの新事実を結果として導き出す演繹法による推論です。「A ならば B，B ならば C，ゆえに A ならば C である」という論法で推論し，どんな事実が生成されるかは推論を実行してみないとわかりません。

前向き推論

ルール　　「x は鋭い爪を持つ」「x は目が正面についている」→「x は肉食動物である」
　　　　　　↓　　…（すべてのルールを試して推論してみる）
事実　　　「momo は鋭い爪を持つ」
事実　　　「momo は目が正面についている」
　　　　　　　　↓
推論結果
新事実　　「momo は肉食動物である」

一方，後ろ向き推論とは，先に結論を仮定してその結論が得られるために必要な事実は何であるかを導き出す帰納法による推論です。つまり「A ならば C であるためには A ならば B である必要があり，B ならば C である必要がある」というような論法です。これは次のように質問に対する解を求める推論形式で，ちょうど前向き推論とは逆のアプローチによるものです。

後ろ向き推論

質問　　　「momo は ？ である」
　　　　　　　↓　　…（ルールの結論部分に該当するものを探す）
ルール　　「x は肉食動物である」←「x は鋭い爪を持つ」「x は目が正面についている」
　　　　　　　↓　　…（ルールが成立するための前提となる事実を探す）
事実　　　「momo は鋭い爪を持つ」
事実　　　「momo は目が正面についている」
　　　　　　　　↓
推論結果
新事実　　「momo は肉食動物である」
　　　　　　　↓　　…（変数 ？ が決定し，解が得られる）
解答　　　？ = 肉食動物

5.2　前向き推論

❏ 前向き推論エンジンプログラム

　リスト 5-1 は前向き推論エンジンのプログラムです。このプログラムを使って
後で用意するルールと事実をもとに推論を実行することができます。

リスト 5-1　InferenceEngineForwardApp.py　前向き推論エンジンプログラム

```python
import sys, os
sys.path.append('../')
from my.Cons import Cons, Nil

# 前向き推論エンジンクラス
class InferenceEngineForward:
    def rule_reader(self, s): # ルールデータの読み取り
        return (Cons.from_list(s)
                .map(lambda x:
                        x.map(lambda y: Cons.from_list(y.split(' ')))
                        .split(lambda z: z.equals(Cons.of("->")))))))

    def fact_reader(self, s): # 事実データの読み取り
        return (Cons.from_list(s)
                .map(lambda x: Cons.from_list(x.split(' '))) )

    def get_env(self, env, var): # 環境変数から値を参照
        if env == Nil:                # 最後まで見つからなければNoneを返す
            return None
        elif env.first.head == var: # 見つかったら変数の値を返す
            return env.first.second
        else:                         # 残りの環境変数リストを調べる
            return self.get_env(env.tail, var)

    def pat_match(self, p1, p2, env): # パターンマッチ
        if p1 == Nil and p2 == Nil: # 両方が空ならマッチング成功
            return env
        elif p1 == Nil or p2 == Nil: # どちらか空なら失敗
            return None
        else:
            a = p1.first # 各パターンの先頭をa, bにセット
            b = p2.first
```

```python
            aa = p1.tail # 各パターンの残りをaa, bbにセット
            bb = p2.tail
            if a[0] == '$': # 環境変数なら
                val = self.get_env(env, a)
                if val is not None: # 環境に存在すれば値を取り出し比較
                    return self.pat_match(aa, bb, env) ¥
                            if b == val else None
                else: # 環境に存在しなければ追加
                    return self.pat_match(aa, bb,
                            Cons(Cons.of(a, b), env))
        elif a == b: # 単純文字列比較
            return self.pat_match(aa, bb, env)
        else:
            return None

def replace_var(self, s, env):
    if s[0] == '$': # sが環境変数なら値を返す
        val = self.get_env(env, s)
        return val if val is not None else s
    else: # 存在しなければsを返す
        return s      # そのままsを返す

def apply_env(self, action, env): # アクションから事実を生成
    if action == Nil:
        return Nil
    else:
        return Cons(self.replace_var(action.first, env),
                    self.apply_env(action.tail, env))

def new_facts(self, actions, env): # 新事実生成
    if actions == Nil:
        return Nil
    else:
        # 一つのアクションから事実生成
        f = self.apply_env(actions.first, env)
        if not self.facts.contains(f):  # 新事実なら追加
            return Cons(f, self.new_facts(actions.tail, env))
        else:                           # 残りのアクションも再帰処理
            return self.new_facts(actions.tail, env)

def rule_match(self, patterns, env):
    if patterns == Nil:
        return Cons.of(env)
    else: # 前提条件の一つにマッチすれば, 残りも調べ,
```

```python
                    # 環境変数の組み合わせを生成
            return (self.facts
                    .map(lambda x:
                            self.pat_match(patterns.first, x, env))
                    .filter(lambda y: y is not None)
                    .flat_map(lambda z:
                            self.rule_match(patterns.tail, z)))

    def try_new_fact(self, r, e):    # 新事実生成を試みる
        fact = self.new_facts(r.tail.first, e)
        if fact != Nil:                            # 新事実があれば
            fact.println()
            self.facts = self.facts.append(fact)    # リストに追加
            return True
        else:
            return False

    def forward(self, rulestring, factstring): # 前向き推論実行
        self.rules = self.rule_reader(rulestring)
        self.facts = self.fact_reader(factstring)
        print("--- 生成された事実 ------------------------")
        while True:
            # 環境変数の組み合わせを適用する
            if not self.rules.exists(
                lambda r: self.rule_match(r.first, Nil).exists(
                    lambda e: self.try_new_fact(r, e))):
                return

def main():
    rule_data = [                # ルール
        [
            "$x are mammals",        # x は哺乳類である
            "mammals have lungs",    # 哺乳類は肺を持つ
            "->",                    # ならば
            "$x have lungs"          # x は肺を持つ
        ]
    ]
    fact_data = [                # 事実
        "mammals have lungs",    # 哺乳類は肺を持つ
        "whales are mammals"     # クジラは哺乳類である
    ]
    # 前向き推論動作テスト
    InferenceEngineForward().forward(rule_data, fact_data)
```

```
if __name__ == "__main__":
    main()
```

```
--- 生成された事実 --------------------------
(("whales", "have", "lungs"))          … クジラは肺を持つ
```

　ルールと事実は，変数 rules と facts に格納されます。それらは文字列リスト
データ（rule_data, fact_data）から rule_reader と fact_reader メソッド
で Cons リストに変換しています。文字列で与えるルールの構文は次のような形
式であり，前提とアクション（結論）をそれぞれ 1 個以上の文字列で表現します。
各文字列は空白区切りの単語で表現し，単語に$がつくと変数になります。

```
[
    "$変数 単語 単語 ～",      … 前提（単語か変数で構成）
    "単語 単語 単語 ～",       …    〃
    "->",                  … 前提部とアクション部の区切り
    "$変数 単語 単語 ～"       … アクション
]
```

　rule_reader では，Cons クラスの split メソッド数を使ってルールリストを
前提部とアクション部に分離しています。split は，ラムダ式が真になるリスト
要素の左側と右側をそれぞれ Cons リストにまとめます。

```
a                          => (1, 2, 3, 4)
a.split(lambda x: x == 3)  => ((1, 2), (4))   … 3 の左と右を分離

a   => ((($x, are, mammals), (mammals, have, lungs),
        (->),
        ($x, have, lungs)))
a.split(lambda z: z.equals(Cons.of("->")))
    => (((($x, are, mammals), (mammals, have, lungs)), … 前提部
        (($x, have, lungs))))                          … アクション部
```

　前向き推論エンジンのメイン処理 forward メソッドでは，変数 rules に格納されているルールの前提部と，変数 facts に格納されている事実を照合し，ルールのアクション部から新事実を生成します。新事実が導き出されたら facts にそれを追加して，新事実が生成されなくなるまで，この処理を繰り返します。

　今，図 5-5 のようなルールと事実のデータがあったとします。これらによる推論過程は，前提①と事実①の照合，前提②と事実②の照合，そしてアクション①を使った事実生成という処理になります。ここでの照合は，推論エンジンの重要な機能であり，パターンマッチングと呼ばれます。

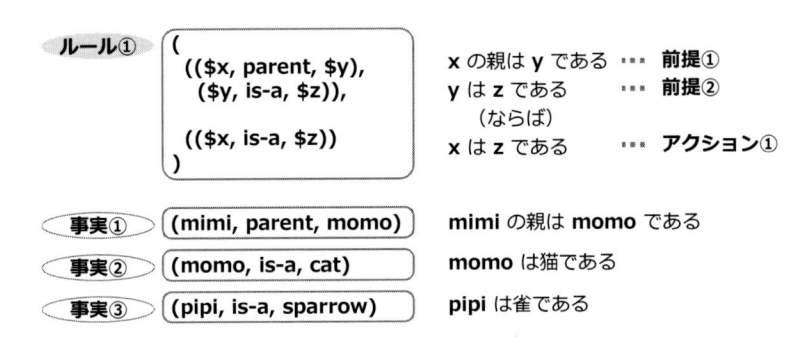

図 5-5　前向き推論のデータ例

　パターンマッチングは，2 つが同じパターンであるか判定し，同時に，その時に変数にあてはめた単語の組み合わせを求める処理です。図 5-6 の例では，両パターンがマッチングに成功し，結果として環境変数が得られます。

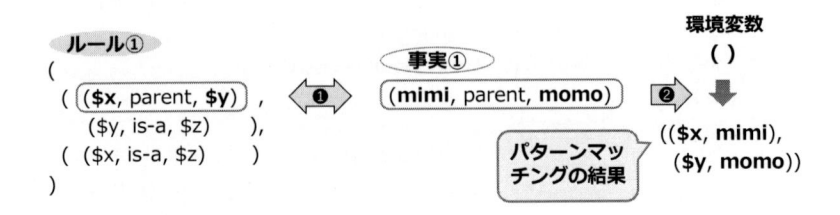

図 5-6　前向き推論のパターンマッチング例(1)

　パターンマッチングを処理するのが pat_match メソッドです。pat_match は，図 5-7 のように再帰処理を行います。ルールの前提条件やアクションの 1 文（パターン 1）と事実の 1 文（パターン 2）を引数とし，それらの先頭要素がマッチングすれば，残りのリスト要素に対しても再帰的に調べていきます。最後まで行って両パターンが空リストならマッチングは成功を意味し，片方だけ空リストならパターンの長さが違うため失敗を意味します。

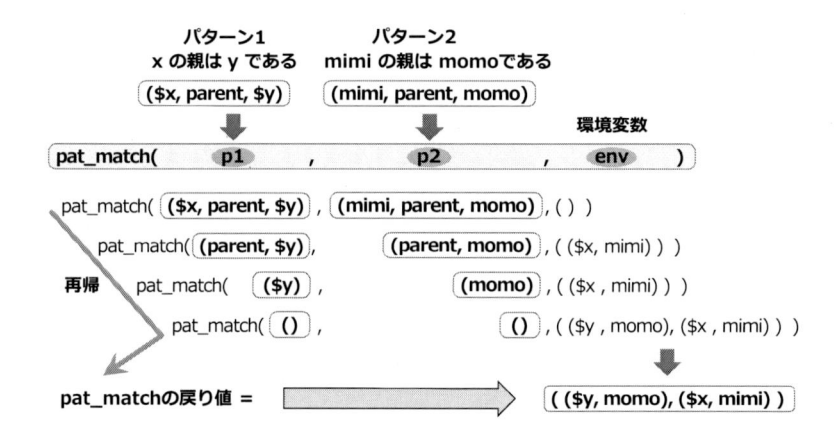

図 5-7　pat_match メソッドの再帰的パターンマッチング処理

　第 3 引数 env（初期値は空リスト）は，マッチング途中で出現した変数とその値のペアを環境変数として保持し，次の再帰呼び出しに渡していきます。この例では，最終的なマッチング結果として$x=mimi, $y=momo という変数と値のペアが 2 つ得られます。つまり両パターンは$x=mimi かつ$y=momo においてマッチングするという結果を意味します。

　pat_match の引数である環境変数の働きについて見てみましょう。一つのルールについてパターンマッチングを進める際，pat_match の初回呼び出しでは，環境変数 env は空リストです。そして，図 5-7 のように((\$x,mimi), (\$y,momo)) が得られます。これを図 5-8 のように次のパターンマッチングを行う際の環境変数の引数とします。ちょうど，複数のパターンマッチングで環境を受け継ぐかたちで，新たな環境変数の「変数=値」のペアが追加されていきます。

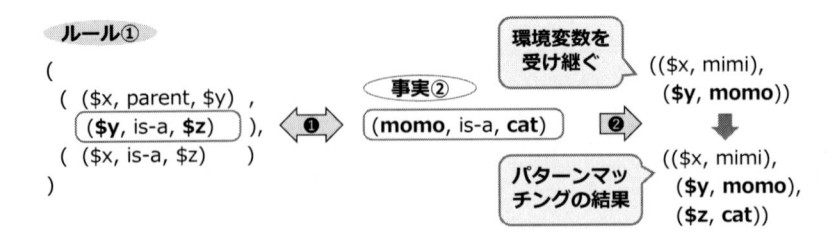

図 5-8　前向き推論のパターンマッチング例(2)

では，図 5-9 ではどうでしょうか。pat_match は，2 つのパターンの先頭要素から比較していき，変数が出現すると，get_env メソッドを使って現在の環境変数から値を取り出します。

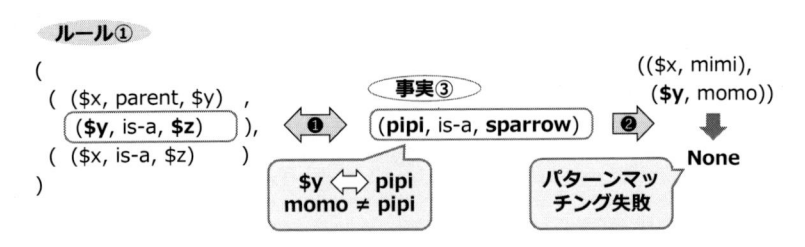

図 5-9　前向き推論のパターンマッチング例(3)

この例では，$y と pipi の比較において，環境変数から$y の値 momo を取り出して等しいか調べます。momo と pipi は等しくないためパターンマッチングは失敗し，事実③を使った推論はこれ以上できないことが判明します。pat_match は単に照合するだけでなく，それぞれのルールの文脈でパターンマッチングが成立するかを調べます。この文脈情報にあたるのが環境変数です。

　ルール前提部のパターンマッチングがすべて成功したら，図 5-10 のようにアクション部に環境変数を適用して新たな事実を生成します。この処理を行う new_facts メソッドでは，アクション部の各アクションに対し，下請けメソッド apply_env にアクションと環境変数を渡して，事実を作成します。apply_env 内では，さらに下請けメソッドreplace_varによって変数を値に置換しています。

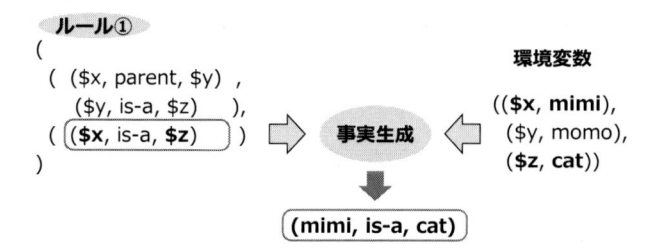

図 5-10　新たな事実生成の例

　推論エンジンのメイン処理である forward メソッドでは，まず，rule_match メソッドによってルールの前提部をすべて pat_match で調べ，マッチング結果として前提部全体の環境変数を得ます。

　rule_match メソッド内では，図 5-11 のように，前提部である patterns から先頭の 1 パターンを取り出し，すべての事実 facts について，pat_match で照合します。pat_match はマッチングが成功すると環境変数を返し，失敗すると None を返すので，filter メソッドで None 以外のものを処理対象とします。そして，残りの patterns に対しても再帰的に処理し，すべての結果を環境変数の Cons リストにまとめていきます。

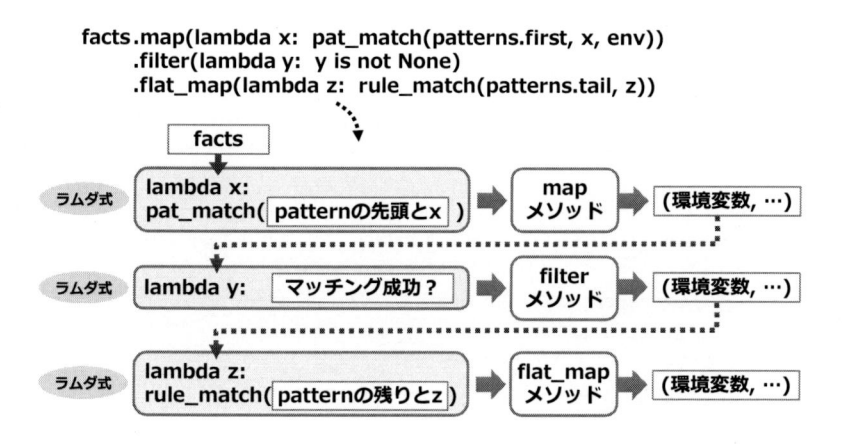

図 5-11　rule_match メソッドの関数型プログラミングスタイルによる処理

　これらは，前提に対する事実を多対多で照合し，あらゆる組み合わせの可能性から推論結果を導き出す複雑な処理ですが，関数型プログラミングスタイルによって，比較的簡潔に記述しています。こうして得られた Cons リストは(環境変数1，環境変数 2，…)という形式となり，環境変数が複数生成されます。これは，事実の内容が異なれば変数の値も異なるので，環境変数 1 が$x=mimi，$y=momo，また環境変数 2 が$x=emma, $y=olivia というように，組み合わせによる複数のシチュエーションが扱えるようになっています。

　rule_match で得られた環境変数から，new_facts メソッドよって新事実生成を試みます。new_facts は，ルールのアクション部に対し apply_env メソッドによって環境変数の値を適用して事実を生成します。なお，アクション部に結論が複数あっても対応可能です。

❏ 前向き推論プログラム事例

　リスト 5-2 およびリスト 5-3 は，前向き推論を実行する 2 種類の実例です。プログラムは，ルールと事実のデータ設定と前向き推論エンジンの呼び出しで構成されます。InferenceEngineForwardApp をプロジェクト参照に追加することで，前節のプロジェクトから InferenceEngineForward クラスを参照しています。

リスト 5-2　ForwardChain1App.py　前向き推論実行プログラム（その 1）

```python
import sys, os
sys.path.append('../')
from my.Cons import Cons, Nil
from InferenceEngineForwardApp import InferenceEngineForward

def main():
    rule_data = [                       # ルール
        [
            "$x parent $y",             # xの親はyである
            "$y is-a $z",               # yはzである
            "->",                       # ならば
            "$x is-a $z"                # xはzである
        ],[
            "$x has claws",             # xは鋭い爪を持つ
            "$x has forward_eyes",      # xは目が正面についている
```

```
                "->",                      # ならば
                "$x is-a carnivore"        # xは肉食動物である
            ],[
                "$x is-a carnivore",       # xは肉食動物である
                "$x has black_stripes",    # xは黒い縞を持つ
                "$x says gaooooo",         # xはガオーと鳴く
                "->",                      # ならば
                "$x is-a tiger"            # xはトラである
            ],[
                "$x is-a carnivore",       # xは肉食動物である
                "$x has black_stripes",    # xは黒い縞を持つ
                "$x says nyaa",            # xはニャーと鳴く
                "->",                      # ならば
                "$x is-a tabby"            # xはトラネコである
            ]
        ]
    fact_data = [                          # 事実
        "momo has claws",                  # momoは鋭い爪を持つ
        "momo has forward_eyes",           # momoは目が正面についている
        "momo has black_stripes",          # momoは黒い縞を持つ
        "momo says nyaa",                  # momoはニャーと鳴く
        "mimi parent momo"                 # mimiの親はmomoである
    ]
    # 前向き推論実行
    InferenceEngineForward().forward(rule_data, fact_data)

if __name__ == "__main__":
    main()
```

実行結果

```
--- 生成された事実 ------------------------
(("momo", "is-a", "carnivore"))    … momoは肉食動物である
(("mimi", "is-a", "carnivore"))    … mimiはmomoの子なので肉食動物である
(("momo", "is-a", "tabby"))        … momoはトラネコでもある
(("mimi", "is-a", "tabby"))        … 同様にトラネコである
```

リスト5-3　ForwardChain2App.py　前向き推論実行プログラム（その2）

```
import sys, os
sys.path.append('../')
from my.Cons import Cons, Nil
from InferenceEngineForwardApp import InferenceEngineForward
```

```
def main():
    rule_data = [                    # ルール
        [
            "$x は $y である",
            "$y は $z である",
            "->",
            "$x は $z である"
        ],[
            "$x は 羽 を持つ",
            "->",
            "$x は 鳥 である"
        ]
    ]
    fact_data = [                    # 事実
        "ピヨ は 羽 を持つ",
        "鳥 は 動物 である"
    ]
    # 前向き推論実行
    InferenceEngineForward().forward(rule_data, fact_data)

if __name__ == "__main__":
    main()
```

実行結果

```
---  生成された事実 --------------------------
(("ピヨ", "は", "鳥", "である"))        … 羽を持つので鳥である
(("ピヨ", "は", "動物", "である"))      … 鳥は動物なのでピヨも動物である
```

5.3　後ろ向き推論

❑ 後ろ向き推論エンジンプログラム

　リスト 5-4 は後ろ向き推論エンジンのプログラムです。これは前向き推論エンジンを基にクラスを派生させています。

リスト 5-4　InferenceEngineBackwardApp.py　後ろ向き推論エンジンプログラム

```
import sys, os
```

```python
sys.path.append('../')
from my.Cons import Cons, Nil
from InferenceEngineForwardApp import InferenceEngineForward


# 後ろ向き推論エンジンクラス（前向き推論エンジンクラスを継承）
class InferenceEngineBackward(InferenceEngineForward):
    # パターンマッチ(p1, p2両方に変数可)
    def pat_match_dual(self, p1, p2, env, sol):
        # 両方が空ならマッチング成功
        if p1 == Nil and p2 == Nil:
            return Cons.of(env, sol)
        # どちらか空なら失敗
        elif p1 == Nil or p2 == Nil:
            return Cons.of(None, None)
        else:
            a = p1.first
            b = p2.first
            aa = p1.tail
            bb = p2.tail
            if b[0] == '$':        # p2側に変数がある場合
                val = self.get_env(sol, b) # 解答変数を参照
                if val is not None: # 解答に存在すれば値を取り出し比較
                    return self.pat_match_dual(aa, bb, env, sol) ¥
                                        if a.equals(val) else None
                else:              # 解答に存在しなければ追加
                    return self.pat_match_dual(aa, bb, env,
                                        Cons(Cons.of(b, a), sol))
            elif a[0] == '$':      # p1側に変数がある場合
                val = self.get_env(env, b)  # 環境変数を参照
                if val is not None: # 環境に存在すれば値を取り出し比較
                    return self.pat_match_dual(aa, bb, env, sol) ¥
                                        if b.equals(val) else None
                else:              # 環境に存在しなければ追加
                    return self.pat_match_dual(aa, bb,
                                        Cons(Cons.of(a, b), env), sol)
            elif a == b:      # 文字列比較
                return self.pat_match_dual(aa, bb, env, sol)
            else:
                return Cons.of(None, None)

    def action_match(self, actions, pat, env, sol):
        if actions == Nil:
            return Cons.of(None, None)
        else:    # pat_match_dualの結果を返す
```

```python
                    # 結果がNoneならaction_matchの値を返す
            ret = self.pat_match_dual(actions.first, pat, env, sol)
            return ret if not ret.equals(Cons.of(None, None)) ¥
                else self.action_match(actions.tail, pat, env, sol)

    def apply_val(self, sol, env):
        # 解答変数の値が変数名ならenvから値を取得して置き換える
        return sol.map(lambda s: Cons.of(s.first,
            self.get_env(env, s.second)) if s.second[0] == '$' else s)

    def try_new_fact(self, pat, pset, env, r):
        conds = r.first
        acts = r.second              # ruleから条件部とアクション部を取り出す
        ret = self.action_match(acts,pat,Nil,Nil) # アクション部とマッチ試す
        env1 = ret.first
        var1 = ret.second
        if env1 is not None and var1 is not None and ¥
            not (env1.equals(Cons.of(None, None)) and ¥
                var1.equals(Cons.of(None, None))):
            # マッチすれば条件部に対してさらに後ろ向き推論
            return (self.backward_match(
                        conds.map(lambda x: self.apply_env(x, env1)),
                        pset, Nil)
                .map(lambda y: self.apply_val(var1.append(env), y))
                .map(lambda z: self.apply_val(z, env1)))
        else:
            return Nil

    def deduce_fact(self, pat, pset, env): # 事実が導けるか調べる
        sols = self.rules.flat_map(
                lambda r: self.try_new_fact(pat, pset, env, r))
        return sols # 解答変数のリストを返す

    def backward_match1(self, pat, pset, env):
        if pset.contains(pat):
            return Nil # 同じルールによるループ防止
        pat1 = self.apply_env(pat, env) # 環境変数を適用しておく
        # 事実が存在するか調べる
        sols1 = (self.facts.map(lambda x: self.pat_match(pat1,x,env))
                        .filter(lambda y: y is not None))
        # 事実が導けるか調べる
        sols2 = self.deduce_fact(pat1, pset.add(pat1), env)
        return sols1.append(sols2)  # それらの解を連結
```

```python
    def backward_match(self, patterns, pset, env):
        if patterns == Nil:
            return Cons.of(env)
        pat = patterns.first
        # 1つのパターン(質問)に対して後ろ向き推論
        return (self.backward_match1(pat, pset, env)
                    .flat_map(lambda x: self.backward_match(
                                        patterns.tail, pset, x)))
                    # 残りパターンも後ろ向き推論


    def backward(self, rulestring, factstring, s): # 後ろ向き推論実行
        print("--- 質問 ------------------------------")
        print(Cons.from_list(s).join(" "))
        self.rules = self.rule_reader(rulestring)
        self.facts = self.fact_reader(factstring)
        patterns = Cons.of(Cons.from_list(s))
        solutions = self.backward_match(patterns, Nil, Nil)
        print()
        print("--- 導き出された解 ------------------------")
        solutions.foreach(lambda x: x.println())
        print("--- 導き出された事実 ---------------------")
        solutions.foreach(lambda x: patterns.foreach(
                            lambda y: self.apply_env(y, x).println()))

def main():
    rule_data = [                      # ルール
        [
            "$x are mammals",          # x は哺乳類である
            "mammals have lungs",      # 哺乳類は肺を持つ
            "=>",                      # ならば
            "$x have lungs"            # x は肺を持つ
        ]
    ]
    fact_data = [                      # 事実
        "mammals have lungs",          # 哺乳類は肺を持つ
        "whales are mammals"           # クジラは哺乳類である
    ]
    # 後ろ向き推論動作テスト
    InferenceEngineBackward().backward(rule_data, fact_data,
        ["whales", "have", "$what"]);

if __name__ == "__main__":
    main()
```

実行結果

```
--- 質問 ---------------------------------
whales have $what                          … クジラは何を持つか？

--- 導き出された解 -----------------------
(("$what", "lungs"))                       … 変数 $whatの解は「肺」
--- 導き出された事実 ---------------------
("whales", "have", "lungs")                … クジラは肺を持つ
```

　後ろ向き推論プログラムでは，質問が真となるための事実を導き出します。質問に変数が含まれていれば，変数の解が推論されます。前向き推論が導出可能なあらゆる事実を生成するのに対し，後ろ向き推論は質問の解答をピンポイントで導出します。後ろ向き推論エンジンの InferenceEngineBackward クラスでは，前向き推論エンジンの InferenceEngineForward クラスから rule_reader，fact_reader，get_env，pat_match，apply_env のメソッドを継承しています。

　今，図 5-12 のようなルールと事実のデータに対する質問があったとします。後ろ向き推論のメイン処理 backward_match メソッドは，質問に対して下請けメソッドの backward_match1 を呼び出して調べます。

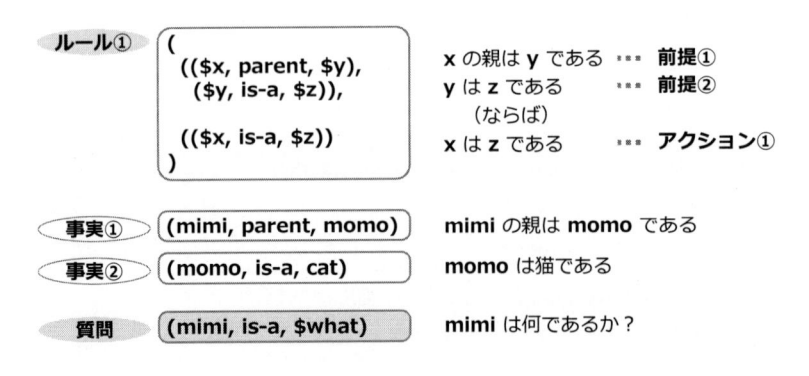

図 5-12　後ろ向き推論のデータ例

　backward_match1 では，まず，質問にマッチする事実がないか調べ，さらに deduce_fact メソッドを呼び出して，ルールから事実が導けないか推論します。deduce_fact では，action_match メソッドによって，全アクション部と質問を

照合します。これは前向き推論とは逆方向の処理となり，図 5-13 のように，ルール①のアクション部と質問に対し，パターンマッチングを実施します。

図 5-13　後ろ向き推論のパターンマッチング例(1)

　後ろ向き推論におけるパターンマッチングメソッド pat_match_dual は，前向き推論の pat_match を拡張したものであり，新たに，照合対象であるパターンの両方に変数を含むパターンマッチングができます。ルールのアクション部と質問をパターンマッチングさせる際，両方のパターンに変数を含む場合があるため，pat_match_dual が必要となります。

　図 5-14 では，ルール①のアクション部（パターン 1）と質問（パターン 2）のマッチング例です。引数 env は環境変数であり，パターン 1 側に出現した変数の値です。また，引数 sol は解答変数であり，パターン 2 側に出現した変数の値です。最終的に pat_match_dual は(環境変数,解答変数)を返します。この例では，$what の解は変数$z です。解が変数なのでまだ解決したことにはなりません。さらに$z の値が何であるかを突き止めることで，$what の解が値として判明します。

　deduce_fact メソッドでは，検証すべき事実（検証事実）が導けるか調べます。まず，action_match メソッドを使用してアクション部と検証事実がマッチするか調べ，マッチしたら，ルールの前提部に対して後ろ向き推論を実施します。先の図 5-13 のようにして，ルール①のアクション部にマッチングが成功すれば，今度は図 5-15 のように，ルール①の前提部に対し，再帰的に後ろ向き推論を実施します。

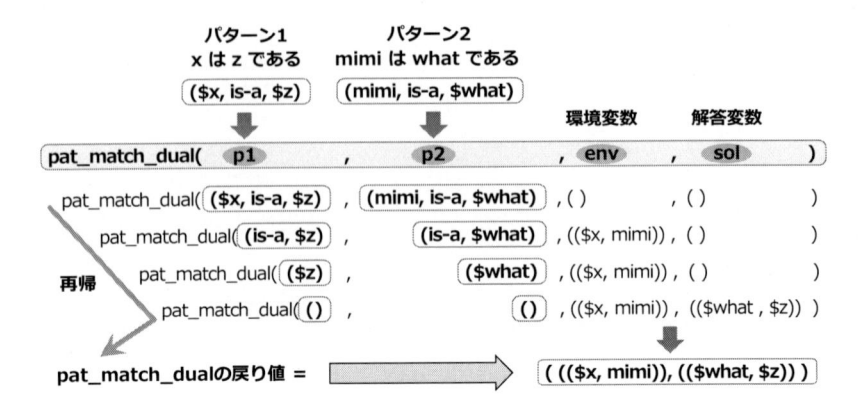

図 5-14　pat_match_dual メソッドの再帰的パターンマッチング処理

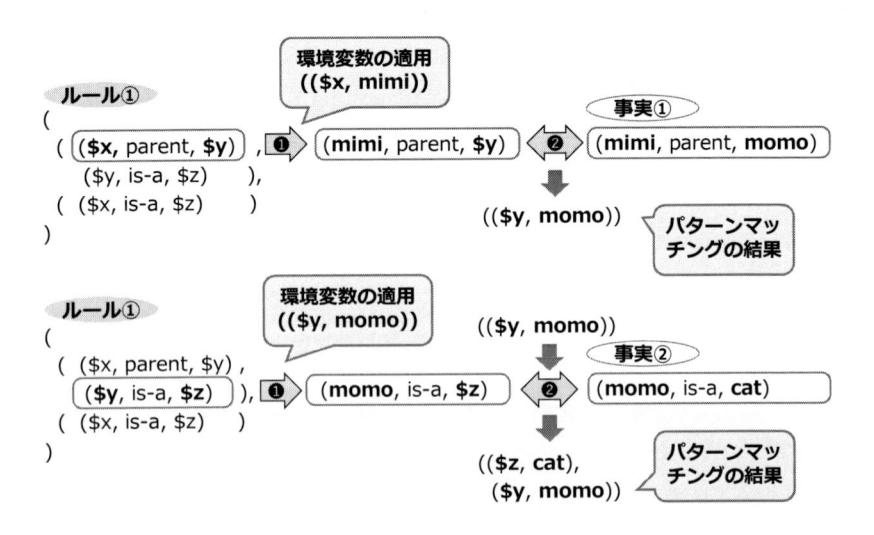

図 5-15　後ろ向き推論のパターンマッチング例(2)

　このとき，アクション部のマッチングで得られた環境変数を使い，あらかじめルールの前提部の変数を値に置換しておきます。こうして，ルール内のパターンマッチングにおける文脈を受け継ぎます。各前提部の後ろ向き推論では，backward_match1 メソッドによって，まず事実とマッチするか調べます。事実には変数が含まれていないので，この場合のパターンマッチングは前向き推論の

pat_match メソッドを使用します。結果として，環境変数 (($z,cat)，
($y,momo)) が得られます。$what の解は$z であったので，ここで$z は cat であ
ることが判明し，ゆえに$what の解 cat が得られます。

　ところで，deduce_fact の引数には，一連のパターンマッチングによる環境変
数 env，そして，後ろ向き推論が堂々巡りにならないように，検証済み事実を保
持する Cons リストである pset を与えます。後ろ向き推論のメイン関数である
backward_match は，複数のパターンを検証します。また，その下請け関数の
backward_match1 は，1 個のパターンを検証します。backward_match1 では，
pset 内にこれから調べるパターンがないか Cons クラスの contains メソッドで
チェックすることで，無限再帰ループを回避します。BackwardMatch1 では，ま
ず deduce_fact を呼び出す前に，調べるパターンを Cons クラスの add メソッド
で pset に追加しています。こうすることで，backward_match →
backward_match1 → deduce_fact → backward_match → … という複数メソ
ッドに渡る再帰呼び出しの無限ループを回避します。このような無限ループに陥
る状況としては，「x は y である，y は z である → x は z である」といった，
前提部とアクション部に同様のパターンが含まれるルールが挙げられます。

❏ 後ろ向き推論プログラム事例

　リスト 5-5 およびリスト 5-6，後ろ向き推論を実行する 2 種類の実例です。
InferenceEngineBackwardApp をプロジェクト参照に追加しています。

リスト5-5　BackwardChain1App.py　後ろ向き推論実行プログラム（その1）

```python
import sys, os
sys.path.append('../')
from my.Cons import Cons, Nil
from InferenceEngineBackwardApp import InferenceEngineBackward

def main():
    rule_data = [                  # ルール
        [
            "$x parent $y",        # xの親はyである
            "$y is-a $z",          # yはzである
            "->",                  # ならば
```

```python
            "$x is-a $z"              # xはzである
        ],[
            "$x has claws",          # xは鋭い爪を持つ
            "$x has forward_eyes",   # xは目が正面についている
            "->",                    # ならば
            "$x is-a carnivore"      # xは肉食動物である
        ],[
            "$x is-a carnivore",     # xは肉食動物である
            "$x has black_stripes",  # xは黒い縞を持つ
            "$x says gaooooo",       # xはガオーと鳴く
            "->",                    # ならば
            "$x is-a tiger"          # xはトラである
        ],[
            "$x is-a carnivore",     # xは肉食動物である
            "$x has black_stripes",  # xは黒い縞を持つ
            "$x says nyaa",          # xはニャーと鳴く
            "->",                    # ならば
            "$x is-a tabby"          # xはトラネコである
        ]
    ]
    fact_data = [                    # 事実
        "momo has claws",            # momoは鋭い爪を持つ
        "momo has forward_eyes",     # momoは目が正面についている
        "momo has black_stripes",    # momoは黒い縞を持つ
        "momo says nyaa",            # momoはニャーと鳴く
        "mimi parent momo"           # mimiの親はmomoである
    ]
    # 後ろ向き推論実行
    InferenceEngineBackward().backward(rule_data, fact_data,
        ["$who", "is-a", "$animal"])

if __name__ == "__main__":
    main()
```

実行結果

```
--- 質問 ---------------------------------
$who is-a $animal               … 何々は何々であるという結論を推論

--- 導き出された解 ------------------------
(("$animal", "carnivore"), ("$who", "mimi"))
(("$animal", "tabby"), ("$who", "mimi"))
(("$animal", "carnivore"), ("$who", "momo"))
```

```
(("$animal", "tabby"), ("$who", "momo"))
--- 導き出された事実 -----------------------
("mimi", "is-a", "carnivore")        … mimiは肉食動物である
("mimi", "is-a", "tabby")            … mimiはトラネコでもある
("momo", "is-a", "carnivore")        … momoも肉食動物である
("momo", "is-a", "tabby")            … momoはトラネコでもある
```

リスト5-6　BackwardChain2App.py　後ろ向き推論実行プログラム（その2）

```
import sys, os
sys.path.append('../')
from my.Cons import Cons, Nil
from InferenceEngineBackwardApp import InferenceEngineBackward

def main():
    rule_data = [              # ルール
        [
            "$x は $y である",
            "$y は $z である",
            "->",
            "$x は $z である"
        ],[
            "$x は 羽 を持つ",
            "->",
            "$x は 鳥 である"
        ]
    ]
    fact_data = [              # 事実
        "ピヨ は 羽 を持つ",
        "鳥 は 動物 である"
    ]
    # 後ろ向き推論実行
    InferenceEngineBackward().backward(rule_data, fact_data,
        ["ピヨ", "は", "$何", "である"])

if __name__ == "__main__":
    main()
```

```
--- 質問 -------------------------------
ピヨ は $何 である                        … ピヨは何々であるかを推論

--- 導き出された解 -------------------------
```

```
(("$何", "動物"))
(("$何", "鳥"))
--- 導き出された事実 -----------------------
("ピヨ", "は", "動物", "である")
("ピヨ", "は", "鳥", "である")
```

　1 つ目の推論例では次の質問を与えて，誰（$who）が何（$animal）かを推論します。変数$who と$animal の解として 4 つの解答の組み合わせが得られます。

```
質問    $who is-a $animal
推論結果
解答 1   $who -> mimi, $animal -> carnivore   … mimi は肉食動物である
解答 2   $who -> mimi, $animal -> tabby       … mimi はトラネコである
解答 3   $who -> momo, $animal -> carnivore   … momo は肉食動物である
解答 4   $who -> momo, $animal -> tabby       … momo はトラネコである
```

　2 つ目の推論例では次の質問を与えて，ピヨが何であるかを推論します。実行結果では 2 つの解答の組み合わせが得られ，鳥であり動物であることが導かれます。

```
質問    ピヨ は $何 である
推論結果
解答 1   $何 -> 動物                         … ピヨは動物である
解答 2   $何 -> 鳥                           … ピヨは鳥である
```

第 6 章　人工生命と NPC

6.1　ランダムな動き

❏ 移動方向と方向転換のランダム決定

　ゲーム AI は，敵キャラクタの自律的な動作と知的な振る舞いを模倣することで，あたかも考えて行動しているように見せて，ゲームをより面白いものにします。さらに，敵以外のたくさんのキャラクタも，個々に自律行動しているように見せることで実世界のようなリアリティを演出します。自律動作の手法として，ボイド（Boids）は人工生命（Artificial Life，Alife）による簡単な自律動作によって知的行動を模倣したプログラム手法です。ここではボイドを作成する前に，グラフィックスやキャラクタ移動処理の基礎部分を作成しておきます。

　ゲーム要素の自律的な動きには，コンピュータ処理のランダム機能が用いられることが多く，ランダムは一般的に 0.0 ≦ x < 1.0 の範囲の実数値を生成する疑似乱数生成機能です。これを使った移動方法には，ランダムな移動方向とランダムな方向転換が考えられます。これらの違いを見てみましょう。

　図 6-1 のランダム移動方向は，繰り返し処理の中で毎回ランダムに 8 方向（停止も含めると 9 通り）に位置を変更します。一見これでよさそうに思えますが，実際に動作させてみると一か所で振動するような動き方になります。これはランダム移動量の -1，0，1 がほぼ同じ確率で生成されるため，平均的に 0 になってしまい，その位置から大きく移動できない動きとなります。

　一方，図 6-2 のランダム方向転換は，現在の移動方向に一直線に連続して進んでいき，条件によってランダムに方向を変更します。dx は横方向の移動量であり，この値を変更しなければ横方向の動きはずっと同じままです。そして，ある条件が成立すれば dx を再計算するようにします。縦方向の移動量 dy についても同様に計算します。このとき，条件成立の頻度（確率）を低くすると，より長距離を連続移動するようになります。

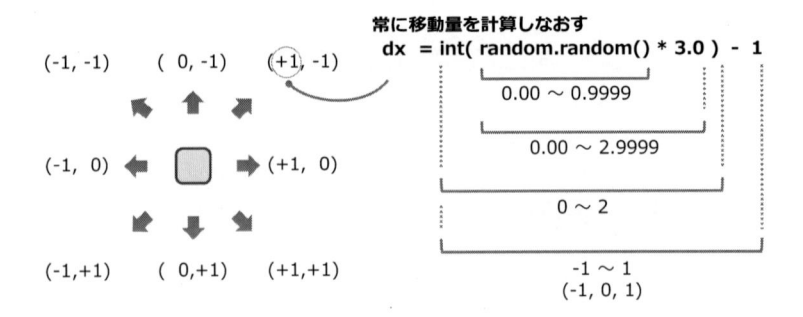

図 6-1　ランダムな移動方向

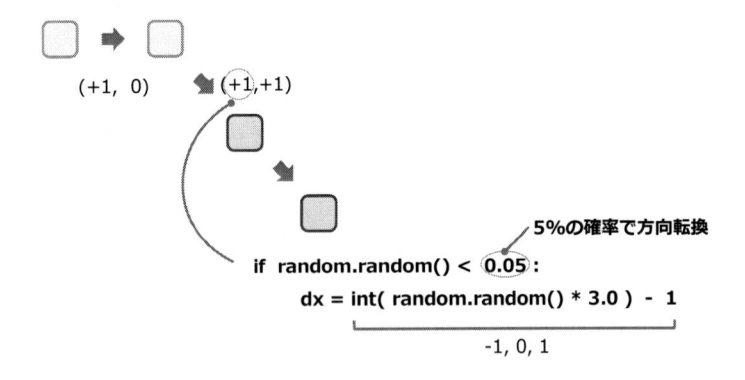

図 6-2　ランダムな方向転換

❏ ランダム移動方向プログラム

リスト 6-1 はランダム移動方向プログラムです。グラフィックスウィンドウを作成し，30 個のキャラクタをランダムに動かします。

リスト 6-1　BoidApp.py　ランダム移動方向プログラム

```python
import sys, os
sys.path.append('../')
import pygame
from pygame.locals import *
from threading import Thread
import time
```

```python
import random
from ctypes import windll

windll.shcore.SetProcessDpiAwareness(1)     # 高解像度モニタに対応

class BoidApp(Thread):
    def __init__(self, count):
        Thread.__init__(self)     # スレッドクラス初期化
        pygame.init()             # pygameモジュールの初期化
        self.screen = pygame.display.set_mode((600, 600)) # 画面サイズ
        self.active = True        # スレッド継続フラグ
        self.boids = []
        self.init_boids(count)    # Boid個体生成
        self.start()              # Boid移動スレッド開始
        self.gui_loop()           # GUIメインループの開始

    def init_boids(self, count):      # 個体生成
        for i in range(count):
            self.boids.append(Boid(self))

    def gui_loop(self):
        while (True):                 # GUIメインループ
            for event in pygame.event.get():
                if event.type == QUIT:
                    self.active = False
                    self.join() # Boid移動スレッド終了を待つ
                    pygame.quit()
                    sys.exit()
            time.sleep(0.2)       # 一定時間停止（CPU負荷を下げるため）

    def run(self):  # Boid移動スレッドの処理本体
        while (self.active):
            for boid in self.boids:
                boid.move_decide()
                boid.move()
            self.screen.fill((255, 255, 255))    # 背景をクリア
            for boid in self.boids:
                boid.draw()
            pygame.display.update()      # 画面更新
            time.sleep(0.02)             # 処理のインターバル

# Boid個体クラス
class Boid:
    def __init__(self, app):
```

```
        self.app = app
        self.screen = app.screen
        self.scr_w = self.screen.get_width()
        self.scr_h = self.screen.get_height()
        self.x = self.scr_w / 2 + 100 * (random.random() - 0.5)
        self.y = self.scr_h / 2 + 100 * (random.random() - 0.5)
        self.dx = 0
        self.dy = 0

    def move_decide(self): # 常にランダムな方向に移動
        self.dx = int(random.random() * 3.0) - 1
        self.dy = int(random.random() * 3.0) - 1

    def move(self): # 移動させ壁なら方向転換
        self.x += self.dx
        self.y += self.dy
        if self.x < 0 or self.x >= self.scr_w:
            self.dx = -self.dx
            self.x += self.dx * 2
        if self.y < 0 or self.y >= self.scr_h:
            self.dy = -self.dy
            self.y += self.dy * 2

    def draw(self): # Boidを描く
        pygame.draw.rect(self.screen, (0, 0, 0),
                    (self.x - 5, self.y - 5, 10, 10), 0)
if __name__ == "__main__":
    BoidApp(30)        # 個体数を与えてBoidAppオブジェクト生成
```

このプログラムは，マルチスレッドで動作します。図 6-3 のように，Boid 移動スレッドを生成し，スレッド内では一定時間おきに全 Boid オブジェクトの移動，描画，一定時間停止をループ処理で繰り返します。ループは active フラグが True の間続けますが，ウィンドウを閉じる際には gui_loop メソッド内のイベント処理において，active フラグは False になるので Boid 移動スレッドはループを抜けて終了します。

Boid 移動スレッド内では，time.sleep(0.02)によっておおよそ 20ms 停止させています。この停止によってループのタイミング，つまり Boid の速度調整をしているわけです。この処理はウィンドウ処理とは別スレッドなので，処理を停止してもプログラムが応答しなくなることはありません。また，sleep 中は CPU

能力を消費しないので処理効率も良いです。これなら複雑な処理内容に発展して
もマルチスレッドによってスムーズな動作と効率よい CPU 利用ができます。図 6-
4 はランダム移動方向プログラムを実行させたウィンドウ画面です。

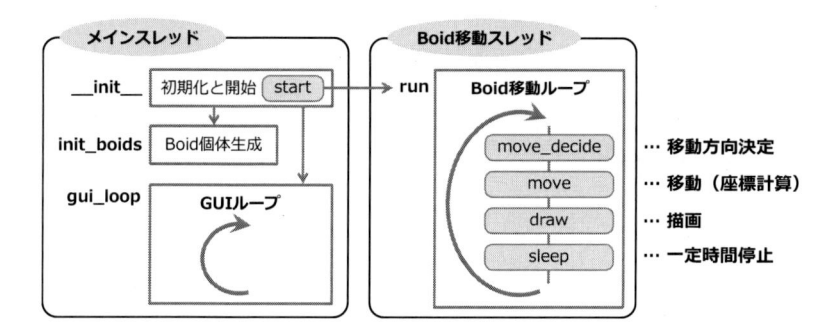

図 6-3　マルチスレッドによる位置計算と描画

図 6-4　ランダム移動方向プログラムの実行結果

　move_decide メソッドでのランダム移動方向の決定は，次のように現在座標に対する移動量 dx，dy を-1,0,1 にランダムに決定します。この方法では，移動量は平均的に 0 になるのでキャラクタは大きく移動せず，例えるなら振動する微生物のような動き方になります。（self.dx は dx と省略）

```
dx = int(random.random() * 3.0) - 1
dy = int(random.random() * 3.0) - 1
```

❏ ランダム方向転換プログラム

　リスト 6-2 はランダム方向転換プログラムです。これはランダム移動方向プログラムをベースに，Boid クラスを継承する Boid1 クラスを作成します。

リスト 6-2　BoidApp1.py　ランダム方向転換プログラム

```python
import sys, os
sys.path.append('../')
import pygame
from pygame.locals import *
from threading import Thread
import time
import random
from BoidApp import *

class BoidApp1(BoidApp):  # BoidApp.Form1から継承
    def init_boids(self, count):
        for i in range(count):
            self.boids.append(Boid1(self))  # Boid1で個体生成

# Boid1個体クラス
class Boid1(Boid): # Boidから派生
    def move_decide(self): # 一定の確率でランダムに方向転換
        if random.random() < 0.05:
            self.dx = int(random.random() * 3.0) - 1
        if random.random() < 0.05:
            self.dy = int(random.random() * 3.0) - 1

if __name__ == "__main__":
    BoidApp1(30)        # 個体数を与えてBoidApp1オブジェクト生成
```

　BoidApp1 クラスでは，初期化処理の__init__は BoidApp クラスから継承し，プログラムの処理基盤を受け継ぎます。そしてボイド生成処理の init_boids メソッドをオーバーライドし，その中で Boid1 クラスを使って個体を生成しています。Boid1 クラスは基本機能を Boid クラスから継承していますが，移動方向の決定方法が異なる move_decide メソッドをオーバーライドしています。

図 6-5　ランダム方向転換プログラムの実行結果

　図 6-5 はランダム方向転換プログラムを実行させたウィンドウ画面です。今度の実行結果では，各個体が虫のように広範囲に移動しています。

　移動量 dx，dy は，次のように 5% (0.05) の確率で再計算し，それ以外は dx，dy が変更されないため移動方向を維持する処理になっています。

```python
if random.random() < 0.05:
    dx = int(random.random() * 3.0) - 1
if random.random() < 0.05:
    dy = int(random.random() * 3.0) - 1
```

6.2　Boid アルゴリズム

❑ 群れのルール

　ボイド（Boids）アルゴリズムは Craig　Raynolds によって考案された「群れ」の行動を模倣する人工生命シミュレーションです。このアルゴリズムをベースとして，ゲームや映画などの CG 映像にも人工生命が活用されています。

　群れの動きを作るためには，各個体による独立した移動ではなく，他の個体の状況に合わせて移動量を計算していきます。この計算は次のような群れのルールによって構成され，図 6-6 のような群れの動き方を制御します。

> ①結合（Cohesion）　　…　群れの中心に向かう
> ②分離（Separation）　…　ぶつからないよう距離をとる
> ③整列（Alignment）　 …　群れと同じ方向と速度に合わせる

結合（Cohesion）　　　**分離（Separation）**　　　**整列（Alignment）**

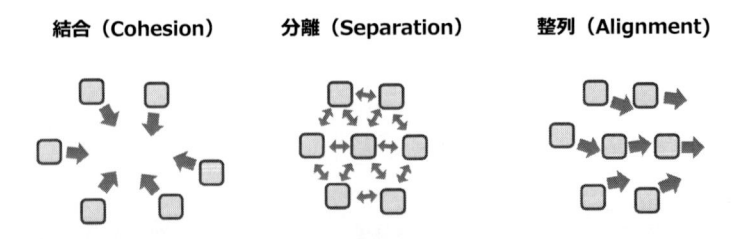

図 6-6　群れの移動ルール

　群れの動作は，まず「結合」によって群れが中心部に集合するようになります。このままでは 1 か所にかたまって衝突状態になるので，次に「分離」によって各個体が衝突しないように一定距離を保つようにします。これで衝突せずに近くに集まることができますが，密集した状態で個々が無秩序に動き続ける状態となります。群れとして一定方向に向かっていく秩序ある群れ移動にするために，次に「整列」によって群れ全体の移動方向と速度に近づけることで，群れがひとかたまりで同じ方向に移動していくことになります。

❑ Boid プログラム

　リスト 6-3 は Boid プログラムです。ランダム移動方向の Boid クラスをもとに
群れの機能を実装した Boid2 クラスを作成します。

リスト 6-3　BoidApp2.py　Boid プログラム

```python
import sys, os
sys.path.append('../')
import pygame
from pygame.locals import *
from threading import Thread
import time
import random
import math
from BoidApp import *

class BoidApp2(BoidApp):      # BoidApp.Form1から継承
    def init_boids(self, count):
        for i in range(count):
            self.boids.append(Boid2(self))  # Boid2で個体生成


# Boid2個体クラス
class Boid2(Boid):  # Boidから派生
    chohesion_rate = 0.01   # 結合パラメータ(群れの中心に向かう強さ)
    separation_dis = 20     # 分離パラメータ(ぶつからないための距離)
    alignment_rate = 0.5    # 整列パラメータ(群れの方向を合わせる強さ)
    speed_limit = 8         # 速度調整用

    def move_decide(self):  # 移動量決定処理を置き換える
        self.chohesion()    # 結合(群れの中心に向かう)
        self.separation()   # 分離(ぶつからないよう距離をとる)
        self.alignment()    # 整列(群れと同じ方向と速度に合わせる)
        rate = math.sqrt(self.dx**2 + self.dy**2) / Boid2.speed_limit
        if rate > 1.0:      # 速度制限
            self.dx /= rate
            self.dy /= rate

    def chohesion(self):    # 結合(群れの中心に向かう)
        cx = 0.0
        cy = 0.0
        for b in self.app.boids:
            cx += b.x
```

```
            cy += b.y
        n = len(self.app.boids)
        cx /= n
        cy /= n
        self.dx += (cx - self.x) * Boid2.chohesion_rate
        self.dy += (cy - self.y) * Boid2.chohesion_rate

    def separation(self):    # 分離（ぶつからないよう距離をとる）
        for b in self.app.boids:
            if b != self:
                ax = b.x - self.x
                ay = b.y - self.y
                dis = math.sqrt(ax**2 + ay**2)
                if dis < Boid2.separation_dis:
                    self.dx -= ax * 0.4 # あまり大きく動かないよう調整
                    self.dy -= ay * 0.4

    def alignment(self):      # 整列（群れと同じ方向と速度に合わせる）
        ax = 0.0
        ay = 0.0
        for b in self.app.boids:
            ax += b.dx
            ay += b.dy
        n = len(self.app.boids)
        ax /= n
        ay /= n
        self.dx += (ax - self.dx) * Boid2.alignment_rate
        self.dy += (ay - self.dy) * Boid2.alignment_rate

if __name__ == "__main__":
    BoidApp2(30)      # 個体数を与えてBoidApp2オブジェクト生成
```

　図 6-7 は Boid プログラムを実行させたウィンドウ画面です。群れのルールによって，鳥や魚の群れのように全個体が秩序を保って移動しています。

　群れ機能を持つ個体である **Boid2** クラスでは，群れ移動のための各種パラメータ用のクラス変数（すべての **Boid2** インスタンスで共有する変数）を用意し，各個体から共通に参照できるようにします。また，移動方向を決定する **move_decide** メソッドにおいて，群れ移動を構成する **chohesion**（結合），**separation**（分離），**alignment**（整列）メソッドを呼び出して移動量を計算します。

図 6-7　Boid プログラムの実行結果

chohesion（結合）メソッドは，全個体の座標合計値を個体数で割った平均計算によって群れの中心座標を求めます。自分と中心との差に結合パラメータ chohesion_rate を掛けた値を dx, dy に加えることで，差が大きく離れているほど移動量 dx, dy の修正量が大きくなり中心に近づいていきます。

separation（分離）メソッドは，自分以外の全個体に対して直線距離を計算し，一定距離以内に接近している個体がいれば，それから離れるように dx, dy を修正します。これによって個体どうし一定距離が保たれるようになります。

alignment（整列）メソッドは，全個体の移動量の平均計算によって群れ全体の平均移動量つまり方向ベクトルを求め，それに近づけるように dx, dy を修正します。これで各個体が群れの平均的な移動方向と速度に合わせるようになります。

さらに 3 つのルールの移動量修正によって dx, dy が大きすぎる値になった場合，変数 speed_limit を用いて速度が不自然に速くならないよう調整しています。

6.3　ノンプレイヤーキャラクタとゲームスレッド

❏ ゲームの構成

　キャラクタを自律移動させるゲームのしくみを見ていきましょう。ここでは，図 6-8 のようなグラフィックスウィンドウを使ったゲームを題材にします。

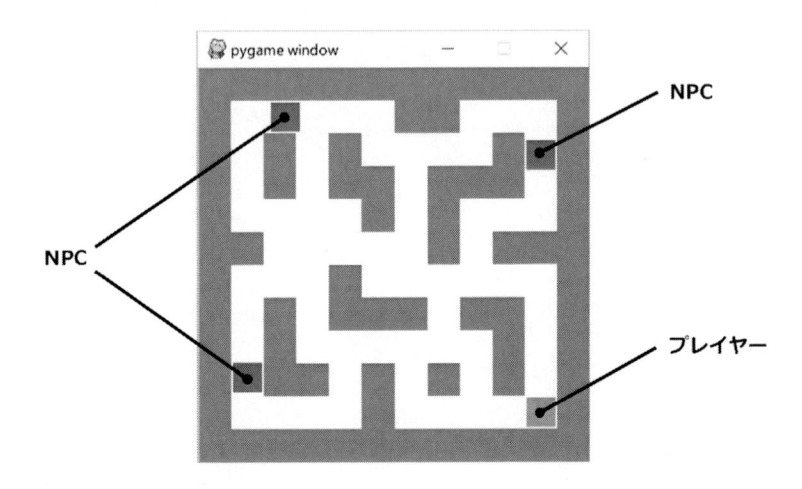

図 6-8　ゲームのウィンドウ

　ゲームの構成要素は，壁や道を表す四角いユニット（マス）で構成されるマップ情報，マップの中を移動するプレイヤーと複数のノンプレイヤーキャラクタ（Non Player Character, NPC）です。プレイヤーはキーボード操作による移動，NPC はランダム方向転換で移動し，全キャラクタは衝突判定を行います。このゲームは，攻撃や勝敗処理などのゲームとして必要ないくつかの機能は実装していません。まだ基礎的な実験バージョンといったところです。

　図 6-9 はゲームを構成するクラスを表したものです。ゲームプログラムのメイン処理であり各要素生成などの初期化やグラフィックス描画およびキャラクタの移動計算スレッド処理を行う Game クラス，マップ情報生成用の GameMap クラス，様々な種類のキャラクタの共通機能を実装する GameElem クラス，そして GameElem から派生させた Wall（壁）クラス，Player クラス，Alien（NPC）ク

ラスで構成されています。

　これらは次章において，Player，Alien に機能を追加していくにあたり，さらにその派生クラスを作り，それら以外のキャラクタのクラスも追加していきます。このようにオブジェクト指向設計によってクラスを活用し，プログラミングを発展させていくことにします。

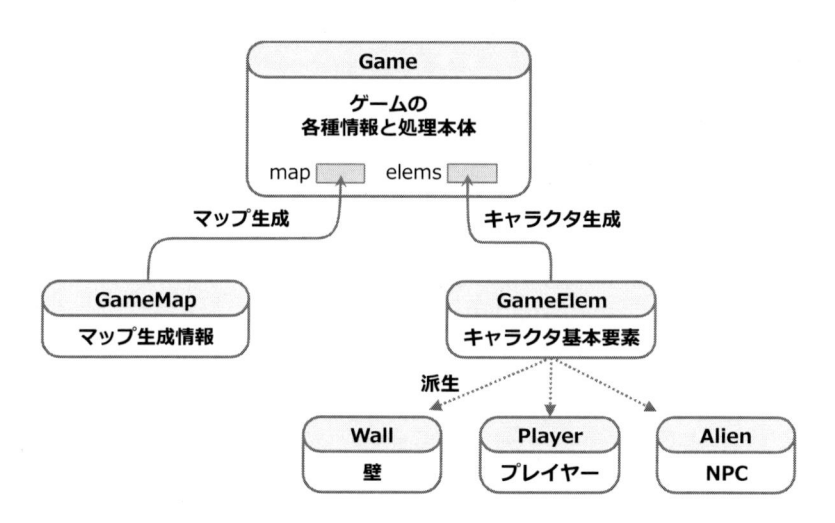

図 6-9　ゲームを構成するクラス

❏ マップ構築クラス

　ゲームの部分プログラムとして，まずリスト 6-4 のマップ構築クラスを作成します。部分プログラムとは，それ単体では実行できないプログラムの部品（クラス定義）です。リスト 6-4 以降のプログラムは，プロジェクトに追加するクラスとして作成していきます。このマップ情報は文字列として用意し，壁，道，プレイヤー，NPC を記号（__#○@）で表します。make_map メソッドは文字表現のマップ情報を，整数値（0,1,2,3）の 2 次元配列に変換して扱いやすくします。

リスト 6-4　GameMap.py　マップ構築クラス

```
import sys, os
```

```python
sys.path.append('../')

# ゲームマップオブジェクト
class GameMap:
    def __init__(self):
        self.mark = "_#○@"  # マーク(壁, 道, プレイヤー, NPC)
        self.map_data = [        # マップデータ
            "#############",
            "#@_____##___@#",
            "#_#__#_____#_#",
            "#_#_##_###_#",
            "#_____#__#____#",
            "##_____#_###",
            "#____#_____#",
            "#_#_###_##_#",
            "#_#_____#_#",
            "#_##_#_#_#_#",
            "#@____#_____○#",
            "############"
        ]
        GameMap.r = len(self.map_data)        # 行サイズ
        GameMap.c = len(self.map_data[0])     # 列サイズ

    def make_map(self): # マップ構築
        map = [[self.mark.index(self.map_data[i][j]) \
                for j in range(GameMap.c)] \
                    for i in range(GameMap.r)]
        return map
```

❏ キャラクタ基本要素クラス

リスト 6-5 のキャラクタ基本要素クラスを追加します。これは壁, プレイヤー, NPC などのもととなる GameElem クラスとして, キャラクタに共通する情報や機能を用意しておきます。

リスト 6-5　GameElem.py　キャラクタ基本要素クラス

```python
import sys, os
sys.path.append('../')
import pygame
from pygame.locals import *
```

```python
# キャラクター基本要素クラス
class GameElem:
    # 種類
    ROAD = 0    # 通路
    WALL = 1    # 壁
    PLAYER = 2  # プレイヤー
    ALIEN = 3   # 敵

    def __init__(self, game):
        self.reached = False    # ユニットにぴったり到達したか
        self.game = game

    def set_pos(self, x1, y1): # 位置更新
        self.x = x1                             # x座標
        self.y = y1                             # y座標
        self.r = int(self.y / self.game.uh) # 行
        self.c = int(self.x / self.game.uw) # 列
        self.reached = ¥
            self.y % self.game.uh == 0 and self.x % self.game.uw == 0

# 壁のクラス
class Wall(GameElem):
    def __init__(self, game):
        GameElem.__init__(self, game)
        self.typ = GameElem.WALL

    def draw(self):
        pygame.draw.rect(self.game.screen, (150, 150, 150),
            (self.x, self.y, self.game.uw, self.game.uh))
```

　キャラクタの基本要素である GameElem クラスは，図形構築，位置設定，移動，描画などの機能を持ち，1 個のオブジェクトがキャラクタ要素 1 個分を表します。GameElem コンストラクタは，Game オブジェクトをいつでも参照できるよう引数として受け取ってフィールドに格納します。set_pos メソッドは，キャラクタの座標設定をします。また，ちょうど 1 マス分進んだかどうかの判定も行い reached フラグを設定しています。

　このプログラムでは，壁を表すキャラクタとして Wall クラスも GameElem から派生させています。Wall クラスの draw メソッドは壁の 1 ユニットとしてグレ

一の四角形を塗りつぶします。

❏ プレイヤークラス

　リスト 6-6 のプレイヤークラスを追加します。これはキャラクタ基本要素である GameElem を継承した Player クラスです。

リスト 6-6　Player.py　プレイヤークラス

```python
import sys, os
sys.path.append('../')
import pygame
from pygame.locals import *
from GameElem import GameElem

# プレイヤークラス
class Player(GameElem):
    def __init__(self, game):
        GameElem.__init__(self, game)
        self.typ = GameElem.PLAYER
        self.last_dx = -1
        self.last_dy = -1

    def move(self):
        dx = 0
        dy = 0
        if self.game.key_code == 0: # キーが離された後の状態
            if self.x % self.game.uw != 0 or ¥
                self.y % self.game.uh != 0: # 1マスの中間位置ならば
                dx = self.last_dx    # 移動を継続(中間位置で止めない)
                dy = self.last_dy
            else:
                self.game.key_code = 0
                return
        else:   # 押されているキーに対する処理
            if self.game.key_code == K_LEFT:
                dx = -1
            elif self.game.key_code == K_RIGHT:
                dx = 1
            elif self.game.key_code == K_UP:
                dy = -1
            elif self.game.key_code == K_DOWN:
```

```
            dy = 1
        else:
            return
    # 移動先が壁でなく他のキャラクタに衝突しなければそこへ進む
    x1 = self.x + dx
    y1 = self.y + dy
    if not self.game.is_wall(x1, y1) and ¥
            self.game.get_collision(self, x1, y1) == -1:
        self.set_pos(x1, y1)
        self.last_dx = dx
        self.last_dy = dy

def draw(self):
    pygame.draw.rect(self.game.screen, (100, 149, 237),
        (self.x+2, self.y+2, self.game.uw-4, self.game.uh-4))
```

Player クラスでは draw メソッドで描画を行いま。また move メソッドでの移動処理はキーボードのカーソルキーで移動します。なお，キーが離されても 1 ユニット（1 マス）分移動完了となるまで移動を継続し，中途半端なところで止まらないようにしています。このような移動制御によって曲がり角を曲がりやすくしています。なお，GameApp オブジェクトに対して使用している is_wall メソッドは移動先が壁かどうか判定し，get_collision メソッドは移動先が他のキャラクタとの衝突を判定する機能で，後に出てくるゲームのクラスに実装します。

❏ 敵キャラクタ（NPC）クラス

リスト 6-7 の敵キャラクタ（NPC）クラスを追加します。ここではキャラクタ基本要素である GameElem を継承した Alien クラスを作成します。

リスト 6-7　Alien.py　NPC 生成プログラム

```
import sys, os
sys.path.append('../')
import pygame
from pygame.locals import *
from GameElem import GameElem
import random

# NPCクラス
```

```python
class Alien(GameElem): # ランダムジェネレータ # 右, 左, 後
    def __init__(self, game):
        GameElem.__init__(self, game)
        self.typ = GameElem.ALIEN
        self.dir = 0
        self.next_dir = 0
        self.dir_offset = [[1, 0], [0, 1], [-1, 0], [0, -1]]
        self.try_plan = [1, 3, 2]

    def next_move(self): # 移動先を決定する
        self.next_move_random()

    def next_move_random(self): # ランダム方向転換による移動
        if random.random() < 0.005:
            self.next_dir = ¥
                int(self.dir + 1 + random.random() * 3) % 4
        else:
            self.next_dir = self.dir

    def move_exec(self): # 可能であれば移動実行
        x1 = self.x + self.dir_offset[self.next_dir][0]
        y1 = self.y + self.dir_offset[self.next_dir][1]
        if self.game.is_wall(x1, y1) or ¥
            self.game.get_collision(self, x1, y1) != -1:
            # 後ろに転換する確率は下げる
            self.next_dir = (self.next_dir +
                self.try_plan[int(random.random() * 2.1)]) % 4
            x1 = self.x + self.dir_offset[self.next_dir][0]
            y1 = self.y + self.dir_offset[self.next_dir][1]
        if not self.game.is_wall(x1, y1) and ¥
                self.game.get_collision(self, x1, y1) == -1:
            # 壁でなく他のキャラクタに衝突しなければ進む
            self.dir = self.next_dir
            self.set_pos(x1, y1)

    def move(self):
        self.next_move() # 次の移動先を決定する
        self.move_exec()

    def draw(self):
        pygame.draw.rect(self.game.screen, (205, 92, 92),
            (self.x+2, self.y+2, self.game.uw-4, self.game.uh-4))
```

　Alienクラスでは，moveメソッドによる移動方向の計算はランダム方向転換の方式をもとにしています。またmove_execメソッドでは，実際に移動可能か調べ，何かに衝突した際の方向転換では，特に後ろに変更する確率を下げています。これは，迷路状のマップにおいて壁に衝突して逆方向に向かうと，行ったり来たりするような動きが目立つ現象への対策です。

❏ ゲームクラスとマルチスレッド処理

　リスト6-8のゲームクラスを追加します。このGameAppクラスはグラフィックスウィンドウ作成，キー入力処理，マップ生成，キャラクタ生成，キャラクタの移動や描画を行うゲームスレッドの生成などを行います。

リスト6-8　GameApp.py　ゲームプログラム

```python
import sys, os
sys.path.append('../')
import pygame
from pygame.locals import *
from threading import Thread
import time
import math
from GameMap import *
from GameElem import *
from Player import *
from Alien import *
from ctypes import windll

windll.shcore.SetProcessDpiAwareness(1)        # 高解像度モニタに対応

# ゲームクラス
class Game(Thread):
    def __init__(self):
        Thread.__init__(self)        # スレッドクラス初期化
        pygame.init()                # pygameモジュールの初期化
        self.uw = 40                 # ユニット幅と高さ
        self.uh = 40
        self.key_code = 0            # 入力キーコード
        self.active = True           # ゲームスレッド継続フラグ
        self.elems = []              # キャラクタ配列
        self.aliens = []             # 敵キャラ配列
```

```python
        self.init_game_elems()      # マップとキャラクタの作成
        self.w = GameMap.c * self.uw      # ゲーム画面の幅と高さ
        self.h = GameMap.r * self.uh
        self.screen = pygame.display.set_mode((self.w, self.h))
        self.start()                # Boid移動スレッド開始
        self.gui_loop()             # GUIメインループの開始

    def init_game_elems(self):
        self.map = GameMap().make_map() # マップ情報
        self.add_elems_from_map()
        self.sort_elems({GameElem.WALL: 1,
                         GameElem.ALIEN: 2,
                         GameElem.PLAYER: 3})

    def gui_loop(self):
        while (True):               # GUIメインループ
            for event in pygame.event.get():
                if event.type == QUIT:
                    self.active = False
                    self.join()     # Gameスレッド終了を待つ
                    pygame.quit()
                    sys.exit()
                elif event.type == KEYDOWN:      # キー押下時
                    self.key_code = event.key
                elif event.type == KEYUP:        # キー解放時
                    self.key_code = 0
            time.sleep(0.001)    # 一定時間停止(CPU負荷を下げるため)

    def sort_elems(self, order):    # 描画順の設定
        self.elems.sort(key = lambda x: order[x.typ])

    def run(self):  # Gameスレッドの処理本体
        t1 = time.perf_counter()
        while (self.active):
            for e in self.elems:
                if e.typ >= GameElem.PLAYER:
                    e.move()                # キャラクタの移動
            self.screen.fill((255, 255, 255))    # 背景をクリア
            for e in self.elems:
                if e.typ != GameElem.ROAD:
                    e.draw()                # キャラクタの描画
            pygame.display.update()      # 画面更新
            while (True):                # 速度一定化処理
                t2 = time.perf_counter()
```

```python
                if (t2 - t1 >= 0.01): break
                time.sleep(0.001)
            t1 = t2

    def end(self):
        self.active = False # スレッド終了指示

    def add_elems_from_map(self):    # マップからキャラクタ配列生成
        for r in range(GameMap.r):
            for c in range(GameMap.c):
                typ = self.map[r][c]
                if typ != GameElem.ROAD:
                    e = self.make_elem(typ)
                    e.set_pos(c * self.uw, r * self.uh)
                    self.elems.append(e)          # キャラクタ配列へ追加
                    if typ == GameElem.ALIEN:
                        self.aliens.append(e)     # 敵キャラ配列へ追加

    def add_elems_from_list(self, targets): # ゲーム要素を配列から追加
        for e in targets:
            self.elems.append(e)      # キャラクタ配列へ追加

    def add_elems(self, elem):  # ゲーム要素を追加
        self.elems.append(elem)      # キャラクタ配列へ追加

    def make_elem(self, typ):    # キャラクタ生成
        if typ == GameElem.WALL:
            return Wall(self)
        elif typ == GameElem.PLAYER:
            return Player(self)
        elif typ == GameElem.ALIEN:
            return Alien(self)
        else:
            return None

    def is_wall(self, x, y):       # 壁にぶつかるか？
        r1 = int(y / self.uh)
        c1 = int(x / self.uw)
        r2 = int((y + self.uh - 1) / self.uh)
        c2 = int((x + self.uw - 1) / self.uw)
        return self.map[r1][c1] == GameElem.WALL or ¥
               self.map[r1][c2] == GameElem.WALL or ¥
               self.map[r2][c1] == GameElem.WALL or ¥
               self.map[r2][c2] == GameElem.WALL
```

```python
    def get_collision(self, me, x, y):  # 他のキャラとの衝突検出
        for other in self.elems:
            if other.typ > GameElem.WALL and other != me:
                if abs(other.x - x) < self.uw and ¥
                    abs(other.y - y) < self.uh:
                    return other.typ
        return -1
if __name__ == "__main__":
    Game()               # Gameオブジェクト生成
```

　ゲームは図 6-10 のようなマルチスレッド構造になっています。メインスレッドでは，ウィンドウ処理を実行します。ゲームスレッドはキャラクタの移動処理，描画処理，速度調整などをループ処理します。また，速度調整ではより厳密に一定間隔のループ処理になるように，高分解能カウンタの time.perf_counter 関数を利用し，毎回のループ内処理時間が異なっても，10ms 間隔をキープできるように待機時間を動的に変化させています。こうしたマルチスレッドと速度管理によって，スレッドの処理効率低下を防ぎ，複数のキャラクタが滑らで安定した移動を行います。

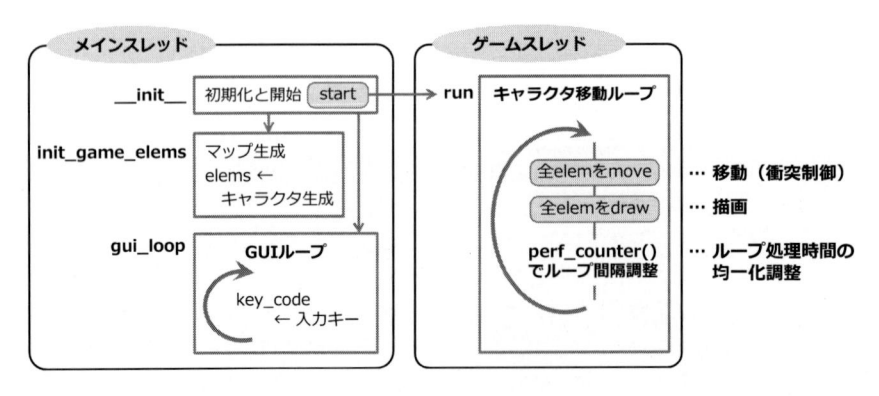

図 6-10　ゲームのスレッド処理

　GameApp クラスでは，初期化処理の __init__ メソッドをはじめとして，init_game_elems → add_elems_from_map → make_elem というようにメソッ

ドが呼ばれてマップとキャラクタの生成が行われます。各キャラクタは add_elems_from_map メソッドによって，マップに配置されたキャラクタの数や位置に従って生成しますが，次のように make_elem メソッドによって各キャラクタの種類を表す typ 変数の値に応じたオブジェクトを生成します。

```python
    def make_elem(self, typ):    # キャラクタ生成
        if typ == GameElem.WALL:
            return Wall(self)
        elif typ == GameElem.PLAYER:
            return Player(self)
        elif typ == GameElem.ALIEN:
            return Alien(self)
        else:
            return None
```

make_elem では，例えば，Player(self)によって Player 型のオブジェクトが生成されて return で戻され，それを受け取る側の add_elems_from_map メソッドでは，リスト変数 elems に追加されます。こうして Player オブジェクトや Alien オブジェクトといった異なるオブジェクトでも，1 つのリスト変数 elems に格納しておき，run メソッド内では次のように elems の全要素に対し同じ記述で簡潔に処理できます。

　なお，キャラクタの移動では ROAD と WALL は（動かないから）移動対象外であり，また，キャラクタの描画では ROAD は対象外として何も描画せずに背景色そのままの状態になります。

```python
        for e in self.elems:
            if e.typ >= GameElem.PLAYER:
                e.move()            # キャラクタの移動
            :
        for e in self.elems:
            if e.typ != GameElem.ROAD:
                e.draw()            # キャラクタの描画
```

リスト変数 elems には，図 6-11 のように GameElem クラスから派生した異なるキャラクタ用クラスのオブジェクトが格納されており，elem の要素に対し

draw メソッドを呼び出すと，Player なら Player の draw，Alien なら Alien の draw が呼ばれ，それぞれの異なる描画処理が実行される仕組みです。また，基底クラス GameElem には，共通する処理として set_pos メソッドが用意されており，派生クラスである各キャラクタの move メソッド内から，継承されたメソッドとして活用しています。

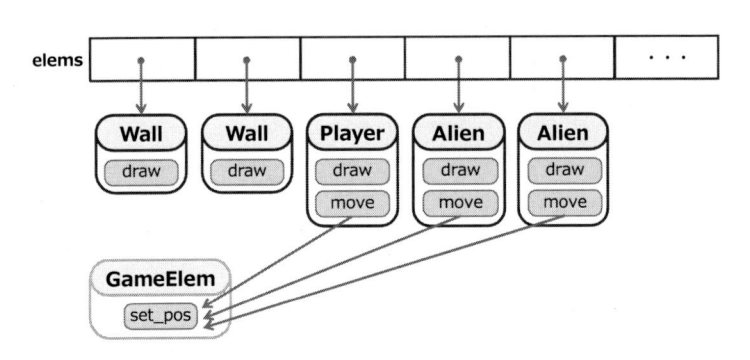

図 6-11　コレクション変数と派生クラスの活用

　ゲームの基盤となるプログラムは出来上がりましたので，次章では NPC の動作をやや知的にするための機能を追加してみましょう。

第 7 章　自律行動と追跡

7.1　パンくず拾い

❏ 手掛かりを見つけて追跡する

　NPC にプレイヤーを追跡する機能を実装してみましょう。パンくず拾い（Breadcrumb Path finding）は，プレイヤーの通過後に残された痕跡をたどるアルゴリズムです。

　パンくずは，足跡などの痕跡を意味しており，図 7-1 のようにプレイヤーの移動後に一定の距離（個数）のパンくずが残るようにします。NPC は普段はランダムに動き，パンくずのあるユニットに来ると，そこからパンくずのあるユニットを優先的に選択して移動していくことで，プレイヤーを追跡することができます。

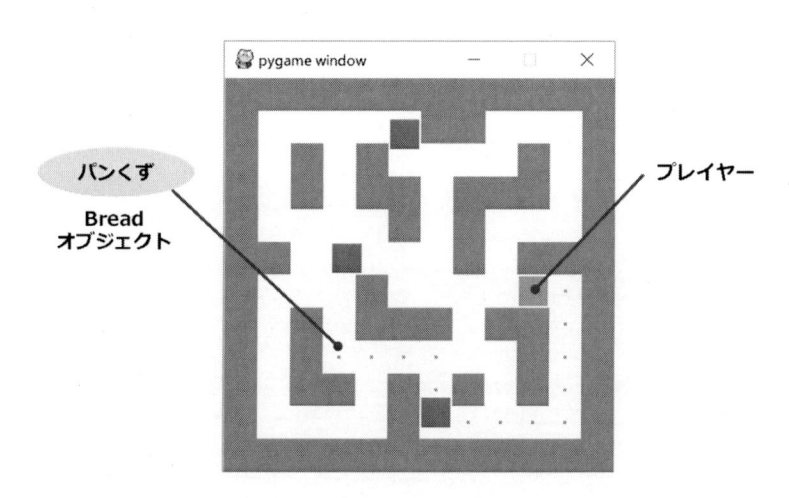

図 7-1　パンくず拾い機能によるゲームプログラムの実行画面

❑ プログラムの準備

　本章のプログラムは，前章の GameApp プログラムをベースに作成します。今回は ex06 フォルダから ex07 フォルダに GameApp.py, GameMap.py, GameElem.py, Player.py, Alien.py をコピーして使用します。準備ができたら，本テーマである「パンくず拾い」の GameApp2 プログラムを作成していくことにします。

❑ パンくず拾い探索エンジンクラス

　リスト 7-1 のパンくず拾い探索エンジンクラスを作成します。

リスト 7-1　Breadcrumbs.py　パンくず拾い探索エンジンクラス

```python
import sys, os
sys.path.append('../')
import pygame
from pygame.locals import *
from GameApp2 import *
from GameElem import *

# 位置情報クラス
class Pos:
    def __init__(self, r, c):
        self.r = r
        self.c = c

    def equals(self, p):
        return self.r == p.r and self.c == p.c

# パンくずキャラクタクラス
class Bread(GameElem):
    BREAD = -1    # パンくず

    def __init__(self, game):
        GameElem.__init__(self, game)
        self.typ = Bread.BREAD
        self.set_pos(-100, -100)     # 見えない場所に置いておく

    def draw(self):
        pygame.draw.rect(self.game.screen, (100, 149, 237),
                         (self.x - 2, self.y - 2, 4, 4))
```

```python
# パンくず拾いクラス
class Breadcrumbs(object):
    def __init__(self, len, game):
        self.queue = []                      # パンくずの位置リスト
        self.dir_offset = [[1, 0], [0, 1], [-1, 0], [0, -1]]
        self.try_plan = [0, 1, 3, 2]    # 前, 右, 左, 後の順で調べる
        self.len = len
        self.game = game
        self.bread = []
        for i in range(len):
            self.bread.append(Bread(game)) # Breadオブジェクトを複数生成
        # パンくずマップ作成（行, 列）
        self.map = [[0 for i in range(GameMap.r)]
                       for j in range(GameMap.c)]

    def drop(self, r, c): # パンくずを落とす
        if len(self.queue) > 0:
            last = self.queue[-1]
            if r == last.r and c == last.c: # 移動していない
                return
        if len(self.queue) >= self.len:      # パンくず長さを超えたら
            pos = self.queue.pop(0)          # 古い位置を取り出して
            self.map[pos.r][pos.c] = 0       # マップから消す
        p = Pos(r, c)
        if self.map[r][c] != 0:
            idx = -1
            i = 0
            while i < len(self.queue):
                if self.queue[i] == p:
                    idx = i
                i += 1
            if idx != -1:
                self.queue.pop(idx) # 既にあればまず消す
        self.queue.append(p)         # 新たな位置をリストに追加
        self.map[r][c] = 1           # マップに置く
        self.plot_bread()            # グラフィックス要素の位置設定

    def trail(self, r, c, dir): # パンくずの方向を探す
        for i in range(4):
            try_dir = (dir + self.try_plan[i]) % 4
            if self.map[r + self.dir_offset[try_dir][1]] ¥
                    [c + self.dir_offset[try_dir][0]] == 1:
                return try_dir   # 見つかった方向を返す
```

```
        return None              # 見つからなかった

    def plot_bread(self): # グラフィックス要素位置設定
        for i, p in enumerate(self.queue):
            x = int((p.c + 0.5) * self.game.uw)
            y = int((p.r + 0.5) * self.game.uh)
            self.bread[i].set_pos(x, y)
```

　Pos クラスは位置情報のデータ構造用です。また Bread クラスはパンくず 1 つ
を表し，他のキャラクタと同様に GameElem から派生させ，描画用の draw メソ
ッドを実装します。

　Breadcrumbs クラスには，図 7-2 のようにパンくずマップの変数 map，パンく
ずのルートを表現した変数 queue を用意します。map は 2 次元配列でパンくずの
有無を記録します。queue はリストで各要素には位置情報 Pos クラスを使用しま
す。パンくずは古いものを消して新しいものを追加していきます。パンくずの長
さを一定に保つには，パンくずリスト queue の末尾にパンくずを追加し，同時に
先頭から古いパンくずを取り除きます。この操作は，キュー構造の操作方法であ
る FIFO（First In First Out，先入れ先出し）のデータ操作に相当します。

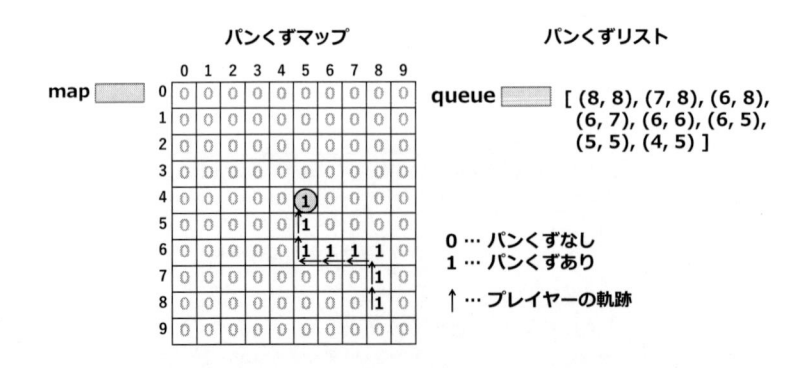

図7-2　パンくずのデータ構造

　プレイヤーがパンくずを落とす場合は，図 7-3 の drop メソッドを呼び出しま
す。queue に対し，1 個落とすたびに古いものから削除して一定の長さを保ち，
現在パンくずの落ちている位置を記録した map の内容に反映させます。パンくず

を落とす処理は，queue.append(p)によって新たな位置の Pos オブジェクト p を末尾に追加します。また，古いパンくずを消す処理は，queue.pop(0)によって先頭から 1 要素取り除くだけです。

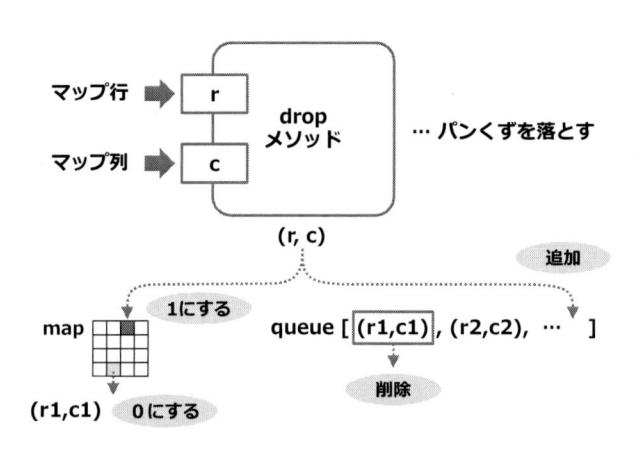

図 7-3　パンくずを落とす drop メソッド

NPC がパンくずをたどる場合は，図 7-4 の trail メソッドによって，どの方向に進めばよいか進行方向を得ます。なお，引数の dir は現在の進行方向ですが，直進移動を優先するために使う情報です。

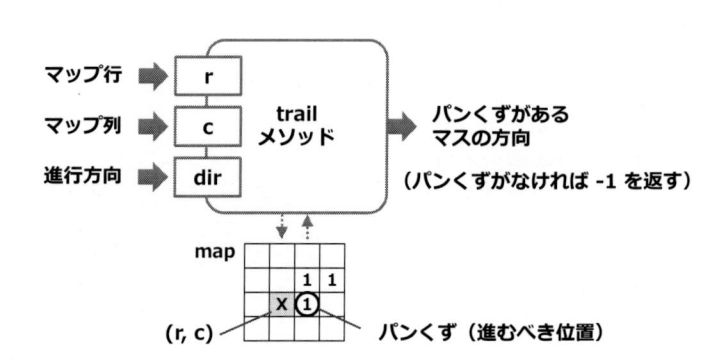

図 7-4　パンくずをたどる trail メソッド

❏ パンくず拾い探索ゲームクラス

リスト 7-2 のパンくず拾い探索ゲームクラスを追加します。その Game2 クラスはベースとなる GameApp プロジェクトの Game クラスを継承しています。

リスト 7-2　GameApp2.py　パンくず拾い探索ゲームクラス

```python
import sys, os
sys.path.append('../')
import pygame
from pygame.locals import *
from threading import Thread
import time
import math
from GameApp import *
from GameMap import *
from GameElem import *
from Player import *
from Alien import *
from Breadcrumbs import *

# パンくず機能を追加したゲームクラス
class Game2(Game):
    def init_game_elems(self):
        self.map = GameMap().make_map()
        self.breadcrumbs = Breadcrumbs(15, self)     # パンくずリスト作成
        self.add_elems_from_map()
        self.add_elems_from_list(self.breadcrumbs.bread)
        self.sort_elems({GameElem.WALL: 1,            # 描画順の設定
                         Bread.BREAD: 2,
                         GameElem.ALIEN: 3,
                         GameElem.PLAYER: 4})

    def make_elem(self, typ):     # キャラクタ生成
        if typ == GameElem.PLAYER:
            return BreadPlayer(self)      # 新たなプレイヤークラスで生成
        elif typ == GameElem.ALIEN:
            return BreadAlien(self)       # 新たな敵クラスで生成
        else:
            return Game.make_elem(self, typ)     # 他は従来の生成法

# パンくず機能を追加したBreadPlayerクラス
class BreadPlayer(Player):
```

```
    def move(self):
        Player.move(self)
        if self.reached:      # ユニットを移動したらパンくずを落とす
            self.game.breadcrumbs.drop(self.r, self.c)

# パンくず機能を追加したBreadAlienクラス
class BreadAlien(Alien):
    def next_move(self):
        self.next_move_bread()

    def next_move_bread(self):   # パンくず探索による移動
        if self.reached:              # 別ユニットにぴったり到達した場合
            try_dir = ¥
                self.game.breadcrumbs.trail(self.r, self.c, self.dir)
            if try_dir is not None: # パンくず発見
                self.next_dir = try_dir
            else:                    # それ以外はランダム方向転換
                if random.random() < 0.005:
                    self.next_dir = ¥
                        int(self.dir + (1 + random.random() * 3)) % 4
                else:
                    self.next_dir = self.dir
        else:
            self.next_dir = self.dir

if __name__ == "__main__":
    Game2()            # Game2オブジェクト生成
```

　GameApp2 クラスでは Breadcrumbs(15, self)によって，長さ 15 のパンくず
オブジェクトを生成します。キャラクタ生成処理の make_elem 内では Player を
BreadPlayer に，Alien を BreadAlien に置き換えています。新たに定義した
BreadPlayer，BreadAlien の両クラスは，それぞれ Player と Alien クラスを
継承します。そのうえで，BreadPlayer にはパンくずを落とす機能を，また
BreadAlien にはパンくずを追跡する機能を実装しています。

　BreadPlayer クラスでは移動時にパンくずを落とすので，move メソッドをオ
ーバーライドして Breadcrumbs クラスの drop メソッドを呼び出します。また
BreadAlien クラスでは移動時にパンくずをたどるので，移動方向を決定する
next_move メソッドをオーバーライドし，next_move_bread メソッド経由で
Breadcrumbs クラスの trail メソッドを呼び出しています。

　本バージョンでは，NPC はパンくずの新しさまでは判定しないため，逆方向に向かって追跡する場合があります。また，追跡中に他の NPC と衝突すると，はじかれてパンくずルート上から離脱するケースも見られます。

7.2　A*アルゴリズム

❏ ターゲットまでの最適ルート

　ターゲットまでの複数のルートから最適ルートを求める手法に A*（A スター，A-star）アルゴリズムがあります。これは目標位置へ最も少ない手順で到達できる最短ルートを探索するアルゴリズムです。

　この機能を NPC の一つに装備し，図 7-5 のようにプレイヤーを最適ルートで追跡するようにします。しかし，プレイヤーは常に移動しているため，それに応じて最適ルートも再探索する必要があります。さらに，他の NPC が追跡ルート上に移動してきたら，道が塞がってしまいルートが無効となってしまいます。このようなリアルタイムに状況変化する動的なマップ状態に対し，定期的な最適ルート探索の実行による継続的な追跡機能を実装します。

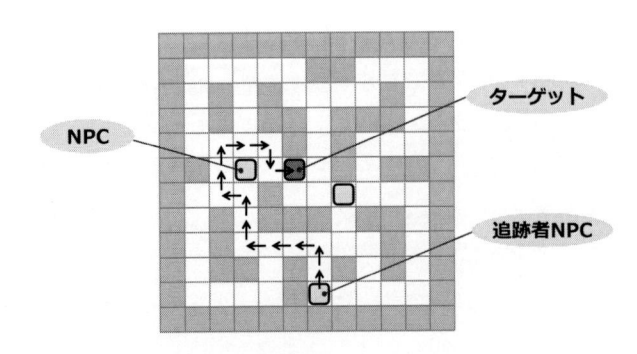

図 7-5　A*アルゴリズムによる最適追跡ルート

　今回は，追跡者 NPC が 1 ユニット進むたびに最適ルートを再計算するようにし

ます。追跡者 NPC には，A*アルゴリズムエンジンを装備し，どの方向へ移動すべきかを A*アルゴリズムで得た最適ルートから決定します。A*アルゴリズムは，以下のような初期設定および繰り返し処理による手順で最適ルートを探索します。

【初期設定】

- 最初に，現在位置のユニットを open リストに入れ，open 状態にする。

【繰り返し処理】

- open リストから，中心ユニットを選ぶ。複数ある場合は，最小コストのものを選ぶ。
- 中心ユニットを open リストから削除し，closed 状態にする。
- 中心ユニットに隣接し，かつ移動可能で，かつ未 open 状態のユニットを選ぶ。
- 選んだ隣接ユニットについて，コストを計算する。
- 選んだ隣接ユニットを，open リストに入れ，open 状態にする。
- 選んだ隣接ユニットには，移動元として中心ユニットを記憶させておく。

はじめに，まず図 7-6 のように追跡者 NPC のいるユニットをスタート（S），プレイヤーのいるユニットをゴール（G）とし，初期設定として S のユニット位置を open リストに追加し，S のユニットを open 状態にします。

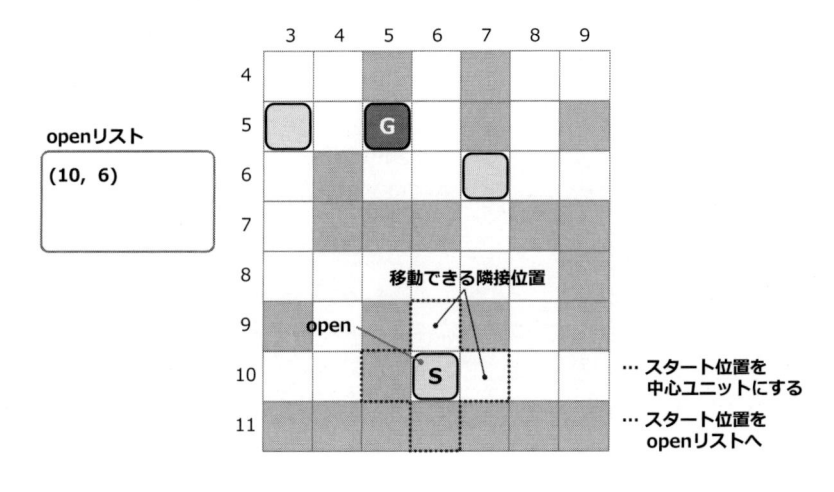

図 7-6　ルート探索（初期状態）

　プログラムでは，open リスト用にリストデータを用意し，さらにユニットの open 状態を記憶するためにマップと同サイズの配列を用意しておきます。毎回の繰り返し処理において，次はどの方向を探索すべきかを決める際，その調査候補となるのが open リストです。open リストへ追加されるものは，中心ユニットから移動可能な隣接ユニット（図 7-6 では S の上と右）です。open リストには複数のユニットが溜まっていき，そこから最適なものを中心ユニットとして選択しますが，最適である基準として，G までの移動コストに注目します。

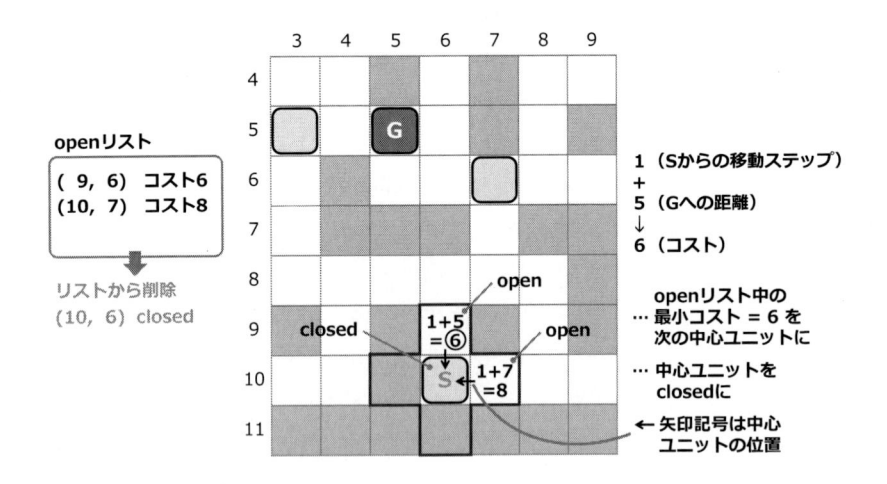

図 7-7　ルート探索（ステップ 1）

　図 7-7 は，最初の探索ステップです。open リストからユニットを取り出して，中心ユニットとします。最初は open リストに S のユニット 1 つしか入っていないのでそれが中心ユニットです。中心ユニット(10,6)は，open 状態から closed 状態に変更し，open リストから削除します。次に，そこから移動できる隣接ユニットについて調べていきますが，中心ユニットの S に対し，隣接ユニットは S の上下左右の十字位置のうち，壁や他の NPC がいなくて空いている道のユニットが対象となります。この場合は S の上と右の隣接ユニットです。これらについて，コストを計算します。コストは，S からの移動ステップ数＋G への距離（壁，他の NPC は無視）で求め，それぞれ 1+5=6 と 1+7=8 となります。G への距離計算は

ヒューリスティック関数と呼ばれます。ヒューリスティクス（heuristics，発見的知識）とは，正解はわからなくても正解に近い値を求める経験的，発見的な方法を使うことを意味し，今回はゴールまでの推定値を発見的に求めます。これらの対象ユニットは open 状態にし，open リストに追加します。さらに，中心ユニットを移動元として記憶します（図の矢印が移動元を表している）。

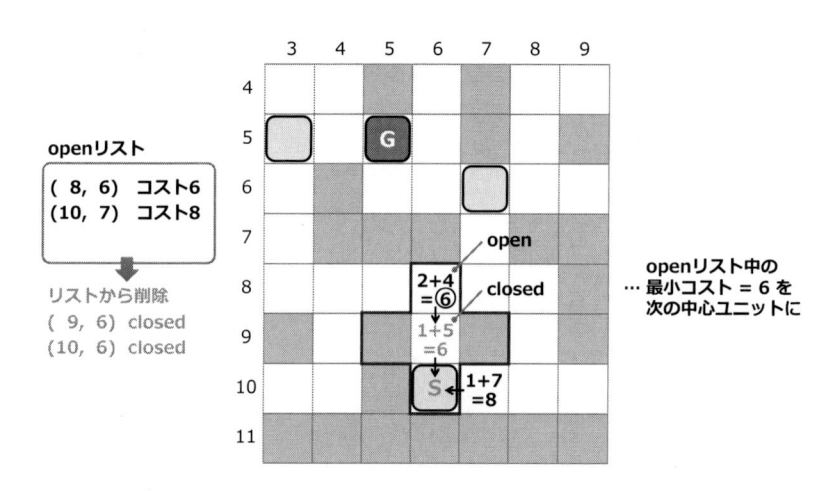

図7-8　ルート探索（ステップ2）

　図 7-8 の次のステップでは同様の操作を行います。まず open リストから中心ユニットを取り出します。新たな中心ユニットは現在の open リストでコストが最小のものを選びます。この場合，ユニット(9,6)がコスト=6 で最小となります。これを中心ユニットとし，中心ユニット(9,6)を closed 状態にして open リストから削除します。そして隣接ユニットは移動可能かつ未 open のものを選びます。今回はユニット(8,6)の 1 個です。選んだ隣接ユニットに対し，コスト計算（2+4=6），open 状態へ変更，open リストへ追加，移動元の記憶を行います。
　図 7-9 のステップも同様です。現在の open リストの最小コスト（=6）のユニット(8,6)を中心ユニットに選び，これを open リストから削除して closed 状態へ変更します。そして隣接ユニットの移動可能かつ未 open ユニットを選び，コスト計算，open へ変更，open リストへ追加，移動元の記憶を行います。

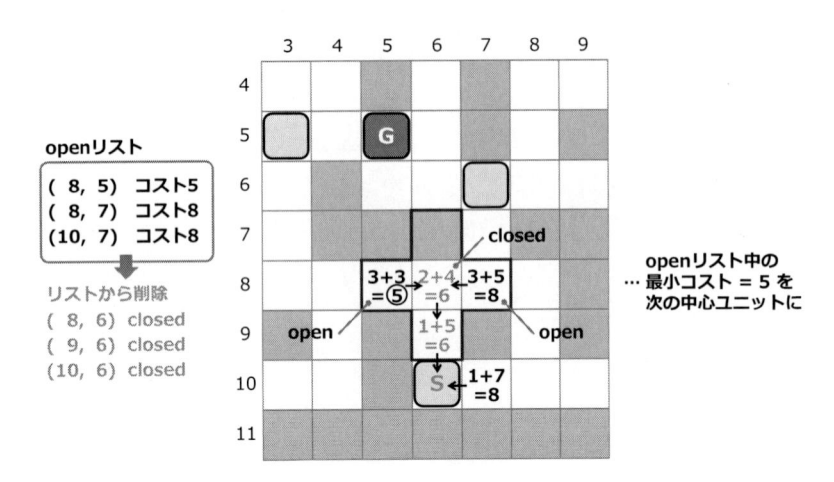

図 7-9　ルート探索（ステップ 3）

　以上のような探索ステップを，G までの距離が 1 になるまで繰り返していきます。図 7-10 は最終ステップの状態です。

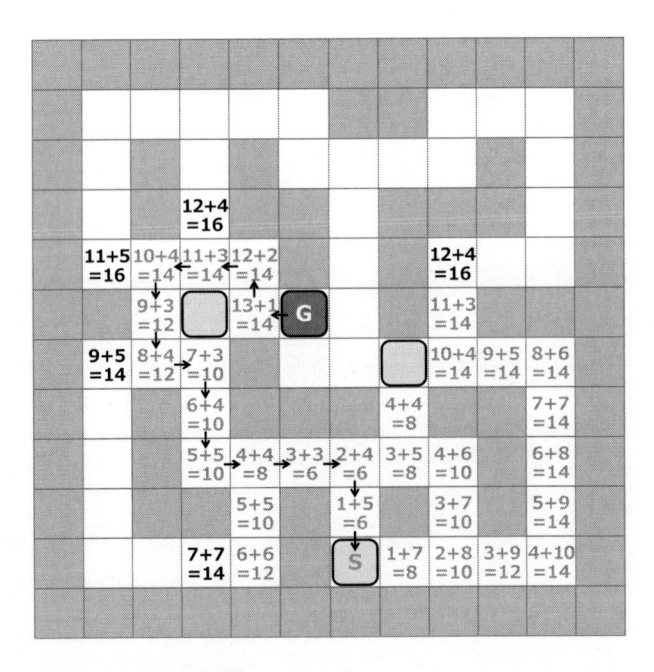

図 7-10　ルート探索（ゴール到着）

　これまでのステップの繰り返しでは，中心ユニットを closed 状態にすることで通過済みルートとし，隣接ユニットはそこから移動可能なルートとして選択しました。このとき open 済みのユニットは重複処理しないように未 open のユニットを対象としています。そして次なる移動先である中心ユニットは，最小コストによって決定しています。コストは S から何ユニット移動してきたかと G までの概算距離を加算します。これによって最短と思われるルートを優先的に調べていきます。

　最終的に G の手前まで来ると G までの概算距離が 1 なので，コストは S から G への最小実移動数となり，これが最適ルートを意味します。仕上げとして記憶しておいた移動元ユニット（矢印マーク）をたどって S まで戻ればその道筋が最適ルートとして得られます。図 7-10 の最終作業状態を見ると，コスト計算においてゴールへの推定値をもとに最短距離を優先的に調べていくので，無駄なマスは調べていないことがわかります。

❏ A*アルゴリズム追跡エンジンクラス

　図 7-11 は，A*アルゴリズムによるゲームプログラム GameApp3 の完成形の実行画面です。追跡機能を実装した NPC によって常にプレイヤーが追われます。

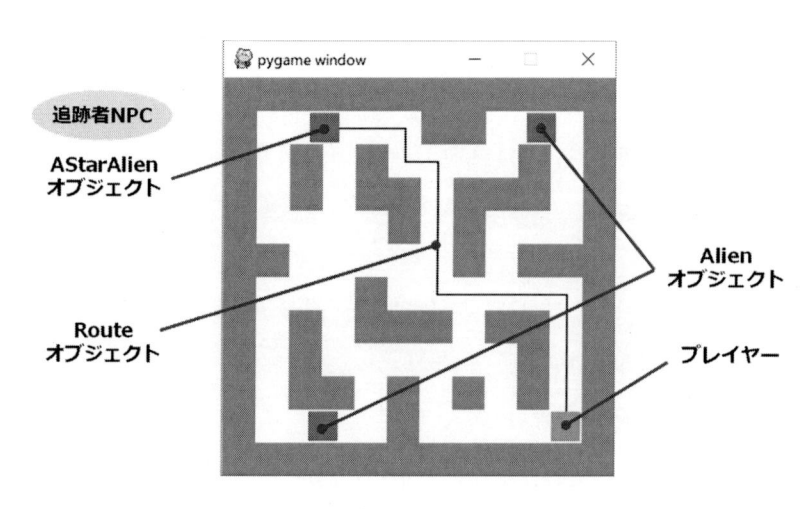

図 7-11　A*アルゴリズム追跡ゲームプログラムの実行画面

　A*アルゴリズムの機能を装備した **NPC** は **AStarAlien** クラスとして作り，追跡
状態がわかるように追跡ルートも表示します。リスト **7-3** は，本ゲームのコアと
なる A*アルゴリズム追跡エンジンです。構成部品として，追跡ルート表示用の
Route クラス，ユニット情報を記憶するための **AStarUnit** クラス，そして A*ア
ルゴリズムエンジンの **AStar** クラスを作成します。

リスト 7-3　AStar.py　A*アルゴリズム追跡エンジンクラス

```python
import sys, os
sys.path.append('../')
import pygame
from pygame.locals import *
from threading import Thread
import time
import math
from GameElem import *
from GameMap import *

# Routeキャラクタクラス
class Route(GameElem):
    ROUTE = -2        # Routeキャラクタタイプ

    def __init__(self, game):
        self.typ = Route.ROUTE
        self.game = game
        self.points = None       # 描画用のルート座標
        self.dx = game.uw / 2    # ユニット中心距離
        self.dy = game.uh / 2

    def set_target(self, alien, player): # 追跡者と追跡対象を設定
        self.alien = alien        # 追跡者(描画時に座標参照)
        self.player = player      # 追跡対象(描画時に座標参照)

    def set_points(self, list):
        n = len(list) if list != None else 0
        if n > 1:
            self.points = []
            for i in range(n):
                u = list[i]
                x = self.game.uw * u.c + self.dx
                y = self.game.uh * u.r + self.dy
                self.points.append([x, y])
```

```python
        else:
            self.points = None

    def draw(self):
        if self.points != None: # ルートがあれば描画する
            n = len(self.points)
            # 追跡者の中心座標
            self.points[n-1][0] = self.alien.x + self.dx
            self.points[n-1][1] = self.alien.y + self.dy
            # 追跡対象の中心座標
            self.points[0][0] = self.player.x + self.dx
            self.points[0][1] = self.player.y + self.dy
            pygame.draw.lines(self.game.screen, (0, 0, 0), False,
                              self.points, 2)

# A*用ユニット情報クラス
class AStarUnit:
    def __init__(self, r, c):
        self.open = 0        # オープン状態
        self.total_cost = 0 # コスト
        self.movement = 0    # スタートからの移動数
        self.distance = 0    # ゴールまでの距離
        self.frm = None      # どこから来たか
        self.r = r           # ユニット位置
        self.c = c

    def calc_cost(self, target_r, target_c):    # コスト計算
        self.movement = abs(self.r - self.frm.r) + ¥
                        abs(self.c - self.frm.c) + self.frm.movement
        self.distance = abs(self.r - target_r) + ¥
                        abs(self.c - target_c)
        self.total_cost = self.movement + self.distance

# A*アルゴリズムエンジンクラス
class AStar:
    def __init__(self, game, alien):
        self.astar_dir = [[-1, 0], [1, 0], [0, -1], [0, 1]]
        self.open_list = []      # オープンリスト
        self.game = game
        self.route = Route(game)
        self.astar_map = [[AStarUnit(i, j) ¥
                          for j in range(GameMap.c)] ¥
                              for i in range(GameMap.r)]
```

```python
    def resolve(self, a, p):
        if self.resolve_route(a.r,a.c,p.r,p.c): # 最適解探索が成功すれば
            list = []
            unit = self.astar_map[p.r][p.c]      # 目的地点
            while not (unit.r==a.r and unit.c==a.c): # 開始地点まで遡る
                list.append(unit)           # 最適ルートに追加
                unit = unit.frm             # ルートを遡る
            self.route.set_points(list) # ルートの座標を設定
            return list[-1]                 # 最適ルートの1歩目を返す
        else:
            self.reset()    # ルートをリセット
            return None     # 解なし

    def reset(self):
        self.route.set_points(None) # ルートの座標を空に

    def movable(self, r, c): # 移動可能か調べる
        if self.game.map[r][c] == GameElem.WALL:
            return False
        for e in self.game.elems:
            if e.typ == GameElem.ALIEN and e.r == r and e.c == c:
                return False
        return True

    def min_by_cost(self):
        m = None
        for u in self.open_list:
            if m is None or m.total_cost > u.total_cost:
                m = u           # コストの小さい方を採用
        return m

    def resolve_route(self, start_r, start_c, target_r, target_c):
        for us in self.astar_map:
            for u in us:
                u.open = 0                      # 未オープンにしておく
        unit = self.astar_map[start_r][start_c]     # 開始ユニット
        unit.open = 1                           # オープンにする
        self.open_list.clear()
        self.open_list.append(unit)             # オープンリストに入れる
        while len(self.open_list) > 0:
            min_unit = self.min_by_cost()   # 最小コストのものを選択
            if min_unit.r == target_r and min_unit.c == target_c:
                return True
            min_unit.open = -1                  # クローズドにする
```

```
            self.open_list.remove(min_unit) # オープンリストから削除
            n = len(self.astar_dir)
            for i in range(n):                # 周囲のユニットを調べる
                r = min_unit.r + self.astar_dir[i][0]
                c = min_unit.c + self.astar_dir[i][1]
                if r >= 0 and c >= 0 and ¥
                    r < GameMap.r and c < GameMap.c:
                    around = self.astar_map[r][c]
                    if around.open == 0 and self.movable(r, c):
                        # オープンにし，オープンリストに追加
                        around.open = 1
                        self.open_list.insert(0, around)
                        # どこから来たか記憶し，コスト計算
                        around.frm = min_unit
                        around.calc_cost(target_r, target_c)
        return False
```

Route クラスは GameElem クラスを継承しており，これもキャラクタ同様の扱いとしています。他のキャラクタとの違いは，移動しないこと，図形がポリゴン（道筋を表す折れ線）であることなどです。配列変数 points は，A*アルゴリズムで得られた最適ルート（軌跡）を格納しており，描画用の draw メソッドでは pygame.draw.lines 関数で points の軌跡をグラフィックス表示します。

ユニット情報の AStarUnit クラスは 1 ユニット分の情報であり，変数として open 状態（open），コスト値（total_cost），移動元ユニット（fro）を含みます。また，calc_cost メソッドはそのユニットのコスト計算を行います。

A*アルゴリズムエンジンの AStar クラスには AStarUnit オブジェクトの 2 次元配列（astar_map），open リスト（open_list）を含みます。resolve メソッドは追跡者の現在位置からターゲットであるプレイヤーまでの最適ルートを変数 route に求め，進むべき 1 歩目のユニット情報を返します。その下請けメソッドの resolve_route では，A*アルゴリズムによってオープン，クローズ，コスト計算の処理を行います。

❑ A*アルゴリズム追跡ゲームクラス

リスト 7-4 の A*アルゴリズム追跡ゲームプログラム GameApp3 を作成します。ここではゲームクラスの Game3，追跡機能を実装した NPC の新バージョンである

AStarAlien クラスを作成します。

リスト 7-4　GameApp3.py　A*アルゴリズム追跡ゲームプログラム

```python
import sys, os
sys.path.append('../')
import pygame
from pygame.locals import *
from threading import Thread
import time
import math
from GameApp2 import *
from GameMap import *
from GameElem import *
from Player import *
from Alien import *
from AStar import *

# A*アルゴリズムを追加したゲームクラス
class Game3(Game):
    def init_game_elems(self):
        self.map = GameMap().make_map()
        self.astar_alien = None
        self.add_elems_from_map()
        self.add_elems(self.astar_alien.astar.route) # 追跡ルートを追加
        self.astar_alien.init_target(self)           # 追跡対象の設定
        self.sort_elems({GameElem.WALL: 1,           # 描画順の設定
                         Route.ROUTE: 2,
                         GameElem.ALIEN: 3,
                         GameElem.PLAYER: 4})

    def make_elem(self, typ): # キャラクタ生成
        if typ == GameElem.PLAYER:
            return Player(self)              # ノーマルのプレイヤークラスを使用
        elif typ == GameElem.ALIEN:
            if self.astar_alien == None:            # 追跡者がまだいなければ
                self.astar_alien = AStarAlien(self,None) # 追跡者を作成
                return self.astar_alien
            else:
                return Alien(self)                  # 普通のNPCを作成
        else:
            return Game.make_elem(self, typ)     # 他は従来の生成法

# A*機能を持つAStarAlienクラス
```

```python
class AStarAlien(BreadAlien):
    def __init__(self, game, bread):
        BreadAlien.__init__(self, game)
        self.target_player = None          # 追跡対象
        self.astar = AStar(game, self)      # A*エンジン作成

    def init_target(self, game):
        for e in self.game.elems:
            if e.typ == GameElem.PLAYER:
                self.target_player = e      # 追跡対象設定
        # ルートに追跡者と追跡対象を設定
        self.astar.route.set_target(self, self.target_player)

    def get_dir(self, next_r, next_c):  # 行と列から方向を得る
        self.dy = next_r - self.r
        self.dx = next_c - self.c
        n = len(self.dir_offset)
        for i in range(n):
            if self.dir_offset[i][0] == self.dx and ¥
                self.dir_offset[i][1] == self.dy:
                return i
        return -1

    def next_move(self):
        self.next_move_a_star()

    def next_move_a_star(self): # A*アルゴリズムによる移動
        if self.reached: # 別ユニットに移動するとき再探索
            self.next_dir = -1
            # 最適ルート探索
            unit = self.astar.resolve(self, self.target_player)
            if unit != None:          # 最適ルート発見
                self.next_dir = self.get_dir(unit.r, unit.c)
            if self.next_dir == -1: # 他のNPCにさえぎられてルートが無い
                self.next_move_random()      # ランダム方向転換
        else:
            self.next_dir = self.dir

if __name__ == "__main__":
    Game3()                # Game3オブジェクト生成
```

Game3 クラスでは，make_elem メソッドをオーバーライドし，キャラクタのオブジェクト生成方法を変更します。今回は NPC の 1 つだけを，追跡機能を持つ

AStarAlien クラスで生成し，残りの NPC はノーマルの Alien クラスで生成します。そして，init_game_elems メソッドをオーバーライドし，AStarAlien で生成された追跡者 NPC に対し，init_target メソッドでターゲットのキャラクタを設定します。ターゲットとは，すなわち Player です。

　AStarAlien クラスは基本機能を前バージョンの BreadAlien クラスから継承します。これは，次節でパンくず追跡と A*アルゴリズムの両方の機能を有した NPC を作るためです。パンくずと A*の各エンジン部分をクラスとした場合，2 つのクラスから継承する，いわゆる多重継承となってしまいます。今回はプログラムをシンプルにするために，パンくず NPC から派生した A*NPC，A*NPC から派生した新種 NPC クラスを作る予定です。

　AStarAlien クラスでは，　next_move_a_star メソッドで移動先を決定します。その際，毎回別ユニットに到着するタイミングで AStar オブジェクトの resolve メソッドを呼び出して，A*アルゴリズムによる最適ルート探索を実行します。そうして，リアルタイムに現在位置から次に進むべき方向を決定しています。

　プログラムを実行すると，変化するゲーム状況に応じて最適ルート探索が行われ，プレイヤーを追跡していきます。図 7-12 のように，最適ルートの途中を他の NPC がさえぎった場合は，すぐさま別のルートが検索されます。これは，A*アルゴリズムで隣接ユニットを選択する際，NPC のいない移動可能なユニットを選択する処理によるものです。また，他の NPC の位置によってはルートが見つからない状況も起こり得るため，そのときはランダム方向転換でノーマルに動きます。

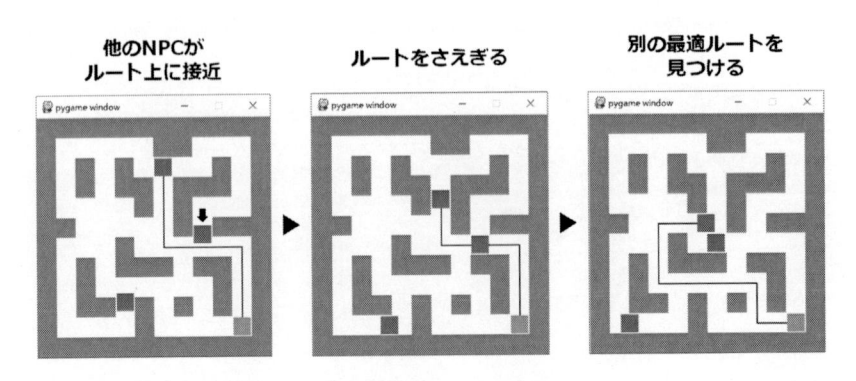

図 7-12　複数の NPC 移動状況における最適ルートの発見

　A*アルゴリズムは最適で無駄のない追跡手法なので，確実にプレイヤーに迫り，プレイヤーが移動ミスやもたついたりすると距離が縮まっていきます。他の NPC を利用するなどして，うまくかわすしかありません。このような場合，ゲームを面白くするために A*による追跡に時間制限を設ける機能，通路や障害物を移動させることができるような機能，あるいは NPC と互角以上に戦闘できる攻撃機能などを実装することで，ゲームの面白さが増していきます。

7.3　有限状態マシン

❏ NPC の自律行動システム

　さらに NPC の行動パターンにバリエーションをつけて，自律性を高めてみましょう。ここでは有限状態マシン（Finite State Machine, FSM）の手法を使います。

　有限状態マシンは，各個体がそれぞれ状態（state）を持ち，ある事象（イベント，event）によって別の状態に遷移していくしくみです。例えばターゲットのプレイヤーを追いかける「追跡」状態において「接触」というイベントが発生すると「攻撃」状態に遷移します。

　これから作るプログラムにおいて，このような状態とイベントの関係について図 7-13 のような状態遷移図（State Transition Diagram, STD）で表します。

　状態遷移図の丸記号は状態を表し，矢印はイベントと遷移先の状態を示しています。イベントにはプログラム中の変数を使った条件式を用い，energy（エネルギー）と intelligence（知性）を数値で表し，touched はプレイヤーに接触したかを真理値で表します。状態遷移は，ある状態においてイベントの条件式が真になると，矢印に従って状態を進める動作を行います。

　初期状態は MOVE（移動）状態で始まります。energy が溜まってくると SEARCH（探索）状態になります。また，intelligence が一定以上では CHASE（追跡）状態になります。そして SEARCH および CHASE 状態において energy がゼロになると，いったん MOVE 状態に遷移します。また，touched が真になると，ATTACK（攻撃）状態に遷移します。NPC が ATTACK するとエネルギーを大量に消費し，

攻撃できない ESCAPE（逃避）状態になります。ESCAPE から遷移できるのは SLEEP（休止）状態のみなので，攻撃などは行いません。ESCAPE で少し移動したのち SLEEP になり，エネルギーの回復を待ちます。その後，MOVE に戻ります。

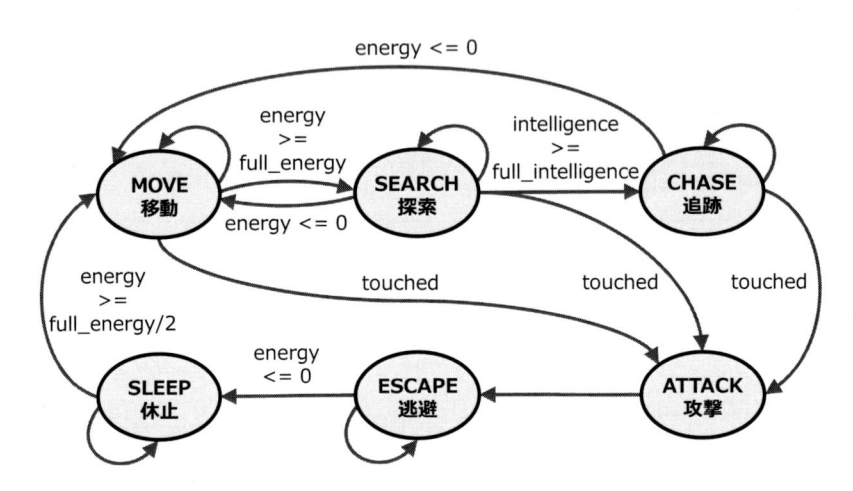

図 7-13　状態遷移図

表 7-1　各状態の動作設計

状態	攻撃に遷移可能	移動アルゴリズム	energy エネルギー	intelligence 知性
MOVE　移動	○	ランダム	+0.1（充填）	
SEARCH　探索	○	パンくず	-0.05（消費）	
CHASE　追跡	○	A*	-0.1（消費）	
ATTACK　攻撃		（停止）	-10（消費）	+1（向上）
ESCAPE　逃避		ランダム		
SLEEP　休止		（停止）	+0.1（充填）	

表 7-1 は energy と intelligence に対しどのように増減させるか，あるいは各状態で用いる移動アルゴリズムを設定したものです。一方的に攻撃し続けるよ

うな強靭な NPC だとゲームが成立しなくなるため，特性や弱点などを設定すると
より面白くなるでしょう。今回は簡易バージョンとして単純な設定にしています。
　攻撃回数が増えると intelligence が増加し，より知的な追跡手法（A*アルゴ
リズム）を用いるようになります。処理を単純にするために ESCAPE の移動アル
ゴリズにはランダムを用いていますが，例えば，移動可能ユニットのうち，プレ
イヤーからの距離が最大のものを選ぶことで，プレイヤーから離れていくような
処理にするともっと逃避らしくなります。このように，機能を追加し，状態遷移
および動作設計を自由に設定することで，ゲームがより面白くなっていきます。

❏ 有限状態マシンクラス

　「有限状態マシン」のプログラム GameApp4 を作成していきましょう。まず，
リスト 7-5 の有限状態マシンクラスを作成します。ちょうど状態遷移図をプログ
ラムで記述した形になっており，図 7-13 および表 7-1 を反映した設定です。

リスト 7-5　FSM.py　有限状態マシンクラス

```python
import sys, os
sys.path.append('../')
import pygame
from pygame.locals import *

# 有限状態マシンエンジンクラス
class FSM:
    MOVE = 1          # 移動(エネルギー貯える)
    SEARCH = 2        # 探索(エネルギーやや消費する)
    CHASE = 3         # 追跡(エネルギー消費する)
    ATTACK = 4        # 攻撃(エネルギーゼロになる, 知性上がる)
    ESCAPE = 5        # 逃避(エネルギー低下)
    SLEEP = 6         # 休止(エネルギー貯える)

    label = ["","Move","Search","Chase","Attack","Escape","Sleep"]
    font = None

    def __init__(self, game):
        self.game = game
        self.state = FSM.MOVE         # 現在の状態
        self.last_state = -1          # 最後の状態
```

```python
        self.energy = 50.0              # エネルギー
        self.intelligence = 8.0       # 知性
        self.touched = False           # 接触したか
        self.full_energy = 100         # エネルギー満タン
        self.full_intelligence = 10 # 知性高レベル
        if FSM.font is None:
            FSM.font = pygame.font.SysFont("Arial", 12)

    def draw(self, cx, cy):
        img1 = self.font.render(FSM.label[self.state],
                                True, (0, 0, 0))
        img2 = self.font.render(str(int(self.energy)),
                                True, (255, 255, 255))
        h = img1.get_height() // 2
        rect1 = img1.get_rect(center = (cx, cy - h))
        rect2 = img2.get_rect(center = (cx, cy + h))
        self.game.screen.blit(img1, rect1)
        self.game.screen.blit(img2, rect2)

    def action(self):
        self.last_state = self.state

        if self.state == FSM.MOVE:          # 移動状態のとき
            if self.touched:
                self.state = FSM.ATTACK # プレイヤーに接触したら攻撃へ

            elif self.energy < self.full_energy:
                self.energy += 0.1          # 移動中はエネルギー充てん

            elif self.energy >= self.full_energy:
                self.state = FSM.SEARCH # エネルギーが溜まったら探索へ

        elif self.state == FSM.SEARCH:      # 探索状態のとき
            self.energy -= 0.05             # 探索中はエネルギー消費
            if self.energy <= 0:
                self.state = FSM.MOVE       # エネルギー切れたら移動へ

            elif self.touched:
                self.state = FSM.ATTACK # プレイヤーに接触したら攻撃へ

            elif self.intelligence >= self.full_intelligence:
                self.state = FSM.CHASE   # 知性が高ければ追跡へ

        elif self.state == FSM.CHASE:       # 追跡状態のとき
```

```
        self.energy -= 0.1              # 追跡中はエネルギー消費
        if self.energy <= 0:
            self.state = FSM.MOVE    # エネルギー切れたら移動へ

        elif self.touched:
            self.state = FSM.ATTACK  # プレイヤーに接触したら攻撃へ

    elif self.state == FSM.ATTACK:   # 攻撃状態のとき
        self.energy = max(0, self.energy - 10) # エネルギー消費
        self.intelligence += 1          # 攻撃経験により知性を上げる
        self.state = FSM.ESCAPE         # 攻撃後は逃避へ

    elif self.state == FSM.ESCAPE:   # 逃避状態のとき
        self.energy -= 0.1              # エネルギー低下していく
        if self.energy <= 0:
            self.state = FSM.SLEEP   # エネルギー切れたら休止へ

    elif self.state == FSM.SLEEP:    # 休止状態のとき
        if self.energy < self.full_energy:
            self.energy += 0.1          # 休止中はエネルギー充てん

        if self.energy >= self.full_energy / 2:
            self.state = FSM.MOVE    # エネルギー半分溜まれば移動へ
```

❑ 有限状態マシンゲームクラス

リスト 7-6 の有限状態マシンゲームクラスを作成します。

リスト 7-6　GameApp4.py　有限状態マシンゲームクラス

```
import sys, os
sys.path.append('../')
import pygame
from pygame.locals import *
from threading import Thread
import time
import math
from GameApp2 import *
from GameApp3 import *
from GameMap import *
from GameElem import *
from Player import *
```

```python
from Alien import *
from AStar import *
from FSM import *

# 有限状態マシンを追加したゲームクラス
class Game4(Game):  # パンくずリスト
    def init_game_elems(self):
        self.map = GameMap().make_map()
        self.breadcrumbs = Breadcrumbs(15, self)      # パンくずリスト作成
        self.astar_alien = None
        self.add_elems_from_map()
        self.add_elems_from_list(self.breadcrumbs.bread)
        for a in self.aliens:
            self.add_elems(a.astar.route)             # 追跡ルートを追加
            a.init_target(self)                       # 追跡対象の設定
        self.sort_elems({GameElem.WALL: 1,            # 描画順の設定
                         Bread.BREAD: 2,
                         Route.ROUTE: 3,
                         GameElem.ALIEN: 4,
                         GameElem.PLAYER: 5})

    def make_elem(self, typ):    # キャラクタ生成
        if typ == GameElem.PLAYER:
            return FSMPlayer(self, self.breadcrumbs) # FSMプレイヤークラス
        elif typ == GameElem.ALIEN:
            return FSMAlien(self, self.breadcrumbs)  # FSM敵クラス
        else:
            return Game.make_elem(self, typ)          # 他は従来の生成法

# パンくず, 有限状態マシンをを追加したFSMPlayerクラス
class FSMPlayer(BreadPlayer):
    def __init__(self, game, bread):
        BreadPlayer.__init__(self, game)
        self.atteck_wait = 0              # 攻撃ダメージ時間

    def move(self):
        if self.atteck_wait > 0:       # 攻撃中ならば
            self.atteck_wait -= 1      # ダメージ時間をカウントダウン
            return
        BreadPlayer.move(self)

# パンくず, A*, 有限状態マシンを追加したFSMAlienクラス
class FSMAlien(AStarAlien):
    def __init__(self, game, bread):
```

```python
        AStarAlien.__init__(self, game, bread)
        self.touched_player = FSMPlayer(game, bread)    # 接触プレイヤー
        self.atteck_wait = 0                # 攻撃ダメージ時間
        self.fsm = FSM(game)                # 有限状態マシン作成
        self.text = ""                      # 状態表示用文字列

    def draw(self):
        AStarAlien.draw(self)
        self.fsm.draw(self.x + self.game.uw / 2, ¥
                      self.y + self.game.uh / 2)

    def next_move(self):        # 移動先は有限状態マシンで決定する
        self.fsm.action()               # 状態を遷移させる
        if self.fsm.state == FSM.SEARCH:
            self.next_move_bread()      # パンくず拾い
        elif self.fsm.state == FSM.CHASE:
            self.next_move_a_star()     # A*アルゴリズム
        elif self.fsm.state == FSM.ATTACK:
            self.atteck_wait = 50       # 攻撃
            self.touched_player.atteck_wait = 100
        elif self.fsm.state == FSM.SLEEP:
            pass                        # 休止中は処理なし
        elif self.fsm.state == FSM.MOVE or ¥
                self.fsm.state == FSM.ESCAPE:
            self.next_move_random()     # ランダム
        if self.fsm.last_state == FSM.CHASE and ¥
                self.fsm.state != FSM.CHASE:
            self.astar.reset()          # 追跡終了，A*アルゴリズムをリセット

    def move(self):
        if self.atteck_wait > 0:    # 攻撃中ならば
            self.atteck_wait -= 1   # ダメージ時間をカウントダウン
            return
        self.next_move()                # 次の移動先を決定
        # プレイヤーとの衝突判定
        if self.fsm.state == FSM.ESCAPE:    # 逃避中は接触無視
            self.touched_player = None
        else:
            self.touched_player = None
            for e in self.game.elems:
                if isinstance(e, FSMPlayer):
                    nx = self.x + self.dir_offset[self.next_dir][0]
                    ny = self.y + self.dir_offset[self.next_dir][1]
                    if abs(e.x - nx) < self.game.uw and ¥
```

```
                    abs(e.y - ny) < self.game.uh:
                    self.touched_player = e
        self.fsm.touched = self.touched_player is not None
        # 攻撃中か休止中は移動しない
        if self.fsm.touched or self.fsm.state == FSM.SLEEP:
            return
        self.move_exec()

if __name__ == "__main__":
    Game4()                # Game4オブジェクト生成
```

　プログラムの実行画面は，図 **7-14** のようになります。各 **NPC** には，現在の状態（Move, Search, Chase, Attack, Escape, Sleep）とエネルギーを表示させています。状態遷移によって，パンくず拾いや**A***アルゴリズムへと移動方法を変更しています。

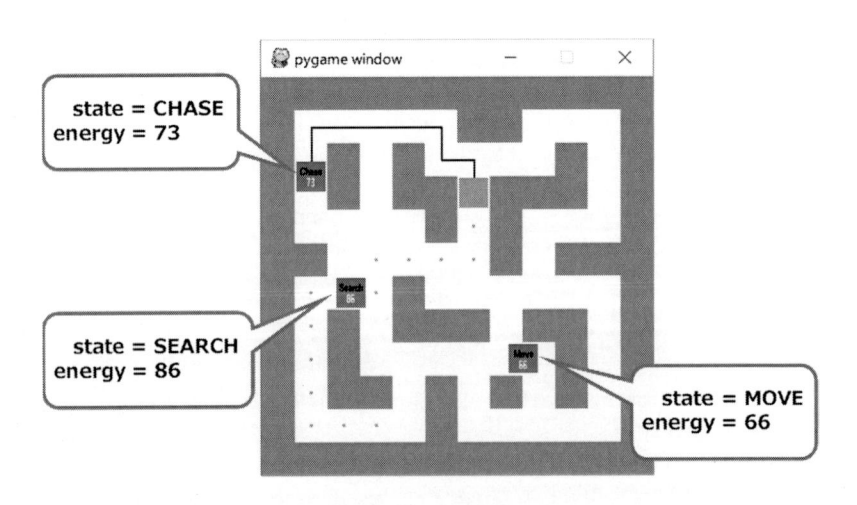

図 7-14　有限状態マシンゲームプログラムの実行画面

　FSMAlien クラスは，有限状態マシンを実装した新たな **NPC** です。移動アルゴリズムに，パンくず拾いと **A***アルゴリズムを使用するので，それらの機能を有した **AStarAlien** クラスから継承します。**FSMAlien** クラスでは有限状態マシンの **FSM** クラスのオブジェクトを変数 **fsm** として生成しており，これを次のように

next_move メソッド内で fsm.action()を呼び出して状態を遷移させ，その状態
が設定された変数 fsm.state に応じ，どのアルゴリズムで動作するかを決定して
います。例えば，SEARCH 状態ならパンくず拾いの next_move_bread メソッドを，
CHASE 状態なら A*アルゴリズムの next_move_a_star メソッドを選択します。ま
た，SLEEP 状態では移動処理はしないため pass 命令によって何も実行しません。

```python
    def next_move(self):      # 移動先は有限状態マシンで決定する
        self.fsm.action()              # 状態を遷移させる
        if self.fsm.state == FSM.SEARCH:
            self.next_move_bread()     # パンくず拾い
        elif self.fsm.state == FSM.CHASE:
            self.next_move_a_star()    # A*アルゴリズム
        elif self.fsm.state == FSM.ATTACK:
            self.atteck_wait = 50      # 攻撃
            self.touched_player.atteck_wait = 100
        elif self.fsm.state == FSM.SLEEP:
            pass                       # 休止中は処理なし
        elif self.fsm.state == FSM.MOVE or ¥
                self.fsm.state == FSM.ESCAPE:
            self.next_move_random()    # ランダム
        if self.fsm.last_state == FSM.CHASE and ¥
                self.fsm.state != FSM.CHASE:
            self.astar.reset()         # 追跡終了，A*アルゴリズムをリセット
```

　next_move メソッドを呼び出すのはオーバーライドした move メソッドです。
move 内では，まず攻撃中ならばダメージ時間をカウントダウンしていき，ゼロ
になれば攻撃中が解除されます。そして，next_move メソッドを呼び出すことで，
何らかのアルゴリズムによって次の移動先を決定します。移動先がプレイヤーと
の衝突位置であれば，FSM オブジェクトの touched 変数を True にセットしてお
きます。これで次に next_move メソッドが呼ばれたときには，touched をもとに
ATTACK 状態などに遷移するわけです。
　図 7-15 は本プログラムのクラス構成です。大規模になりましたが，オブジェ
クト指向を活用して複雑なプログラムを効率的に構築しました。

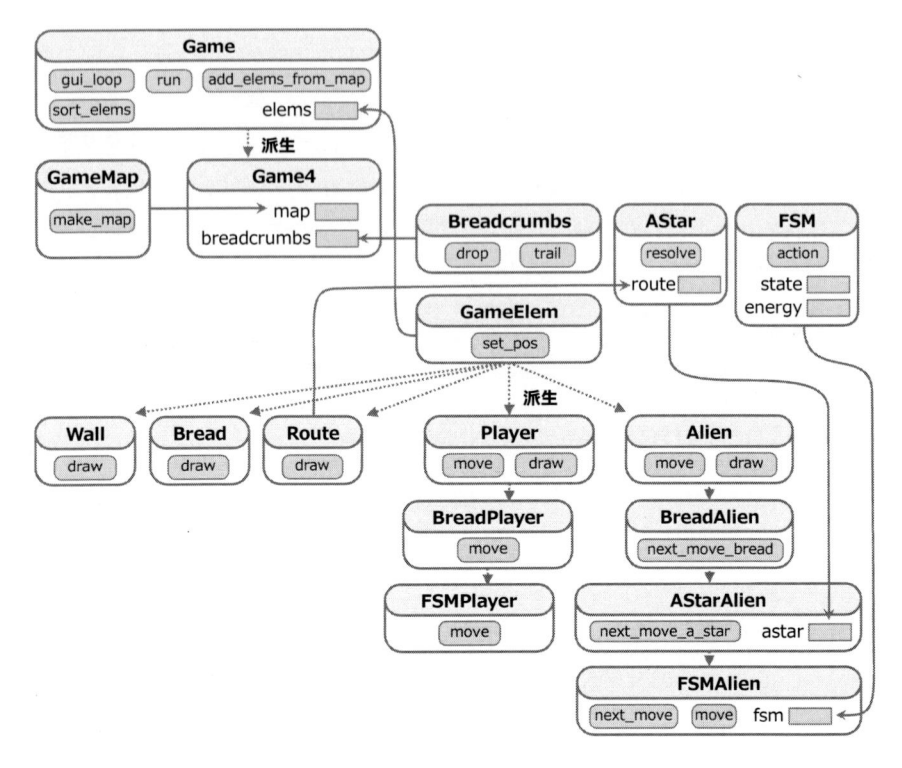

図 7-15　有限状態マシンゲームプログラムのクラス構成

第 8 章　Keras による機械学習

8.1　ニューラルネットワーク

❏ ニューロンモデル

　ニューラルネットワーク（Neural Network, NN）は人間の神経網を模倣するような情報処理システムであり，パターン認識に応用されています。

　ニューラルネットワークは，図 8-1 のようなニューロンモデル（単純パーセプトロン，Perceptron）を基本構造として，ニューロン（ユニット）をネットワーク状に結合して構成したものです。

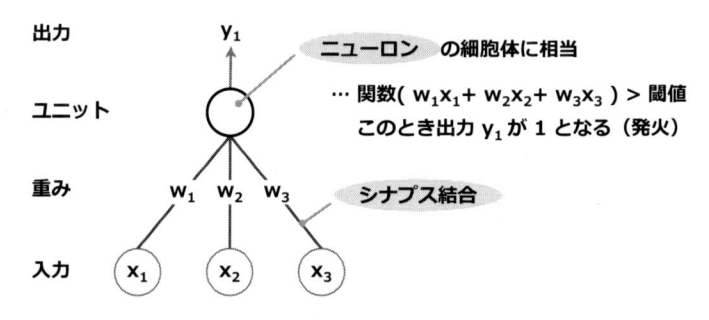

図8-1　ニューロンモデル（単純パーセプトロン）

　人間のニューロンは，核となる細胞体と複数のシナプスで構成され，他のニューロンとネットワーク状に結合しています。そして複数のニューロンから送られた信号からそのニューロンの細胞体が活性化し，いわゆる発火状態となり，これを他のニューロンへと伝えていきます。このような神経ネットワークでは，学習によって特定の刺激パターンを与えると発火して反応を示すようになります。それがパターンを学習して何であるかを判断するしくみとなるわけです。

　ニューラルネットワークの学習とは，ニューロン間を結合するシナプスの結合度合いを荷重値（重み）として最適な値を記憶することです。これを用いて，例えば信号が 0.8 で重みが 0.5 なら伝えられる信号は 0.8×0.5=0.4 になります。

❑ パーセプトロンと学習

　単純パーセプトロンの構造を持つ計算手法として，図 8-2 のロジスティック回帰（Logistic regression）モデルがあります。これは複数の変数（入力）から発生確率（出力）を予測する手法であり，例えば商品 A，B を購入した客が商品 C を購入する確率は？といった複数の変数に対する回帰分析（変数の関係性から値を予測すること）です。

　ロジスティック回帰の構造は単純パーセプトロンであり，出力計算にはロジスティック曲線の出力が得られるシグモイド関数（Sigmoid function）を用いて 0.0～1.0 の出力値をとります。

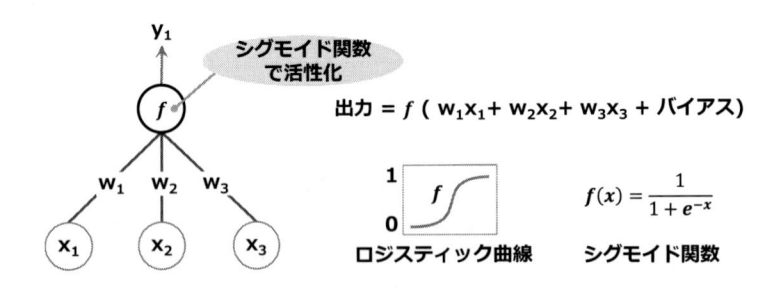

図8-2　ロジスティック回帰モデル

　これは，0 か 1 かの 2 種類の判定を行う 2 値分類（binary classification）ですが，これを発展させて複数の種類を分類する多クラス分類（multiclass classification）ができます。図 8-3 の多クラス分類では，出力ユニットを複数にしてどの出力が 1 に近いかでどのクラスであるかを分類，つまり，どのパターンであるかを認識します。出力計算には，シグモイド関数による出力の合計が 1 になるように調整するソフトマックス関数（Softmax function）を用います。

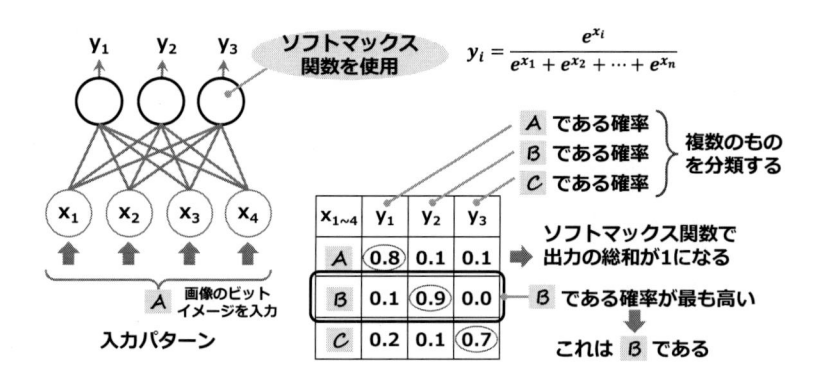

図8-3　多クラス分類するパーセプトロン

　多クラス分類では，事前に入力パターンを与えて，それが何であるかを教える（教師信号を与える）といった「学習」処理を行っておきます。学習のしかたは，図 8-4 において様々な種類のパターンを入力し，それぞれ何であるかを教えます。

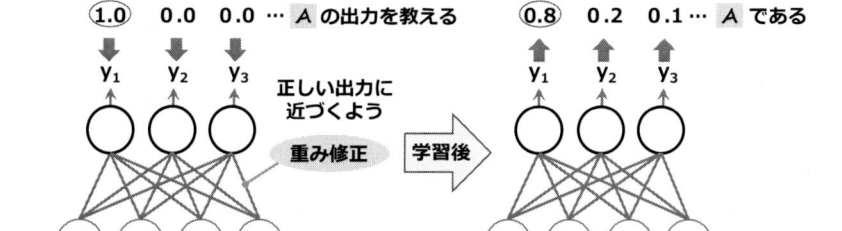

図8-4　パターンの学習と汎化能力

　これを教師あり学習といいます。「教える」というのは，正解の出力信号を与えて，それに近づくように重みの値を修正することであり，この処理を繰り返すことが「学習」に相当します。

　適切に学習を終えると，学習に使ったパターンは正しく認識できます。そしてそれらとは多少違っているパターンでも認識できることがあります。これを汎化能力（generalization ability）といい，ニューラルネットワークの重要な目的のひとつです。例えば，手書き文字は同じ人間でさえ毎回微妙に異なる文字の形を描きますが，その微妙な違いを許容して認識できる能力が汎化能力です。人間もこれと同じような能力を持っており，形や音などのパターンを認識するのに欠かせない機能です。

　ただし，学習処理を繰り返しすぎると，逆に汎化能力が失われていきます。これを過学習（overfitting）といいます。教えられたものと全く同じものは100％認識できるのに，少しでも異なると認識できなくなる極端な学習状態と言えるでしょう。

❏ 多クラス分類パターン認識プログラム

　まず，ニューラルネットワークを体験するために，簡単な数字パターンを認識するプログラムを作成します。ここからは，オブジェクト指向や関数型のスタイルは使用せず，簡潔さを重視したプログラムスタイルで記述していきます。

　リスト 8-1 は，多クラス分類によるパターン認識プログラムです。ここからは機械学習用の keras パッケージを使用します。なお，本プログラムは単純パーセプトロン構成なので，ディープラーニングとまではいかない規模です。

リスト 8-1　MulticlassApp.py　多クラス分類パターン認識プログラム

```python
import numpy as np
from keras.models import Sequential
from keras.layers import Dense, Activation
from keras.optimizers import SGD

def data_from_string(s):     # 文字列配列から整数配列に変換
    patterns = []
    for c in range(len(s[0])):  # 行ループ
        p = []
        for r in range(len(s)): # 列ループ
            p.extend(list(s[r][c]))      # 文字列を分解してリストに結合
        p = [int(x.replace(' ', '0')) for x in p]    # 空白はゼロに変換
        patterns.append(p)                    # 完成した1パターンをリストに追加
```

```
    return patterns                 # 全パターンのリストを返す

# モデル構築
model = Sequential()                # 多層モデル
model.add(Dense(4, input_dim=100))  # ユニット：4，入力：100
model.add(Activation("softmax"))    # 活性化関数：ソフトマックス関数
model.compile(
    loss="categorical_crossentropy",  # 損失関数：交差エントロピー
    optimizer=SGD(                  # 最適化手法：確率的勾配降下法
        lr=0.1))                    # 学習率

# 学習用入力データ
x = np.array(data_from_string([
    ["    11    ", "   1111   ", "   1111   ", "    11    "],
    ["    11    ", "  111111  ", "  111111  ", "   111    "],
    ["   111    ", " 11   111 ", " 11   111 ", "   111    "],
    ["   111    ", " 11   111 ", " 11   111 ", "   1111   "],
    ["    11    ", "    111   ", "    111   ", "  11 11   "],
    ["    11    ", "    11    ", "    111   ", "  11 11   "],
    ["    11    ", "    11    ", " 11   111 ", " 11111111 "],
    ["    11    ", "   111    ", " 11   111 ", " 11111111 "],
    ["    11    ", " 11111111 ", "  111111  ", "    11    "],
    ["    11    ", " 11111111 ", "   1111   ", "    11    "]
])))

# 学習用出力データ（教師信号）
t = np.array([[1, 0, 0, 0],[0, 1, 0, 0],[0, 0, 1, 0],[0, 0, 0, 1]])

# 認識テスト用入力データ
d = np.array(data_from_string([
    ["          ", "   111    ", "          ", "   111    "],
    ["    1     ", "   1111   ", "    11    ", "  11 11   "],
    ["    11    ", "    11    ", "    11    ", "    11    "],
    ["    11    ", "    11    ", "    11    ", "    11    "],
    ["   11     ", "    11    ", "    11    ", "    11    "],
    [" 11       ", "    11    ", "  11      ", "    11    "],
    [" 11  111  ", "      11  ", "  11      ", "    11    "],
    ["11111111  ", "      11  ", "  11      ", "   11     "],
    ["    11    ", "   111    ", "  11      ", "  11111   "],
    ["    1     ", "  111     ", "          ", "  11111   "]
])))

# 学習実行
model.fit(x, t,
```

```
      epochs=50,       # 学習回数
      batch_size=1,    # ミニバッチサイズ
      verbose=0)       # 途中経過の表示OFF

# 認識テスト
cls = model.predict_classes(d)   # 分類されたクラス
print("クラス分類:", cls)
pat = ["1234"[x] for x in cls]   # 0123のクラス値を1234のパターンに変換
print("認識結果:", pat)

# クラス確率
prob = model.predict_proba(d)
print(prob)
```

実行結果

```
クラス分類: [3 2 0 1]                                    … 多クラス分類結果
認識結果: ['4', '3', '1', '2']                          … パターン認識結果
[[0.10068347 0.01054144 0.02622296 0.8625521 ]         … 1パターン目の出力値
 [0.05583279 0.1560273  0.6765043  0.1116356 ]         … 2         〃
 [0.58257353 0.12380166 0.03477316 0.25885162]         … 3         〃
 [0.08376601 0.77786577 0.079073   0.05929518]]        … 4         〃
```

※実行結果に次のメッセージが表示されることがありますが，これは keras のコアとなる
tensorflow パッケージに，CPU の拡張命令（AVX2）の使用を有効にしてコンパイルされ
たバージョンを使えば，この PC では速くなりますという意味であり，無視して構いません。

```
Your CPU supports instructions that this TensorFlow binary was
not compiled to use: AVX2
```

　本プログラムの data_from_string 関数は，文字列配列から整数配列に変換す
るものです。今回，数字パターンデータをプログラムで書き表しやすいように文
字列データを使うことにしています。そのままでは学習処理に使えないため，次
のように data_from_string 関数でいったん整数データに変換し，keras で受付
可能な numpy 配列に np.array 関数で変換しています。numpy パッケージは
Python で数値計算を効率的に行うための拡張モジュールです。numpy 配列はコ
ンパイラ型言語の一般的な配列と同様にメモリの連続領域上に確保され，Python

標準のリスト（配列）に比べて高速に処理できます。Python 標準のリストは要素の追加・削除が素早くできますが，要素の参照が遅いのが欠点です。

```
# 学習用入力データ
x = np.array(data_from_string( … ))
          :

# 学習用出力データ(教師信号)
t = np.array([[1, 0, 0, 0],[0, 1, 0, 0],[0, 0, 1, 0],[0, 0, 0, 1]])

# 認識テスト用入力データ
d = np.array(data_from_string( … ))
```

変数 x は学習用の入力データ，変数 t は学習用の「正解の」出力データであり教師信号となります。また，変数 d は学習後に実際にパターン認識してみるテストデータです。学習がうまくいけばこのテストデータを正しく認識できるようになります。

多クラス分類において変数 t は図 8-5 のように One-hot 表現（One hot encoding）を用います。これは配列の 1 要素だけが 1 でそれ以外は 0 のデータ表現です。今回は，4 パターンの認識なので t[0]から t[3]の 4 要素となり，例えば t[0]はクラス 0 の数字'1'の出力を表しており，t[0]=[1,0,0,0]で要素[0]だけが 1 になっています。同様に t[3]ならクラス 3 の数字'4'の出力で，要素[3]が 1 になります。一般にニューラルネットワークのユニット出力は 0〜1 ですが，この表し方をすれば，何パターンでもシンプルに表現できるわけです。

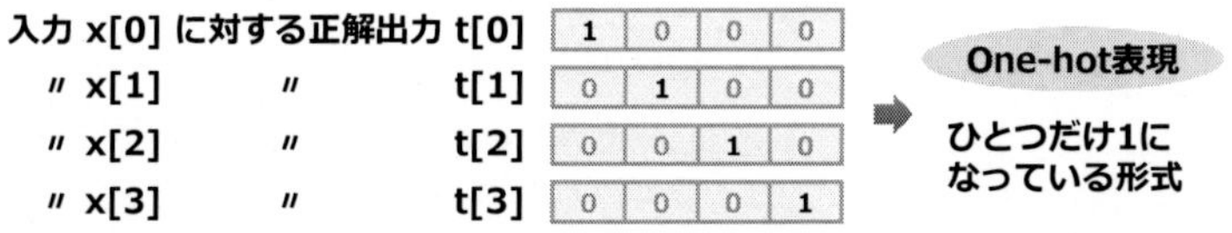

入力 x[0] に対する正解出力 t[0]	1	0	0	0	One-hot表現
" x[1] "	t[1]	0	1	0	0	ひとつだけ1に
" x[2] "	t[2]	0	0	1	0	なっている形式
" x[3] "	t[3]	0	0	0	1	

図8-5　多クラス分類の教師信号表現

ニューラルネットワークの構造を keras ではモデルと呼び，次のように add メソッドでネットワークのレイヤー（層）を構築していきます。Dense レイヤーは

通常の全結合ニューラルネットワークレイヤー（全入力と全ユニットが多対多で結合した層）であり，入力数が 100（x_1〜x_{100}），出力数つまりユニット数が 4（y_1〜y_4）となります。Activation レイヤーは活性化関数（activation function，伝達関数）の指定です。これはユニットの出力計算方法を意味しソフトマックス関数を用いています。今回は Dense 1 層によるネットワークとなります。（通常，入力，Activation などは層として数えないことが多い）

```
# モデル構築
model = Sequential()                    # 多層モデル
model.add(Dense(4, input_dim=100))      # ユニット:4, 入力:100
model.add(Activation("softmax"))        # 活性化関数:ソフトマックス関数
```

　次に compile メソッドで，どのような学習処理を行なうかを設定します。引数 loss はモデルが最小化しようとする損失関数（loss function，目的関数，誤差関数）です。これは学習中における出力と正解の違い（誤差）を表す計算方法であり，その誤差を最小化するようにネットワークの重みを修正していきます。多クラス分類の場合は多クラス交差エントロピー（categorical cross entropy）が用いられます。引数 optimizer は最適化アルゴリズムです。学習によって誤差を小さくしていく際，ちょうど曲線の極小値（最適解）に向かってどのように効率よく降下させるか，といったアルゴリズムとなります。確率的勾配降下法（Stochastic Gradient Descent, SGD）などがオーソドックスです。また，引数 lr は学習率（learning rate）であり，学習ループ 1 回における重み修正量の大きさ表します。小さな学習率で少しずつ学習させていくと安定的に誤差が減少し良好な結果が得られますが処理時間が増加します。重み修正では多数のネットワークの重みを調整するため，それらが影響し合って結果が変動します。一気に修正しようとすると失敗するので徐々に修正します。

```
model.compile(
    loss="categorical_crossentropy",    # 損失関数:交差エントロピー
    optimizer=SGD(                       # 最適化手法:確率的勾配降下法
        lr=0.1))                         # 学習率
```

　準備が整ったら **fit** メソッドによって学習を実行します。引数には，まず学習用入力データと出力データを与えます。引数 **epochs** には学習ループ回数を与えます。値の規模としては，最適な学習結果が得られるまで，数回から数万回とケースバイケースです。多すぎるとだんだん過学習になっていく場合があります。引数 batch_size は今回 1 ですが，ミニバッチ（**mini-batch**）数を指定することができます。ミニバッチとは，複数個の入力パターンによる損失（誤差）の平均値を求め，まとめて重みを修正する方法であり学習を高速化できます。また，ミニバッチ内は，重みが変動しない状況での各パターンの誤差計算には順序性がないため，データ並列（**data parallelism**）によってマルチコア **CPU** や **GPU** でさらに高速化が期待できます。

```python
# 学習実行
model.fit(x, t,
    epochs=50,          # 学習回数
    batch_size=1,       # ミニバッチサイズ
    verbose=0)          # 途中経過の表示OFF
```

　学習後に新たなパターンを認識させてみます。**predict_classes** メソッドにテスト用パターン d を与えると，どのクラスに分類されたかが得られます。クラスは 0～3 であり，それらが 1～4 の数字パターンに対応します。本プログラムでは，いちおう 1～4 の数字パターン pat に変換しています。また，**predict_proba** メソッドは，各テスト用パターン入力時における各ユニットの出力値が得られます。これはそのクラスである分類確率となります。これらのテストパターンによる認識テストは，未知のデータに対する認識能力を測る手段となります。

```python
# 認識テスト
cls = model.predict_classes(d)  # 分類されたクラス
print("クラス分類:", cls)
pat = ["1234"[x] for x in cls]  # 0123のクラス値を1234のパターンに変換
print("認識結果:", pat)

# クラス確率
prob = model.predict_proba(d)
print(prob)
```

　図 8-6 は学習完了後に 2 つの入力パターン群で認識テストした場合です。まず学習用パターンと同じものが入力されると出力もほぼ **1.0**，つまり約 **100%**の認識率です。それに対し，学習パターンと異なる新たなパターンの入力では，出力値は **1.0** から大きく低下しています。しかし多クラス分類では出力の最大値を採用するので正解になっています。

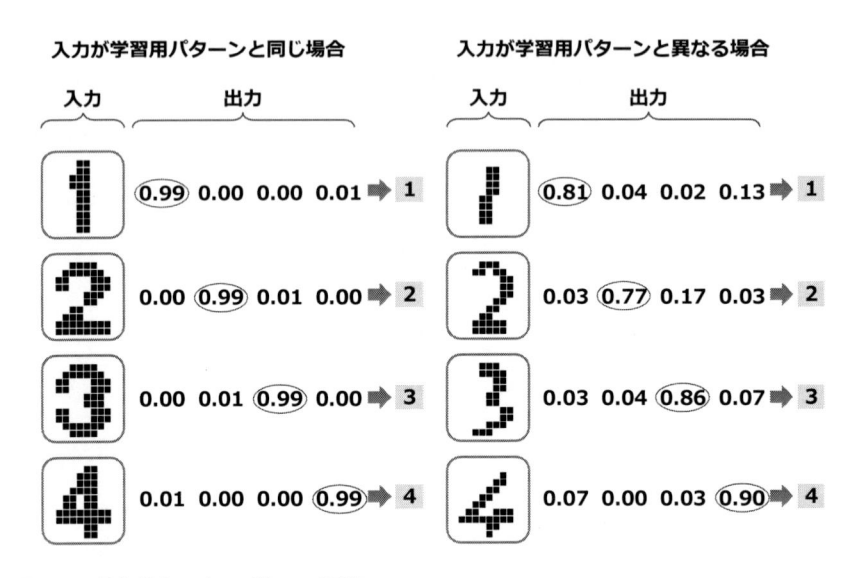

図 8-6　汎化能力によるパターン認識

　このように入力パターンが学習時とやや異なっていても，**0.8～0.9** といった高い出力値によって，結果的に何であるかを認識することができます。つまり，汎化能力を持った柔軟性のある認識が人間のように可能になるわけです。もしも，最大出力値が小さい場合は，誤認識している可能性があります。今回のようなデータでは，数字の「**1** と **4**」や「**2** と **3**」は，形が崩れると区別がつきにくくなることがあります。これは人間も機械も同じです。

　なお，図 8-6 の学習用パターンでの出力がすべて **1.00** になって誤差ゼロの学習をした場合，今度は汎化能力が低下して誤認識する可能性が高くなります。すなわち過学習です。実際の学習では，学習パターンによる誤差とテストパターンによる誤差を見て，過学習になる前で学習を止めるなどの措置が考えられます。

8.2　多層パーセプトロン

❏ 単純パーセプトロンと線形分離不可能問題

　単純パーセプトロンは，入力層と出力層で構成されますが，複数の入力ユニットの信号から 1 つの出力ユニットの結果を得る際，図 8-7 のように入出力分布図において，線を引いて結果を○と×のグループに分離することが可能であり，これを線形分離といいます。

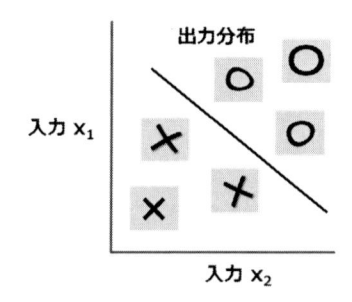

図 8-7　線形分離

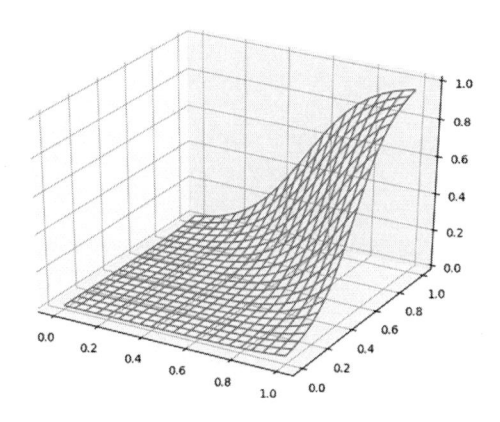

図 8-8　線形分離における入出力の 3 次元グラフ（AND 演算の例）

　直線で分離するという考え方をしますが，出力の値を考えてみると 2 つの入力による 2 次元座標に出力の次元を加えた 3 次元座標における点集合で表され，それらを 3D（曲面）グラフで表すと，図 8-8 のように面の端から逆の端まで増加し続けるような形です。ちょうど山の斜面のような感じに似ています。例えば，山の高い部分に〇，低い部分に×が位置するといった感じの入出力特性を持ちます。図 8-7 はそれを上から見ている状況です。

　ここで問題なのは，線形分離ができないケースがあることです。それは 3 次元の入出力特性が単調な山の斜面の形でない場合です。具体例として，図 8-9 は論理演算の AND（論理積）と XOR（排他論理和）をニューラルネットワークで学習する場合の入出力分布です。AND の出力分布は 0 と 1 の 2 つのパターンを分離する線が引けますが，XOR の場合は 1 本の線で分離はできません。このようなケースを線形分離不可能問題といいます。

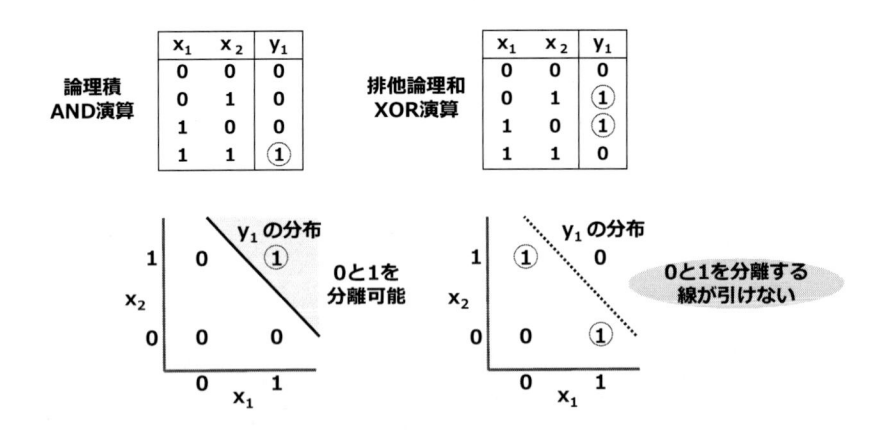

図 8-9　線形分離不可能問題

　これは，単純パーセプトロンが複雑なファンクションを学習できないという限界でもあります。単純パーセプトロンの構造では，入出力分布に線を 1 本しか描けません。線を 2 本描ければ分離できますが，そのためにニューラルネットワークの構造を拡張する必要があります。

　では，プログラム例を見てみましょう。リスト 8-2 は単純パーセプトロンによる AND 演算の学習プログラムです。本プログラムでは，コンソール出力のほかに

matplotlib パッケージによるグラフウィンドウ表示も行っています。

リスト 8-2　PerceptronApp.py　単純パーセプトロンによる AND 演算プログラム

```python
import numpy as np
from keras.models import Sequential
from keras.layers import Dense, Activation
from keras.optimizers import SGD
import matplotlib.pyplot as plt

# モデル構築
model = Sequential()                        # 多層モデル
model.add(Dense(1, input_dim=2))            # ユニット:1, 入力:2
model.add(Activation("sigmoid"))            # 活性化関数:シグモイド関数
model.compile(
    loss="binary_crossentropy",            # 損失関数:2値交差エントロピー
    optimizer=SGD(                          # 最適化手法:確率的勾配降下法
        lr=0.2))                            # 学習率

# 学習用入力データ
x = np.array([[0, 0], [0, 1], [1, 0], [1, 1]])

# 学習用出力データ(教師信号)
t = np.array([[0], [0], [0], [1]])          # AND演算の出力: 0 0 0 1
#t = np.array([[0], [1], [1], [0]])          # XOR演算の出力: 0 1 1 0

# 認識テスト用入力データ
d = np.array([[0, 0], [0, 1], [1, 0], [1, 1]])

# 学習実行
h = model.fit(x, t,
    epochs=1000,            # 学習回数
    batch_size=1,           # ミニバッチサイズ
    verbose=0)              # 途中経過の表示OFF

# 認識テスト
out = model.predict_classes(d, batch_size=1)
print("出力:")
print(out)

# グラフ表示
plt.plot(h.history["loss"], label="loss")   # 損失のグラフ
plt.ylim(0, 1)                              # 縦軸の範囲
```

```
plt.legend()                          # 凡例をつける
plt.show()                            # グラフを表示する
```

実行結果

```
出力：
[[0]
 [0]
 [0]
 [1]]           … AND演算をちゃんと学習している
```

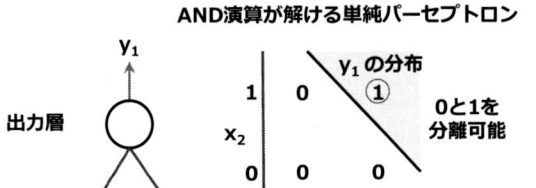

AND演算が解ける単純パーセプトロン

図 8-10　AND 演算学習用の単純パーセプトロン構造

　AND は 2 入力 1 出力の論理回路（論理演算）であり，図 8-10 のようにモデル構造は Dense レイヤー1 層による単純パーセプトロンとし，入力数 2，出力ユニット数 1 で構築します。今回は多クラス分類ではなく 2 値分類（0〜1 の出力を得る）なので，活性化関数にはただのシグモイド関数を用い，損失関数にも 2 値交差エントロピー（binary cross entropy）を用います。

```
model.add(Dense(1, input_dim=2))      # ユニット:1, 入力:2
model.add(Activation("sigmoid"))      # 活性化関数:シグモイド関数
model.compile(
    loss="binary_crossentropy",       # 損失関数:2値交差エントロピー
    optimizer=SGD(                    # 最適化手法:確率的勾配降下法
        lr=0.2))                      # 学習率
```

　AND 演算学習用の入力データと出力データは，2 入力×4 パターンと 1 出力×4 パターンであり，データ量も少なく理解しやすい構成です。入力パターン「1,1」

のときだけ出力パターン「**1**」となるのが AND 演算です。

```
# 学習用入力データ
x = np.array([[0, 0], [0, 1], [1, 0], [1, 1]])

# 学習用出力データ(教師信号)
t = np.array([[0], [0], [0], [1]])        # AND演算の出力: 0 0 0 1
```

　今回の認識テストでは，未知のパターンというものはなく，学習用パターンをそのままテスト用パターンに用います。つまり，AND 演算をテストするには AND 演算の入出力を試すだけです。プログラムの出力結果は正しく AND のファンクションを再現（獲得）しています。

　図 **8-11** のグラフ表示では，横軸は epochs（学習回数）です。縦軸の loss（損失）は学習中の出力と正解との誤差を表しています。epochs=1000 では loss は **0** に近づいており，学習が成功していると判断できます。グラフ表示にあたり，学習時の fit メソッドの戻り値を変数 h に格納しておいて，配列 h.history["loss"]で loss の値（1000 回分）を参照してグラフ化しています。

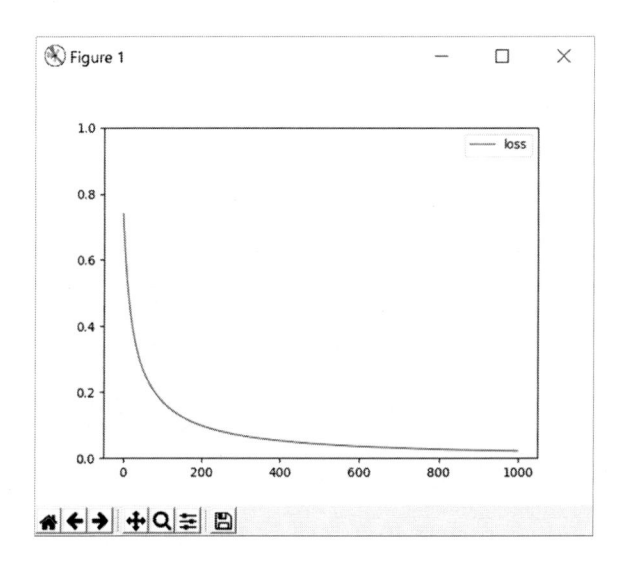

図 8-11　AND 演算学習時の損失グラフ（リスト 8-2 実行画面）

　次に，このプログラムを XOR 演算の学習に変更します。プログラムの次の箇所のコメント化を修正し，出力データ t を XOR の出力にして再度実行してみます。

```
# 学習用出力データ(教師信号)
t = np.array([[0], [0], [0], [1]])      # AND演算の出力: 0 0 0 1
#t = np.array([[0], [1], [1], [0]])      # XOR演算の出力: 0 1 1 0
```

```
# 学習用出力データ(教師信号)
#t = np.array([[0], [0], [0], [1]])      # AND演算の出力: 0 0 0 1
t = np.array([[0], [1], [1], [0]])      # XOR演算の出力: 0 1 1 0
```

実行結果

```
出力:
[[1]
 [1]
 [1]
 [0]]            … XOR演算になっていない
```

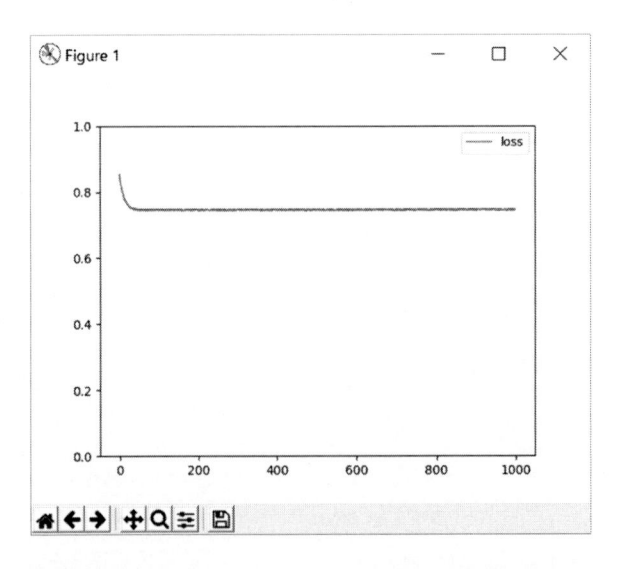

図 8-12　XOR 演算学習時の損失グラフ（リスト 8-2 修正版の実行画面）

　実行結果は失敗しており，XOR は線形分離不可能問題なので，単純パーセプトロンでは学習できないことがわかります。図 8-12 の損失グラフを見ても loss は 0.8 近辺から下降せず，学習は失敗しています。

　XOR 演算が学習可能なニューラルネットワークがどのようなものか考えたとき，その入出力特性を 3D グラフで表すならば，図 8-13 のように面の対角線の両端（出力 1 の部分）が高いところにあり，別の対角線の両端（出力 0 の部分）が低いところにあるような，図 8-8 のグラフを 2 つ合成したような特性です。線形分離に対し 2 つの線で分離するということは，このように合成された入出力特性を持つニューラルネットワークである必要があります。

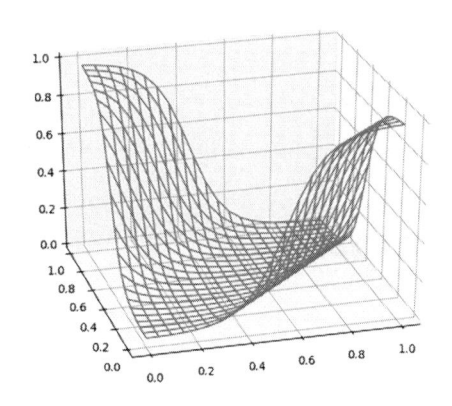

図 8-13　XOR のニューラルネット 3 次元入出力特性

❏ 多層パーセプトロン

　線形分離不可能問題にも対応できるように拡張されたのが，図 8-14 の多層パーセプトロン（MultiLayer Perceptron, MLP）です。新たに中間層（隠れ層，hidden layer）を 1 層あるいは複数設けて，層どうしの各ユニットをすべて互いに接続（全結合）したニューラルネットワークです。XOR のケースでは中間層 1 層で対応できます。入出力の特性は，図 8-13 のような曲面になります。図 8-14 の y_1 の分布は，この曲面を真上から見た状況に相当します。

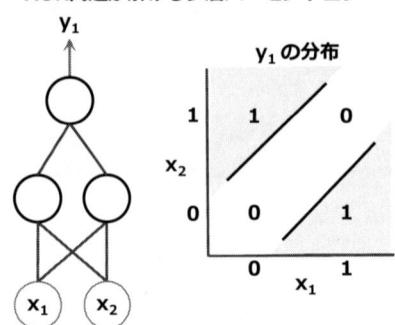

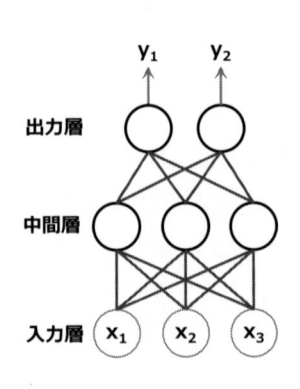

図 8-14　多層パーセプトロン

　多層パーセプトロンでは，中間層が増えたことで重みの修正が複雑になります。基本的に出力信号と教師信号の差が使われますが，出力−中間，中間−入力の 2 つの層の重みを修正する際，バックプロパゲーション（誤差逆伝播学習法）によって，出力側の修正量が入力側に伝搬して複数の層が修正されていきます。

❑ MLP による XOR 演算学習プログラム

　リスト 8-3 は XOR に対応した多層パーセプトロンプログラムです。図 8-15 の損失グラフからは，loss が 0 に収束して学習が成功しているのがわかります。

リスト 8-3　MLPApp.py　XOR 演算を学習する多層パーセプトロンプログラム

```python
import numpy as np
from keras.models import Sequential
from keras.layers import Dense, Activation
from keras.optimizers import SGD
import matplotlib.pyplot as plt

# モデル構築
model = Sequential()                    # 多層モデル
model.add(Dense(2, input_dim=2))        # ユニット:2, 入力:2
model.add(Activation("sigmoid"))        # 活性化関数:シグモイド関数
model.add(Dense(1))                     # 出力層ユニット:1
model.add(Activation("sigmoid"))        # 活性化関数:シグモイド関数
```

```
#モデルの構造表示
#model.summary()

model.compile(
    loss="binary_crossentropy",       # 損失関数：2値交差エントロピー
    optimizer=SGD(                     # 最適化手法：確率的勾配降下法
        lr=0.2))                       # 学習率

# 学習用入力データ
x = np.array([[0, 0], [0, 1], [1, 0], [1, 1]])

# 学習用出力データ（教師信号）
t = np.array([[0], [1], [1], [0]])   # XOR演算の出力: 0 1 1 0

# 認識テスト用入力データ
d = np.array([[0, 0], [0, 1], [1, 0], [1, 1]])

# 学習実行
h = model.fit(x, t,
    epochs=1000,          # 学習回数
    batch_size=1,         # ミニバッチサイズ
    verbose=0)            # 途中経過の表示OFF

# 認識テスト
out = model.predict_classes(d, batch_size=1)
print("出力:")
print(out)

# グラフ表示
plt.plot(h.history["loss"], label="loss")    # 損失のグラフ
plt.ylim(0, 1)                                # 縦軸の範囲
plt.legend()                                  # 凡例をつける
plt.show()                                    # グラフを表示する
```

実行結果

```
出力：
[[0]
 [1]
 [1]
 [0]]            … XOR演算を学習している！
```

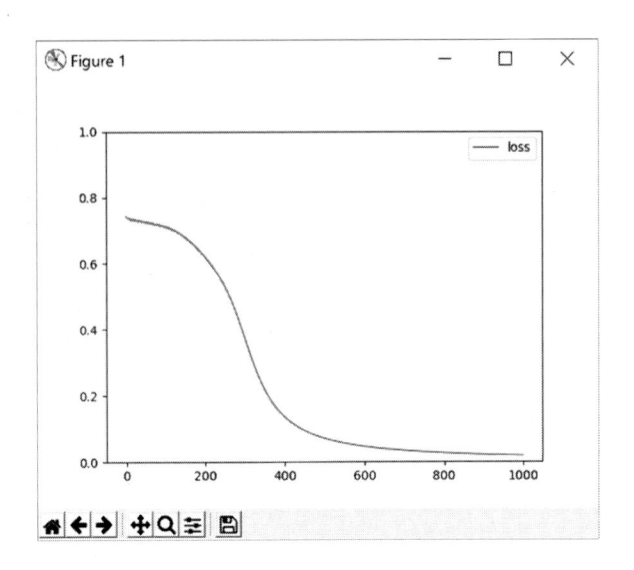

図 8-15　XOR 演算学習時の損失グラフ（リスト 8-3 実行画面）

　今度のモデルは図 8-14 の構造となり，中間層の Dense レイヤー（2 入力 2 出力）と出力層の Dense レイヤー（2 入力 1 出力）の 2 層で構成されます。活性化関数は両方ともシグモイド関数を使っています。

```
# モデル構築
model = Sequential()                      # 多層モデル
model.add(Dense(2, input_dim=2))          # 中間層ユニット：2, 入力：2
model.add(Activation("sigmoid"))          # 活性化関数：シグモイド関数
model.add(Dense(1))                       # 出力層ユニット：1
model.add(Activation("sigmoid"))          # 活性化関数：シグモイド関数
```

　プログラムを変更して summary メソッドによってモデル構造を表示することができます。次の箇所の#をはずしてコメント解除すると model.summary()が実行されモデル構造が次のようにコンソールに出力されます。

```
#モデルの構造表示
#model.summary()　…　#をはずす
```

```
Layer (type)                  Output Shape              Param #
=================================================================
dense_1 (Dense)               (None, 2)                 6

activation_1 (Activation)     (None, 2)                 0

dense_2 (Dense)               (None, 1)                 3

activation_2 (Activation)     (None, 1)                 0
=================================================================
Total params: 9
Trainable params: 9
Non-trainable params: 0
```

　モデル構造の表示からは次のことがわかります。これは上から図 **8-16** の中間層，出力層に対応し，図のユニット数と一致しています。

- dense_1　　ユニット数 2　　パラメータ数 6　　… 1 層目（中間層）
- dense_2　　ユニット数 1　　パラメータ数 3　　… 2 層目（出力層）

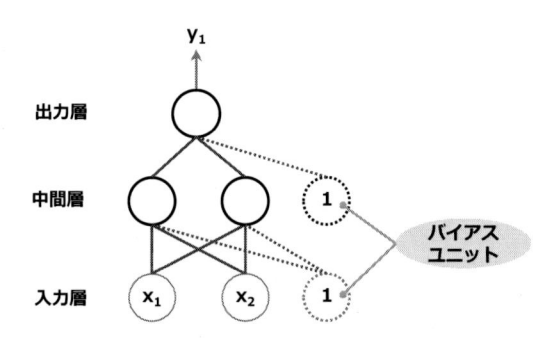

図 8-16　XOR 機能を学習する多層パーセプトロンの実際の構造

　パラメータ（**Param**）はネットワークの線（重み）を意味し，図の入力－中間で 4 本，中間－出力で 2 本ですが，表示では 6 本，3 本となっています。実際には図のようにバイアスユニットがあり，破線部も数えて 6 本，3 本となるわけです。ネットワークの各線部分（バイアスユニットの接続含む）には重みがありま

す（図 8-2 参照）。このすべての重みを調整していくことが学習処理であり，重み＝パラメータの総数がどれくらいあるかで学習時間も変わってきます。バイアスはユニットの出力を求める際のしきい値となる役目があります。

　先の実行結果では，`loss` が順調に収束していく良好な学習になっています。しかし，このプログラムを何度も実行していくと，次のように学習が失敗するケースがあります。`loss` が `0.4` くらいで停滞し，学習が進行しない状態です。

実行結果

```
出力：
[[0]
 [0]
 [1]
 [1]]      … XORになっていない
```

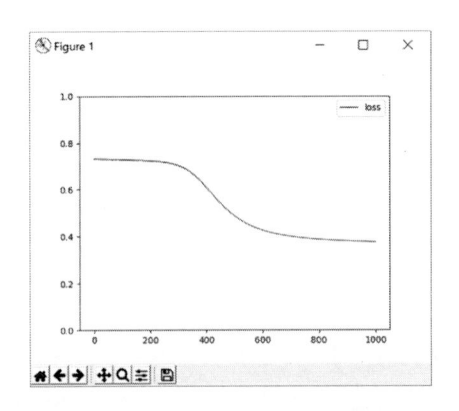

図8-17　XOR 演算学習時の損失グラフ（リスト 8-3 実行画面，学習失敗例）

　このような現象について，通常重みの修正は例えば二次曲線の極小値に向かっていくように変化していき，やがて最適解としての極小値に落ち着きます。しかし，単純な二次曲線でなかったなら，そこは最適解でない場合があります。これを局所解（ローカルミニマム，`local minimum`）といい，局所解に陥ると，なかなかそこから脱することができず，`loss` があまり変化せずに学習が停滞することがあります。本プログラムでは何回かの割合で局所解に陥ってしまいます。

第 9 章　ディープラーニング

9.1　深層学習の準備

❑ ディープラーニング

　ディープラーニング（Deep Learning，深層学習）は，多層化構造つまり何段もの層によるニューラルネットワークを構成し，例えば画像や音声の認識精度を高めようとする機械学習技術です。この技術を応用して物体認識，画像生成，文章処理，人工知能ゲームなど様々な分野で活用されつつあります。

　従来のニューラルネットワークでは，深層化するほど局所解問題や学習の難しさが課題でした。近年，ディープラーニング技術による深層化問題が改善し，それによって高性能なニューラルネットワークが実現可能になったのです。ディープラーニングでは，認識精度だけでなく膨大なデータから特徴を見つけ出すという機能（特徴抽出）によって，新たな技術やサービスへと発展しつつあります。教師信号としてパターンのイメージを学習し，それに近いものを認識するだけでなく，パターンに含まれる特徴を自ら学習する機能は人間の認識能力に近づき，自らものを学習するコンピュータ技術のさらなる可能性が期待されています。

　本章では，Python のディープラーニング用フレームワーク keras を用いて，手書き数字認識，一般物体認識，スタイル変換といった代表的な処理をプログラミングしていきます。keras を使うとディープラーニングでは非常に簡潔に記述できるため，複雑な機械学習のプログラムでも短く記述できます。また，データセットとして MNIST, CIFAR-10，モデルとして VGG19 といった，よく知られているものを利用します。それによってディープラーニングの入門としても，一般的なノウハウを体験できるものと思います。加えて，本書独自のユーティリティプログラムを用いて，画像表示，グラフ表示，モデル構造のグラフィカル表示による支援機能を活用していきます。

❑ 可視化ユーティリティの作成

　本章では，画像認識を題材にしたディープラーニングのプログラミングを行い
ますが，それに関わる表示機能として次のプログラムを作成しておきます。

リスト 9-1　Display.py　可視化ユーティリティプログラム

```python
import matplotlib.pyplot as plt
import matplotlib.ticker as tic
import numpy as np
from ctypes import windll, pointer, wintypes
import multiprocessing as mp
import time
import math
from keras import backend as K
from keras.preprocessing import image
from PIL import Image
from ctypes import windll


windll.shcore.SetProcessDpiAwareness(1)      # 高解像度モニタに対応

class Display:
    __dc = windll.user32.GetDC(None)
    res_w = windll.gdi32.GetDeviceCaps(__dc, 8)      # 横解像度取得
    res_h = windll.gdi32.GetDeviceCaps(__dc, 10)     # 縦解像度取得
    dpi = windll.gdi32.GetDeviceCaps(__dc, 90)       # DPI取得
    windll.user32.ReleaseDC(None, __dc)


    @staticmethod
    def draw_graph(loss, acc, val_loss,val_acc):  # 損失/正解率グラフ描画
        fig = plt.figure("Learning/Validation curve",
                        figsize=(6, 3), dpi=Display.dpi)
        n = len(loss)                             # データ数
        r = range(1, n+1)                         # 横軸ラベル範囲
        d = int(min([z for z in
                    [n/y for y in [1,2,3,5]] if int(z)==z]))
        loc = tic.MultipleLocator(d)              # 整数ラベル間隔
        plt.subplots_adjust(wspace=0.4, bottom=0.2)
        plt.rcParams["font.size"] = 9
        fig.add_subplot(1, 2, 1)                  # 左のグラフ
        plt.title("final val_loss = {:.2f}".format(val_loss[-1]))
        plt.xlabel("Epochs")
        plt.ylabel("Loss")
```

```
    plt.xlim(1-n*0.05, n+n*0.05)              # 横軸範囲
    plt.gca().xaxis.set_major_locator(loc)    # 横軸目盛ラベル
    plt.plot(r, loss, label="loss")           # 損失グラフ
    plt.plot(r, val_loss, label="val_loss")   # 損失(検証)グラフ
    plt.legend()                              # 凡例
    fig.add_subplot(1, 2, 2)                  # 右のグラフ
    plt.title("final val_acc = {:.2f}%".format(val_acc[-1] * 100))
    plt.xlabel("Epochs")
    plt.ylabel("Accuracy")
    plt.xlim(1-n*0.05, n+n*0.05)              # 横軸範囲
    plt.gca().xaxis.set_major_locator(loc)    # 横軸目盛ラベル
    plt.plot(r, acc, label="acc")             # 正解率グラフ
    plt.plot(r, val_acc, label="val_acc")     # 正解率(検証)グラフ
    plt.legend()                              # 凡例
    plt.show()

@staticmethod
def graph(h):          # 損失/正解率グラフ(スレッド処理)
    l = h.history["loss"]
    a = h.history["acc"]
    vl = h.history["val_loss"]
    va = h.history["val_acc"]
    p = mp.Process(target=Display.draw_graph, args=(l, a, vl, va))
    p.start()

@staticmethod
def make_img(model, img, isrc, lsrc):  # 画像データの抽出
    def predict_classes(x):
        proba = model.predict(x)
        if proba.shape[-1] > 1: return proba.argmax(axis=-1)
        else: return (proba > 0.5).astype('int32')
    i = isrc[:25]                      # 先頭25個をコピー
    l = lsrc[:25]                      # 先頭25個をコピー
    r = predict_classes(img[:25]) # 先頭25個の認識結果
    return i, l, r

@staticmethod
def draw_dset(s, img, lbl, result_lbl, cmap=""): # データセット表示
    fig = plt.figure("sample image recognition",
                     figsize=(4.5, 4.5), dpi=Display.dpi)
    plt.subplots_adjust(hspace=1, wspace=1)
    plt.subplots_adjust(left=0.07,right=0.93,top=0.9,bottom=0.07)
    for i in range(25):
        ax = fig.add_subplot(5, 5, i+1)
```

```python
            ax.axis("off")
            a = int(lbl[i])
            b = result_lbl[i]
            if a != b:
                t = plt.title(s[a] + "¥n" + s[b] + " x", fontsize=8)
                plt.setp(t, color="red")
            else:
                t = plt.title(s[a] + "¥n" + s[b], fontsize=8)
            if cmap != "":
                plt.imshow(img[i], cmap=cmap)
            else:
                plt.imshow(img[i])
        plt.show()

    @staticmethod
    def mnist(model, img, isrc, lsrc):  # MNISTサンプル画像表示
        s = ["0", "1", "2", "3", "4", "5", "6", "7", "8", "9"]
        i, b, r = Display.make_img(model, img, isrc, lsrc)
        p = mp.Process(target=Display.draw_dset,args=(s,i,b,r,"gray"))
        p.start()

    @staticmethod
    def cifar(model, img, isrc, lsrc): # CIFAR-10サンプル画像表示
        s = ["airplane", "automobile", "bird", "cat", "deer",
             "dog", "frog", "horse", "ship", "truck"]
        i, b, r = Display.make_img(model, img, isrc, lsrc)
        p = mp.Process(target=Display.draw_dset, args=(s,i,b,r))
        p.start()

    @staticmethod
    def draw_map(title, maps):                    # マップ用グラフ表示
        w = max(3.5, len(maps[0][0]) * 0.2)       # ウィンドウサイズ
        n = len(maps)                             # 画像数
        row = min(8, math.ceil(n / 8))            # レイアウト行数
        col = 8                                   # レイアウト列数
        map_img = []
        for m in maps:
            m1 = m[0].squeeze()
            mi = np.min(m1)
            ma = np.max(m1)
            rg = ma - mi
            if rg != 0:        # 負の値があっても0-255に正規化
                fun = np.frompyfunc(lambda x: (x-mi)/rg*255, 1, 1)
                m1 = fun(m1)
            else:
```

```
            m1 = m1 * 255
        im = Image.fromarray(np.uint8(m1), "L")
        #im = np.array(image.array_to_img(m1, scale=False))
        map_img.append(im)
    fig = plt.figure(title, figsize=(w, w*row/8), dpi=Display.dpi)
    fig.patch.set_facecolor("#aabbcc")
    plt.subplots_adjust(hspace=0.1, wspace=0.1)
    plt.subplots_adjust(left=0.01,right=0.99,top=0.99,bottom=0.01)
    for i in range(min(64, n)):
        ax = fig.add_subplot(row, col, i+1)
        ax.axis("off")
        ax.format_coord = lambda x, y: "%d,%d"%(x,y)
        plt.imshow(map_img[i], cmap="gray")
    plt.show()


@staticmethod
def feature(prefix, model, idx, img):    # 特徴マップ画像表示
    layer = model.layers[idx]
    name = layer.__class__.__name__
    title = "{} [{}]{}".format(prefix, idx, name)
    depth = layer.output_shape[3]
    fmap = K.function([model.input, K.learning_phase()],
                                        [layer.output])
    maps = fmap([[img], False])[0]
    maps = np.split(maps, depth, axis=3)
    p = mp.Process(target=Display.draw_map, args=(title, maps))
    p.start()


@staticmethod
def weight(prefix, model, idx):              # 重み画像表示
    layer = model.layers[idx]
    name = layer.__class__.__name__
    title = "{} [{}]{}".format(prefix, idx, name)
    depth = layer.output_shape[3]
    w = layer.get_weights()[0]
    w = w.transpose(3,2,0,1)
    p = mp.Process(target=Display.draw_map, args=(title, w))
    p.start()


@staticmethod
def make_layer_data(model): # レイヤー構造のデータ作成
    # layer: レイヤー情報リスト
    #   [[タイプ,レベル,名前,入力,出力,重み,バイアス,引数,連続数]
    if model.layers[0].__class__.__name__ == "InputLayer":
        layer = []
```

```python
    else:
        inp = list(np.array(model.input_shape)[1:])
        layer = [[2, 0, "Input", [], inp, [], [], [], 0]]
    m = 0              # 非層対象の連続数
    level = 0          # 層のレベル（深さ）
    for i, l in enumerate(model.layers):     # 各レイヤーを調べる
        name = l.__class__.__name__
        wa = l.get_weights()
        wn = len(wa)
        inp = l.input_shape[1:]
        out = l.output_shape[1:]
        inp = [0 if i is None else i for i in inp] # 次元未定は0
        out = [0 if o is None else o for o in out] # 次元未定は0
        wgt = list(wa[0].shape) if wn > 0 else []
        bias = list(wa[1].shape) if wn > 0 else []
        if wn > 0:
            typ = 1       # 学習パラメータがあり, 層として数える対象
            level += 1
        elif i == 0 or inp != out:
            typ = 2       # 次元数が変わる対象（四角形表示対象）
        else:
            typ = 0       # 学習パラメータのない対象
        if typ > 0:
            m = 0
        else:
            m += 1
            if i > 0: layer[-m][8] += 1
        c = l.get_config()
        if name == "Conv2D":          arg = [c["filters"],
                                             c["kernel_size"]]
        elif name == "Activation":  arg = [c["activation"]]
        elif name == "MaxPooling2D":arg = [c["pool_size"]]
        elif name == "Dropout":     arg = [c["rate"]]
        elif name == "Dense":       arg = [c["units"]]
        else:                       arg = []
        layer.append([typ,level,name,inp,out,wgt,bias,arg,0])
    #for i in range(len(layer)): print(layer[i])
    return layer


@staticmethod
def draw_layer(layer):  # レイヤー構造描画処理
    disp = [d for d in layer if d[0] > 0]    # 矩形表示対象のリスト
    n = len(disp)                            # 矩形表示対象数
    # 出力(o1,o2,o3)のo1,o3各リストを作り, 最小・最大値を探す
```

```python
o1 = [d[4][0] for d in disp]
o3 = [d[4][2] if len(d[4]) >= 3 else 0 for d in disp]
#for d in disp: print(d)
min_o1 = min(o1)
max_o1 = max(o1)
min_o3 = min(o3)
max_o3 = max(o3)
# 各種サイズ設定
min_ow = 0.3                    # 矩形の最小幅
max_ow = 3                      # 矩形の最大幅
dif_o1 = max_o1 - min_o1        # 出力o1の値の幅
dif_ow = max_ow - min_ow        # 矩形の幅余裕
min_oh = 0.15                   # 矩形の最小高
max_oh = 0.6                    # 矩形の最大高
dif_o3 = max_o3 - min_o3        # 出力o3の値の高さ
dif_oh = max_oh - min_oh        # 矩形の高さ余裕
dh = 0.4                        # 層の間隔
tx = 0.2                        # テキストの横位置
line_h = 0.15                   # テキストの行間隔
if n < 8: dh *= 2               # 層が浅い場合は間隔を大きく
# 矩形の幅・高さを計算する関数の定義
getw = lambda v: min_ow + ¥
        (((((v[0] - min_o1) / dif_o1) if v[0] > 0 else 0.1) ¥
        + 0.0001) ** 0.2 * dif_ow
geth = lambda v: min_oh + ¥
        ((((v[2] - min_o3) / dif_o3 + 0.0001) ** 0.5 * dif_oh ¥
        if len(v) >= 3 else 0)
# グラフ縦サイズの見積もり
max_x = max_ow + 3                      # 幅レンジ
max_y = 0.1                             # 高さレンジ
for i in range(len(layer)):
    if layer[i][0] > 0:                 # 表示対象の層なら
        if i > 0:
            max_y += dh                 # 層の間隔を加算
        max_y += geth(layer[i][4])      # 出力次元から高さ計算
# ウィンドウ設定
ich_h = Display.res_h / Display.dpi     # 高さ(インチ)
occ_h = ich_h / max_y * 0.95            # 高さが画面を占める割合
scale = min(1, occ_h)                   # 表示倍率
fig_w = max_x                           # グラフ幅
fig_h = max_y                           # グラフ高さ
fig = plt.figure("Layer structure",
                figsize=(fig_w, fig_h), dpi=Display.dpi*scale)
```

```python
if scale < 1:
    wm = plt.get_current_fig_manager()
    wm.window.wm_geometry("+0+0")    # ウィンドウ位置調整
# グラフ設定
plt.xlim(0, max_x)
plt.ylim(max_y, 0)
plt.axis("off")
plt.subplots_adjust(left=0.03,right=0.97,top=0.97,bottom=0.03)
ax = fig.gca()
# 描画関数の定義
draw_text = lambda x, y, s, c="black",ha="left",fw="normal": ¥
        ax.text(x, y+0.015, s, fontsize=9, fontweight=fw,
            color=c, horizontalalignment=ha,
            verticalalignment="center")
draw_rect = lambda x, y, w, h, c="black", fc="white", ¥
                    ls="-": ¥
        ax.add_patch(plt.Rectangle((x, y), w, h,
            edgecolor=c, facecolor=fc,
            linestyle=ls, linewidth=1.5))
draw_line = lambda x1, y1, x2, y2, c="black": ¥
        ax.add_patch(plt.Polygon([[x1, y1], [x2, y2]], ¥
            color=c, linewidth=1.5))


def draw_conn(nane, x, w1, w2, y1, y2, arg, inp):  # 接続の描画
    cn = "#9acd32"
    cw = "#6495ed"
    ct = "#5485cd"
    y1 += 0.015
    if name == "Conv2D":
        y0 = (y1 + y2) / 2
        th = 0.02 + min(0.05, inp[2] * 0.0005)
        ym1 = y0 - th
        ym2 = y0 + th
        wm = 0.1
        draw_line(x-w1, y1, x-wm, ym1, cn)
        draw_line(x+w1, y1, x+wm, ym1, cn)
        draw_line(x-wm, ym2, x-w2, y2, cn)
        draw_line(x+wm, ym2, x+w2, y2, cn)
        draw_rect(x-wm, ym1, wm*2, th*2, cw)
        s = 'x'.join(map(str, arg[1])) + 'x' + str(inp[2]) + ¥
                                "¥nx" + str(arg[0])
        draw_text(x+wm+1.2, (y1+y2)/2, s, ct, "right")
    elif name == "Dense":
        draw_line(x-w1, y1, x-w2, y2, cw)
        draw_line(x+w1, y1, x+w2, y2, cw)
```

```
            draw_line(x-w1, y1, x+w2, y2, cw)
            draw_line(x+w1, y1, x-w2, y2, cw)
        else:
            draw_line(x-w1, y1, x-w2, y2, cn)
            draw_line(x+w1, y1, x+w2, y2, cn)

def draw_param(ty, w, b):                    # パラメータの描画
    wgt = "w=" + 'x'.join(map(str, w))       # 重み
    bias = "bias=" + str(b[0])               # バイアス
    ct = "#5485cd"
    draw_text(max_x, ty, wgt, ct, "right")
    draw_text(max_x, ty+line_h, bias, ct, "right")

# 構造の描画処理
x = max_x / 2 + 0.2
y = 0.01
for i in range(len(layer)):
    typ = layer[i][0]            # 表示対象
    name = layer[i][2]           # 名前
    arg = layer[i][7]            # 引数
    if i > 0:
        s = "[{}] ".format(i-1)+ name
    else:
        s = name
    if len(arg) > 0:
        s += "(" + ','.join(map(str, arg)) + ")"
    if typ > 0:                  # 矩形表示対象なら
        if i == 0:               # 入力層なら
            y1 = y
            fc = "#ffffff"
            ls = "dotted"
        else:
            y1 = y + h
            y = y1 + dh
            fc = "#cfe6fa"
            ls = "solid"
        v = layer[i][4]          # 出力次元
        w = getw(v)              # 矩形の幅
        h = geth(v)              # 矩形の高さ
        if i == 0:               # 入力層なら
            ty = y + h / 2       # テキスト縦位置
        else:
            draw_conn(name, x,w1/2,w/2,y1,y, arg,layer[i][3])
            ty = (y + y1) / 2
```

```python
                    m = layer[i][8]        # 非層対象の連続数
                    if m > 0: ty -= line_h * m / 2
                if typ == 1:               # 層の対象なら
                    lv = "L" + str(layer[i][1])       # 層の深さ
                    draw_text(tx-0.1,ty,lv,"#90c030","right","bold")
                    draw_param(ty, layer[i][5], layer[i][6])
                    draw_text(tx, ty, s)
                    draw_rect(x-w/2, y, w, h, fc=fc, ls=ls)
                    rect_cy = y + h/2
                    f = lambda a: str(a) if a > 0 else "?"
                    draw_text(x, rect_cy, 'x'.join(map(f, v)),
                              "#a52a2a", "center")
                    w1 = w
                else:
                    ty += line_h
                    draw_text(tx, ty, s)
            draw_text(tx, rect_cy, "Output")
            #plt.savefig("t:¥¥a.svg")
            plt.show()

    @staticmethod
    def layer(model):    # レイヤー構造描画(スレッド処理)
        d = Display.make_layer_data(model)  # レイヤー構造のデータ化
        p = mp.Process(target=Display.draw_layer, args=(d,))
        p.start()
        time.sleep(1.5) # 表示処理のために待機

class DispImg():         # 画像表示ウィンドウオブジェクト
    def __init__(self, caption, w=5, h=5):
        self.q = mp.Queue()
        self.p = mp.Process(target=DispImg.draw_img,
                            args=(self.q, caption, w, h))
        self.p.start()

    @staticmethod
    def draw_img(q, caption, w, h):       # 表示プロセス
        fig = plt.figure(caption, figsize=(w, h), dpi=Display.dpi)
        plt.subplots_adjust(left=0.01,right=0.99,top=0.99,bottom=0.01)
        plt.axis("off")
        while q.empty(): time.sleep(0.01)     # 初回updateまで待機
        def callback(timer):                  # コールバック関数
            if not q.empty():
                inf = q.get()   # キューから画像とキャプションを取得
                if inf[1] is not None:
                    fig.canvas.set_window_title(inf[1])
```

```
                plt.imshow(inf[0])
                plt.draw()
        timer = fig.canvas.new_timer(interval=50)
        timer.add_callback(callback, timer) # コールバックの設定
        timer.start()
        plt.show()

    def update(self, img, caption=None):     # 新たな画像に更新
        self.q.put((img, caption))    # キューに画像とキャプションを入れる
```

　Display クラスの各メソッドは，`matplotlib.pyplot` モジュールのグラフ機能を活用しています。特徴として，ウィンドウ表示をマルチプロセスで実行することで，ウィンドウが表示された状態でもメインプログラムは実行を継続します。これによって複数の `matplotlib` ウィンドウがストレスなく独立して同時表示できます。各ウィンドウは個別の `python` プロセスとして実行され，ウィンドウを閉じるとプロセスも終了します。ウィンドウ表示のプロセスは，表示する瞬間に処理能力を要しますが，一度表示されたらほとんど CPU 能力を消費しません。

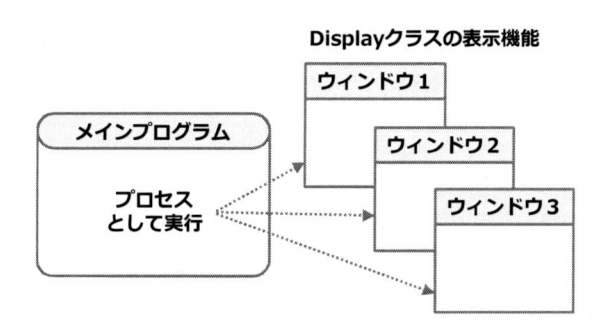

図 9-1　Display クラスのマルチプロセス処理

　本プログラムの実際の使用例は以降のプログラムで出てきますが，ここでは大まかな使用法と機能について説明しておきましょう。本プログラムを利用するプログラムでは，以下のようにモジュールとしてインポートします。

```
from Display import *
```

　Display.layer メソッドは model 構築後に使用します。これは summary のような コンソール表示ではなく，グラフィカルにレイヤー構造や入出力数，パラメータ数を表示できるので，モデル構造が視覚的に分かりやすくなります。

```
Display.layer(model)
```

　Display.mnist メソッドおよび Display.cifar メソッドは，fit メソッド実行後に使用します。後に登場するプログラムにおいて，手書き数字認識用データ MNIST および物体認識用データ CIFAR-10 用のサンプル表示機能です。誤認識の状態もわかるようになっています。引数には model，テスト画像データ，テスト画像ソースとテスト画像ラベルソースを与えます。

```
Display.mnist(model, test_img, test_img_src, test_lbl_src)
```

```
Display.cifar(model, test_img, test_img_src, test_lbl_src)
```

　Display.graph メソッドは，fit メソッド実行後に fit の戻り値を与えて使用します。graph メソッドは精度のグラフを表示します。その際，損失グラフには，学習データによる損失（loss）とテストデータによる損失（val_loss）を重ねて表示します。さらに正解率グラフとして，学習データによる正解率（acc）とテストデータによる正解率（val_acc）を重ねて表示します。そして，学習の最終時点の val_loss および val_acc をグラフ上に数値で表示します。このグラフによって学習の成功度，認識精度，過学習の程度が確認できます。

```
Display.graph(h)
```

　以下のメソッドは畳み込みニューラルネットワーク用の表示機能です。Display.weight メソッドは，引数にウィンドウタイトルにしたい文字列や数値，model 変数，レイヤーの添え字を与えると，そのレイヤーの重みを画像として表示します。このときのレイヤーとは，model.add メソッドで追加した keras におけるモデルのレイヤー配列である model.layers[添え字]を意味します。weight

メソッドは，主に Conv2D レイヤーを対象に使用します。Display.weight によって畳み込みレイヤーの重み，すなわちフィルタを見ることができます。

同様に Display.feature メソッドは，特徴マップを画像表示します。4 番目の引数には認識テスト用の画像 1 つを与えます。テスト画像を入力した際に，当該レイヤーによって作られる特徴マップを見ることができます。feature メソッドは，主に Conv3D, Activation, MaxPooling2D などのレイヤー，特徴マップを出力するレイヤーを対象に使用します。

なお，これらのメソッドはマルチ GPU 環境には対応していません。

```
Display.weight("filter", model, 0)        … レイヤー[0]の重み
```

```
im = test_img[0]                           … 入力パターン
Display.feature("img0", model, 1, im)      … レイヤー[1]の特徴マップ
Display.feature("img0", model, 3, im)      … レイヤー[3]の特徴マップ
```

ユーティリティソースの最後の方にある DispImg クラスは，画像表示専用の機能であり，同じウィンドウ内の画像を後から置き換えて表示内容の更新ができます。単純な使い方は，次のように DispImg オブジェクト disp を作成し，update メソッドで画像を表示します。

```
    disp = DispImg("Sample image", 5, 5)     … ウィンドウタイトルとサイズ
    disp.update(img)                         … 画像の表示
```

そして，ループ処理によって画像 img が変化していく場合，update メソッドによって表示画像を更新でき，画像の変化を見る場合に役立ちます。DispImg の描画処理はマルチプロセスになっており，Queue クラスを使って，更新された画像をプロセス間で伝える方法をとっています。

```
    disp = DispImg("Source image", 5, 5)     … DispImgオブジェクト生成
                                             … ウィンドウタイトルとサイズ
    for i in range(n)
        img = …                              … 新たな画像データ
        disp.update(img, "Loop {}".format(i)) … 表示画像の更新
```

9.2　多層化による手書き数字認識

❑ MNIST データセット

　MNIST データセット[※]は，図 9-2 のような 0〜9 の手書き数字文字の画像（28×
28 ドット）が学習用に 60,000 枚，テスト用に 10,000 枚セットになったデータ
です。ディープラーニングの学習や解説，構築したモデルの性能確認用など広く
利用されています。

※ LeCun, Y., Cortes, C., Burges, C., "MNIST handwritten digit database",
　 Retrieved November 11, 2018, from http://yann.lecun.com/exdb/mnist/

図 9-2　MNIST データセットのサンプルイメージ

　MNIST データセットを使用するには，次のように keras のモジュールをインポ
ートしておき，mnist.load_data 関数によってプログラム実行中にデータセット
を読み込みます。

```
from keras.datasets import mnist
          :
# 学習用画像・ラベル, 認識テスト用画像・ラベル
(img_src, lbl_src), (test_img_src, test_lbl_src) = mnist.load_data()
```

　これは，初回実行時に自動的にダウンロードされる仕組みなので，別途 Web サ
イトをアクセスしてファイルを探したりする必要がなく簡単です。ただし，デー
タ量が多いためダウンロード時間がかかります。筆者の環境では，ダウンロード
されたデータファイルは次のフォルダに保存されていました。

　　　　　C:¥Users¥<ユーザ名>¥.keras¥datasets

　次に，学習処理の前準備として，画像データをピクセル（0～255 の整数値）ごとに 0.0～1.0 の数値で表される 1 次元配列に変換しておきます。また，ラベルデータも 0 と 1 による 2 値配列（One-hot 表現）に変換しておきます。画像はニューラルネットの入力データおよび教師信号としての出力データに使用します。ラベルは，入力データが何であるかをパターンの番号などで表したものです。

```python
# 2次元配列を1次元化, 実数化, 0～1に正規化
img = img_src.reshape(60000, 784).astype("float32") / 255
test_img = test_img_src.reshape(10000, 784).astype("float32") / 255

# 0-9を2値配列化
lbl = np_utils.to_categorical(lbl_src, 10)
test_lbl = np_utils.to_categorical(test_lbl_src, 10)
```

　表 9-1 は各変数の概要をまとめたものです。

表 9-1　各変数の概要

変数	種類	用途	1パターンあたりの表現
img_src, test_img_src	画像	取得用	8ビット（0～255の値）×28×28ピクセル
lbl_src, test_lbl_src	ラベル		0～9の値
img	画像	学習用	0.0～1.0の数値×784要素の配列
lbl	ラベル		One-hot表現による10要素の配列
test_img	画像	テスト用	（学習用と同じ）
test_lbl	ラベル		（学習用と同じ）

❑ 手書き数字認識プログラム

　リスト 9-2 は，MNIST データセットを使用して手書き数字認識を行うプログラムです。ネットワーク構造は 8 章の多層パーセプトロンの 2 層構造に対し，3 層構造（入力層を除いて数えた場合）であり，ディープラーニングとしては小規模です。なお初回実行時はデータセットのダウンロードにかなり時間がかかります。

リスト 9-2　MNIST 手書き数字認識プログラム

```python
from keras.datasets import mnist
```

```python
from keras.models import Sequential
from keras.layers import Dense, Activation, Dropout
from keras.utils import np_utils
from Display import *

def main():
    # 学習用画像・ラベル, 認識テスト用画像・ラベル
    (img_src, lbl_src), (test_img_src, test_lbl_src) = ¥
                                        mnist.load_data()

    # 画像を1次元配列化, 実数化, 0～1に正規化
    img = img_src.reshape(60000, 784).astype("float32") / 255
    test_img = test_img_src.reshape(10000, 784).astype("float32") /255

    # 0-9を2値配列化
    lbl = np_utils.to_categorical(lbl_src, 10)
    test_lbl = np_utils.to_categorical(test_lbl_src, 10)

    # モデル構築
    model = Sequential()

    model.add(Dense(512, input_dim=784))     # 全結合512ユニット,784入力
    model.add(Activation("relu"))            # 活性化関数:ReLU関数
    model.add(Dropout(0.2))                  # ドロップアウト
    model.add(Dense(512))                    # 全結合512ユニット
    model.add(Activation("relu"))            # 活性化関数:ReLU関数
    model.add(Dropout(0.2))                  # ドロップアウト
    model.add(Dense(10))                     # 全結合10ユニット
    model.add(Activation("softmax"))         # 活性化関数:softmax関数

    # モデル構造の表示
    model.summary()
    Display.layer(model)            # グラフィカルな構造表示

    model.compile(
            loss="categorical_crossentropy",# 損失関数:交差エントロピー
            optimizer="adam",               # 最適化手法:Adam
            metrics=["accuracy"])           # 正解率を出力する

    # 学習実行
    epochs = 10                     # 学習回数
    print("学習中...")
    h = model.fit(img, lbl,         # 学習用画像,ラベル
```

```
            epochs=epochs,            # 学習回数
            batch_size=128,           # ミニバッチサイズ
            verbose=0,                # 途中経過の表示OFF
            validation_data=(test_img, test_lbl))   # 評価用データ

    # 認識精度の評価（認識テスト用画像・ラベルを使って）
    score = model.evaluate(test_img, test_lbl, verbose=0)
    print("val_loss:", score[0])
    print("val_acc: ", score[1])

    # グラフ表示
    Display.mnist(model, test_img, test_img_src, test_lbl_src)
    Display.graph(h)

if __name__ == "__main__":
    main()
```

実行結果

```
Layer (type)                  Output Shape              Param #
================================================================
dense_1 (Dense)               (None, 512)               401920

activation_1 (Activation)     (None, 512)               0

dropout_1 (Dropout)           (None, 512)               0

dense_2 (Dense)               (None, 512)               262656

activation_2 (Activation)     (None, 512)               0

dropout_2 (Dropout)           (None, 512)               0

dense_3 (Dense)               (None, 10)                5130

activation_3 (Activation)     (None, 10)                0
================================================================
Total params: 669,706
Trainable params: 669,706
Non-trainable params: 0

学習中...
val_loss: 0.06477986485305974
val_acc:  0.9832
```

　モデルの構築は，次のように全結合の Dense レイヤー×3 層を基本構造として
います。入力層は，画像 1 枚のピクセル（28×28）を 1 次元配列化し 784 入力と
なります。Dense レイヤーはそれに近い 512 ユニットとし，活性化関数には，深
層化しても学習が失敗しづらい ReLU（Rectified Linear Unit）関数を使用し
ます。最後の Dense レイヤーは，10 クラスに分類するために，10 ユニットにし
てソフトマックス関数を使用します。さらに，Dropout レイヤーを入れることで，
学習時に一定割合の本数でネットワークを無効化（ドロップアウト）します。こ
れは，過学習を避けて汎化能力を高める効果があります。

```
# モデル構築
model = Sequential()                    # 多層モデル

model.add(Dense(512, input_dim=784))    # 全結合512ユニット,784入力
model.add(Activation("relu"))           # 活性化関数:ReLU関数
model.add(Dropout(0.2))                 # ドロップアウト
model.add(Dense(512))                   # 全結合512ユニット
model.add(Activation("relu"))           # 活性化関数:ReLU関数
model.add(Dropout(0.2))                 # ドロップアウト
model.add(Dense(10))                    # 全結合10ユニット
model.add(Activation("softmax"))        # 活性化関数:softmax関数
```

　コンソール出力では，summary メソッドで表示されたモデル構造の Dense レイ
ヤーに Param 値があり，全部で 3 か所なので一般的には 3 層とみなされることが
多いようです（Param つまり重みを学習させる箇所を層としてカウント）。これ
を，先ほど作成したユーティリティの Display.layer メソッドでグラフィカル
に表示したのが図 9-3 です。
　構造図において，左側の層数 L1〜L3 は自動的に認識されます。中央の図形は
ネットワークとユニット数を表しています。右側はパラメータの算出根拠を表し
ています。コンソール表示では，最初の Param は 401920 であり，図では w=784
×512，bias=512 と表示され，つまり，重みが（784 入力＋1 バイアス）×512
ユニットであるから，計算すると重み数＝401920 となり Param と一致します。
そして，これが L1 層でのネットワークの実際の線の数になります。

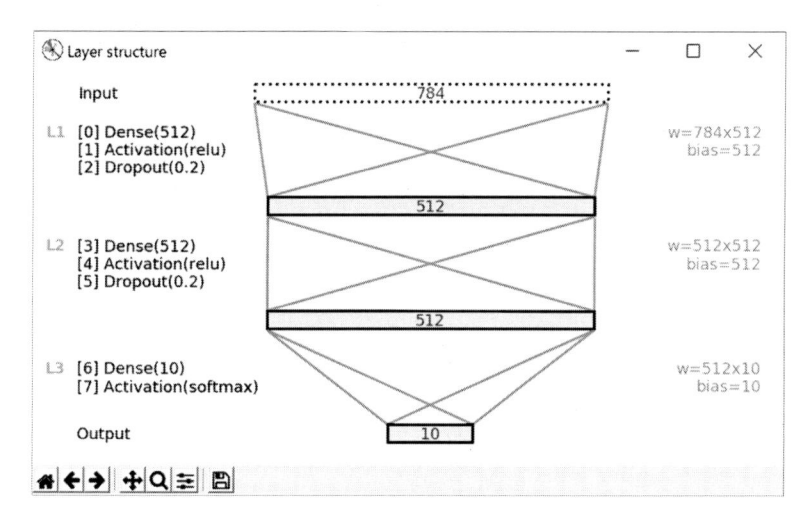

図9-3　MNIST手書き数字認識プログラムのモデル構造（リスト9-2の実行画面）

　モデルのコンパイルでは，次のように最適化手法（重みの修正アルゴリズム）に勾配降下法の改良型である Adam（Adaptive Moment Estimation）を使用しています。これは，局所解に陥りにくく重み更新の大きさを適切に自動調整します。収束が速いアルゴリズムとして，ディープラーニングでよく使われています。

　compile メソッドの最後に追加した引数 metrics=["accuracy"]は，学習の際には誤差（loss）だけでなく，正解率（acc）も計算できるようにせよという指示です。そして fit メソッドによる学習処理において，追加引数として validation_data=(test_img, test_lbl)とすれば，テスト（評価）用データを使って，結果の変数 h には各 epoch でのテストにおける誤差（val_loss），正解率（val_acc）の配列データが含まれるようになります。

```
model.compile(
        :
        optimizer="adam",              # 最適化手法：Adam
        metrics=["accuracy"])          # 正解率を出力する
```

```
h = model.fit(img, lbl,                        # 学習用画像,ラベル
        :
        validation_data=(test_img, test_lbl))  # 評価用データ
```

　その後，次のように evaluate メソッドを使うことで，テストデータによるパターン認識精度として，誤差（val_loss），正解率（val_acc）が参照できます。これらは，fit メソッドの結果である変数 h を使って，h.history["val_loss"] や h.history["val_acc"]という配列の最後尾要素からも同じ値が参照できます。eveluate の結果の方は，最終的な精度を知るために使い，h の方は精度をグラフ作成用の系列データとして得るために使うといいでしょう。

```
# 認識精度の評価（認識テスト用画像・ラベルを使って）
score = model.evaluate(test_img, test_lbl, verbose=0)
print("val_loss:", score[0])
print("val_acc: ", score[1])
```

　図 9-4 は，ユーティリティの Display.mnist メソッドによるテスト画像サンプル（最初の 25 個分）とその認識テストの結果です。表示された文字は，上が正解で下が認識結果です。この実行例では，2 行目 4 列目が数字の「5」の画像が「6」に認識されてしまい不正解として「×」が付いています。今回の正解率は98.3%と高いため，これはまれに生じた不正解であり，人が見ても認識しづらいケースではないかと思われます。

　図 9-5 は，ユーティリティの Display.graph メソッドによる精度のグラフ表示です。左が誤差で右が正解率です。各折れ線グラフは，loss, acc が学習用データによる精度であり，val_loss, val_acc がテスト（検証，validate）用データによる精度です。loss 側の方はどれだけ誤差＝0 に近づいたか，acc の方はどれだけ正解率＝1.0（100%）に近づいたかで精度がわかります。また，val が付く方はテストデータによる結果であるので，学習中のデータではない未知のデータに対してどれだけ認識できるかという性能を表すものになります。例えば，loss の収束に対して val_loss が反対に増加していくようなら，過学習によって未知のデータに対する認識能力（汎化能力）が下がっていると見ることができます。

　今回のグラフでは val_loss は横ばいで過学習は悪化しておらず，また，これ以上学習させてもそれほど下がらないだろうという判断ができると思います。いかに loss と val_loss の差（acc と val_acc の差）を開かせずにどれだけ収束できるかが，パターン認識システムとしての性能を上げるポイントとなります。

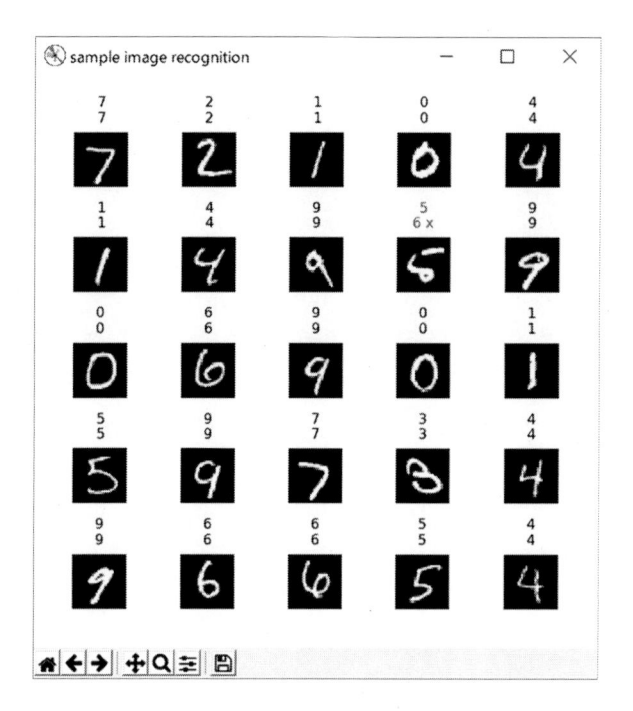

図9-4　MNISTの画像サンプルと認識テスト結果（リスト9-2の実行画面）

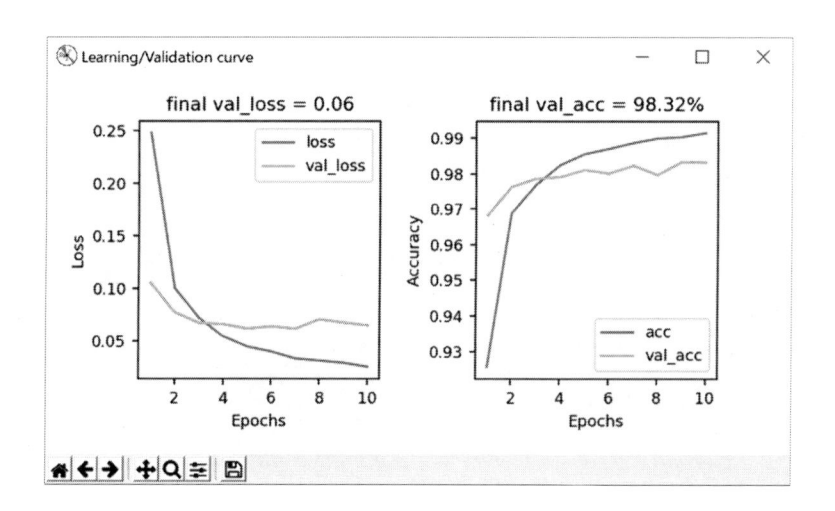

図9-5　MNIST手書き数字認識の損失・正解率グラフ（リスト9-2の実行画面）

9.3 畳み込みニューラルネットワーク

❑ 畳み込み

　畳み込みニューラルネットワーク（Convolutional Neural Network, CNN）は，画像処理の畳み込み演算（convolution）を応用し，移動や歪みに強い高精度な認識ができます。畳み込みは，図 9-6 のように 3×3 などのフィルタを入力画像にスライドしながら適用し，要素ごとに掛け合わせて（積和を求め）活性化関数（ReLU など）を通した値から特徴マップ（feature map）を得ます。MLP では画像を 1 次元データにして入力しましたが，CNN では画像（2 次元）のままフィルタを適用します。フィルタの適用は，特徴マップの 1 点が局所画像部分（3×3 ピクセル）から連結したネットワーク構成を意味します。これを局所受容野（local receptive field）と呼び，空間的位置関係を考慮した特徴を抽出します。同じフィルタを画像全域に適応することで，フィルタ（重み）で強く活性化する特徴を全域から抽出できます。これを重み共有（weight sharing）と呼び，深層化されたネットワークのパラメータ数を削減できます。

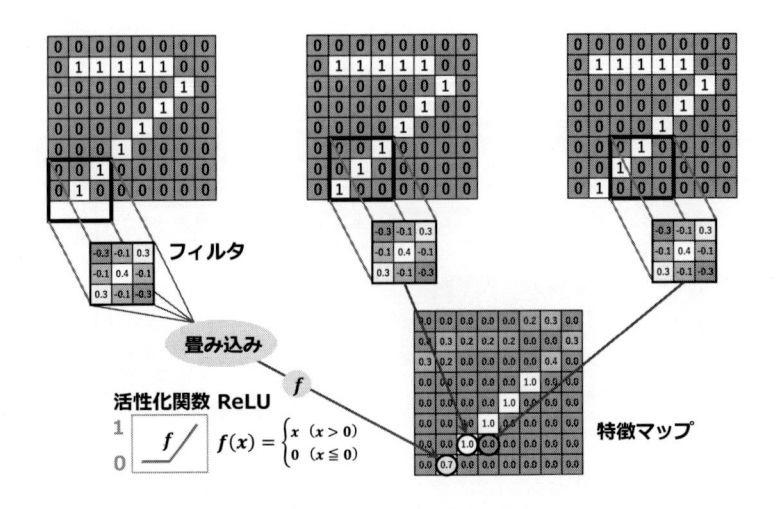

図 9-6　畳み込みと特徴マップ

❏ プーリング

　CNN でもう一つ重要な処理がプーリング（pooling）です。図 9-7 の例では，2
×2 のエリア内の最大値プーリング（max pooling）によって最大値のみを出力
して特徴マップは縦横 1/2 になり，縮小による計算量削減ができます。また，認
識に重要となる特徴を維持しながら，最大値未満の余計な情報が除去され物体の
特徴が強調されます。畳み込みとプーリングは，微小な位置や回転に対する不変
性（location invariance）を持ち，物体位置がやや移動していても似たような
特徴マップが得られ，ロバスト性（変化や乱れに対する頑強性）が向上します。

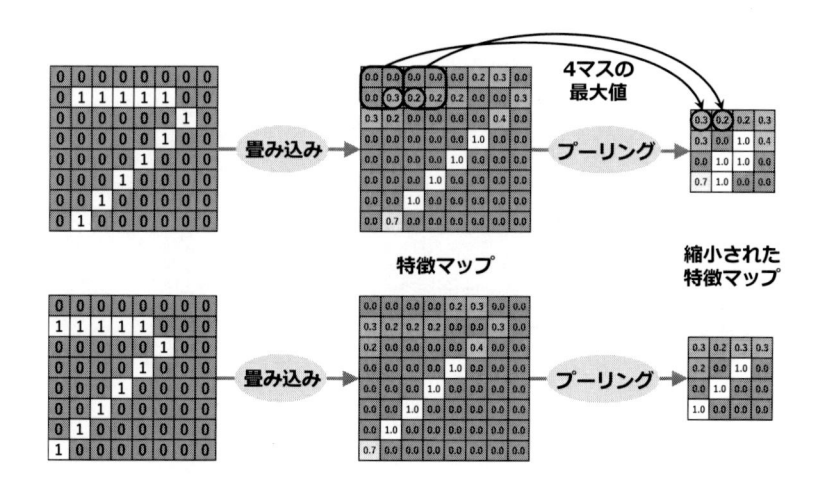

図 9-7　プーリングによる特徴マップの縮小

　CNN は，畳み込み層とプーリング層によって，エッジ形状などの単純かつ断片
的な特徴を抽出します。そして畳み込みフィルタを複数用意することで，複数の
特徴が抽出されます。こうした層構成を繰り返すと，はじめの畳み込み層では直
線や丸み，角などの単純な特徴に反応し，そのあとの層ではそれらの複合的な特
徴的パーツに反応するようになります。最終的には，物体そのものに反応するよ
うになり，出力の全結合層によって物体が何であるかを分類します。全体像から
認識しようとする単純な NN に比べ，CNN では特徴に対する反応を用いて深層化
を活用することで認識精度が向上しました。

❏ CNN による手書き数字認識プログラム

　リスト 9-3 は，MNIST データセットの手書き数字認識に CNN を用いたプログラムです。ネットワーク構造は，前半が畳み込みレイヤーとプーリングレイヤーによる畳み込み構造をとり，後半が全結合ネットワークによる多クラス分類の構造をとります。実行結果からも分かりますが，model データ構造は 12 レイヤーで構成し，重み（パラメータ）を有する層としては 4 層によるディープラーニング NN となります。

リスト 9-3　CNN による MNIST 手書き数字認識プログラム

```python
from keras.datasets import mnist
from keras.models import Sequential
from keras.layers import Dense, Activation, Dropout
from keras.layers import Conv2D, MaxPooling2D, Flatten
from keras.utils import np_utils
from keras.callbacks import LambdaCallback
from Display import *

def main():
    # 学習用画像・ラベル，認識テスト用画像・ラベル
    (img_src, lbl_src), (test_img_src, test_lbl_src) = ¥
                                        mnist.load_data()

    # 画像を2次元配列化，実数化，0〜1に正規化
    img = img_src.reshape(60000, 28, 28, 1).astype('float32') / 255
    test_img = test_img_src.reshape(10000, 28, 28, 1) ¥
                                        .astype('float32') / 255

    # 0-9を2値配列化
    lbl = np_utils.to_categorical(lbl_src, 10)
    test_lbl = np_utils.to_categorical(test_lbl_src, 10)

    # モデル構築
    model = Sequential()
    model.add(Conv2D(32, (3, 3), input_shape=(28, 28, 1)))  # 畳み込み
    model.add(Activation("relu"))

    model.add(Conv2D(32, (3, 3)))               # 畳み込み
    model.add(Activation("relu"))
    model.add(MaxPooling2D((2, 2)))             # プーリング
```

```python
model.add(Dropout(0.25))

model.add(Flatten())                           # 1次元化

model.add(Dense(128))                          # 全結合
model.add(Activation("relu"))
model.add(Dropout(0.5))

model.add(Dense(10))                           # 全結合
model.add(Activation("softmax"))

# モデル構造の表示
model.summary()
Display.layer(model)                 # グラフィカルな構造表示

model.compile(
        loss="categorical_crossentropy",# 損失関数：交差エントロピー
        optimizer="adam",                    # 最適化手法：Adam
        metrics=["accuracy"])                # 正解率を出力する

# 学習実行
epochs = 10                          # 学習回数
callback = LambdaCallback(on_epoch_begin=    # コールバック関数定義
    lambda epoch, logs: print("{}/{}...".format(epoch+1, epochs)))
print("学習中...")
h = model.fit(img, lbl,              # 学習用画像,ラベル
        epochs=epochs,               # 学習回数
        batch_size=128,              # ミニバッチサイズ
        verbose=0,                   # 途中経過の表示OFF
        callbacks=[callback],        # コールバック関数
        validation_data=(test_img, test_lbl))    # 評価用データ

# 認識精度の評価（認識テスト用画像・ラベルを使って）
score = model.evaluate(test_img, test_lbl, verbose=0)
print("val_loss:", score[0])
print("val_acc: ", score[1])

# グラフ表示
Display.mnist(model, test_img, test_img_src, test_lbl_src)
Display.graph(h)

# 特徴マップ表示
idx = 0                                   # 特徴マップ用入力画像の添え字
```

```
    im = test_img[idx]                      # 特徴マップ用入力画像
    title = "test_img[{}] ".format(idx)     # 特徴マップ表示タイトル
    Display.weight("filter", model, 0)      # レイヤー0の重み画像表示
    Display.feature(title, model, 1, im)    # レイヤー1の特徴マップ画像表示
    Display.feature(title, model, 3, im)    # レイヤー3の特徴マップ画像表示
    Display.feature(title, model, 4, im)    # レイヤー4の特徴マップ画像表示

if __name__ == "__main__":
    main()
```

実行結果

```
Layer (type)                    Output Shape            Param #
=================================================================
conv2d_1 (Conv2D)               (None, 26, 26, 32)      320

activation_1 (Activation)       (None, 26, 26, 32)      0

conv2d_2 (Conv2D)               (None, 24, 24, 32)      9248

activation_2 (Activation)       (None, 24, 24, 32)      0

max_pooling2d_1 (MaxPooling2    (None, 12, 12, 32)      0

dropout_1 (Dropout)             (None, 12, 12, 32)      0

flatten_1 (Flatten)             (None, 4608)            0

dense_1 (Dense)                 (None, 128)             589952

activation_3 (Activation)       (None, 128)             0

dropout_2 (Dropout)             (None, 128)             0

dense_2 (Dense)                 (None, 10)              1290

activation_4 (Activation)       (None, 10)              0
=================================================================
Total params: 600,810
Trainable params: 600,810
Non-trainable params: 0

学習中...
1/10...
```

```
2/10...
3/10...
4/10...
5/10...
6/10...
7/10...
8/10...
9/10...
10/10...
val_loss: 0.032725756762559102
val_acc:  0.9929
```

　まず，CNN に変更したことで入力データを 1 次元配列ではなく，縦横の 2 次元×チャネル数（白黒：1，カラー：3）の配列構造にして準備します。MNIST は縦 28×横 28 ピクセル×カラーチャネル 1 なので次のようになります。

```
# 画像を2次元配列化, 実数化, 0〜1に正規化
img = img_src.reshape(60000, 28, 28, 1).astype('float32') / 255
test_img = test_img_src.reshape(10000, 28, 28, 1) ¥
                                    .astype('float32') / 255
```

　モデルの構築は，1 層目の畳み込み層として Conv2D レイヤーを追加します。この例では 3×3 のフィルタを 32 個用意する畳み込みレイヤーです。次に活性化関数によく使われる ReLU を用います。これらのレイヤー出力で 1 つ目の特徴マップが得られます。ReLU 関数では，負の入力は 0 を返し，正の入力はそのまま返すため処理が軽く，出力 0 が多くなること（スパース性，sparsity）で，特徴に対し反応の低い（負の）箇所に対する計算量が減るメリットがあります。

```
model.add(Conv2D(32, (3, 3), input_shape=(28, 28, 1)))  # 畳み込み
model.add(Activation("relu"))
```

　2 層目の畳み込み層も，3×3 のフィルタを 32 個用意しました。フィルタ数を多くすると，認識精度が上がる場合がありますが，その分処理時間が長くかかってしまいます。また，2 層目では活性化後に得られた特徴マップに対するプーリング処理として MaxPooling2D レイヤーを追加しています。プーリングのサイズは 2×2 とし，各 4 マス中の最大値を縮小された特徴マップに出力します。

```
model.add(Conv2D(32, (3, 3)))            # 畳み込み
model.add(Activation("relu"))
model.add(MaxPooling2D((2, 2)))          # プーリング
model.add(Dropout(0.25))
```

　畳み込み処理の後は，次のように全結合ネットワークによる多クラス分類をします。その際，多次元配列である特徴マップを Dense レイヤーが扱える 1 次元配列にするために Flatten レイヤーによって変換しています。Dense レイヤーは 2 段階にして最終的にソフトマックス関数で 10 クラスの分類で出力しています。なお，過学習を抑えるために全体的に Dropout レイヤーを挿入してあります。

```
model.add(Flatten())                     # 1次元化

model.add(Dense(128))                    # 全結合
model.add(Activation("relu"))
model.add(Dropout(0.5))

model.add(Dense(10))                     # 全結合
model.add(Activation("softmax"))
```

　モデル構築の完成後，次のようにグラフィカルなモデルの構造表示を行っています。

```
Display.layer(model)                     # グラフィカルな構造表示
```

　図 9-8 のモデル構造では，L1，L2 層の Conv2D レイヤーのネットワーク表現が畳み込みとフィルタを表しています。L1 層の右側にはフィルタのサイズ×チャネル数（3×3×1）が表示されています。チャネル数は畳み込みに対する入力層の厚みに相当します。今回は白黒画像なので 1 チャネルです。よって 3×3×1＝9 入力（ピクセル）から特徴マップ 1 出力（ピクセル）へ結合し，1 フィルタあたりの重みを構成します。このフィルタが合計で 32 個用意され，それぞれ異なる特徴を抽出するフィルタになります。この 32 個という数字はフィルタの個数（x32）であり，作られる特徴マップの枚数であり，次の L2 層の入力チャネル数になります。よって L2 層のフィルタでは（3×3×32）が表示されています。

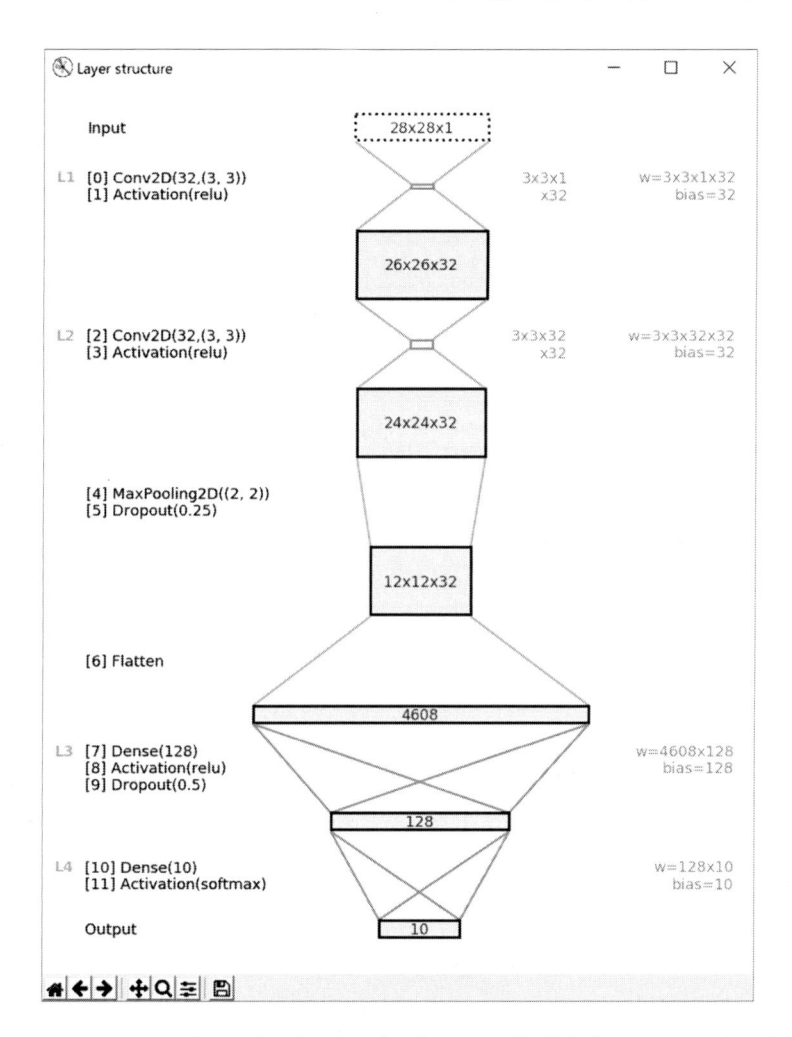

図 9-8　CNN による MNIST 手書き数字認識プログラムのモデル構造（リスト 9-3 の実行画面）

　3×3 の畳み込みをするたびに，画像サイズは上下左右 1 ピクセルずつ少なくなっていくので（28×28）→（26×26）→（24×24）と縮小されていきます。そして，MaxPoolong2D レイヤーによって 2×2 のプーリングで縦横 1/2 のサイズに縮小されます。その後（12×12×32）の画像は Flatten レイヤーによってそれらの掛け算結果＝4608 個の 1 次元配置に展開され，後は MLP の構造をとります。

　今回は学習に時間がかかるため，経過表示としてコールバック機能を使用しま

す。これは学習中に一定の処理ごとに表示処理などを呼び出すことができるものであり，システム側から呼び出されるという意味でコールバックと呼ばれています。次のように，まずコールバック関数を LambdaCallback によって定義し，変数 callback に格納します。そして，fit メソッドで学習させる際，callbacks=[callback]というように，変数 callback を与えます。今回のコールバック関数は，on_epoch_begin=によって epoch ごとに呼ばれます。epochs は 10 回に設定しているので，合計 10 回呼ばれる計算です。関数内容は，epoch 数を「1/10...」「2/10...」というように表示させるものです（図 9-9）。

```
callback = LambdaCallback(on_epoch_begin=    # コールバック関数定義
    lambda epoch, logs: print("{}/{}...".format(epoch+1, epochs)))
        :
h = model.fit(img, lbl,            # 学習用画像,ラベル
        :
        callbacks=[callback],    # コールバック関数
```

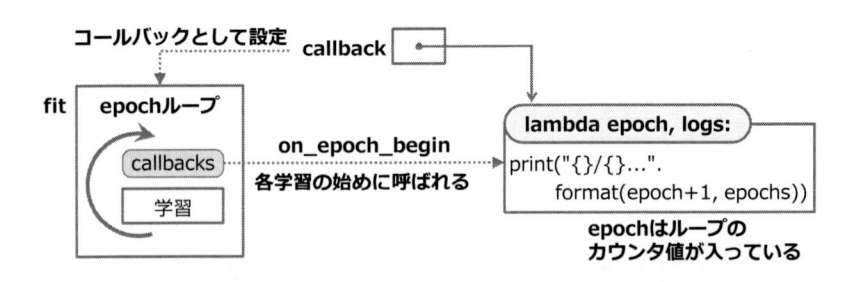

図 9-9　fit メソッドにおけるコールバック処理

　学習後は，Display.mnist メソッドで画像サンプルを，Display.graph メソッドで精度グラフを表示します。それぞれ図 9-10，9-11 のように表示されます。

```
# グラフ表示
Display.mnist(model, test_img, test_img_src, test_lbl_src)
Display.graph(h)
```

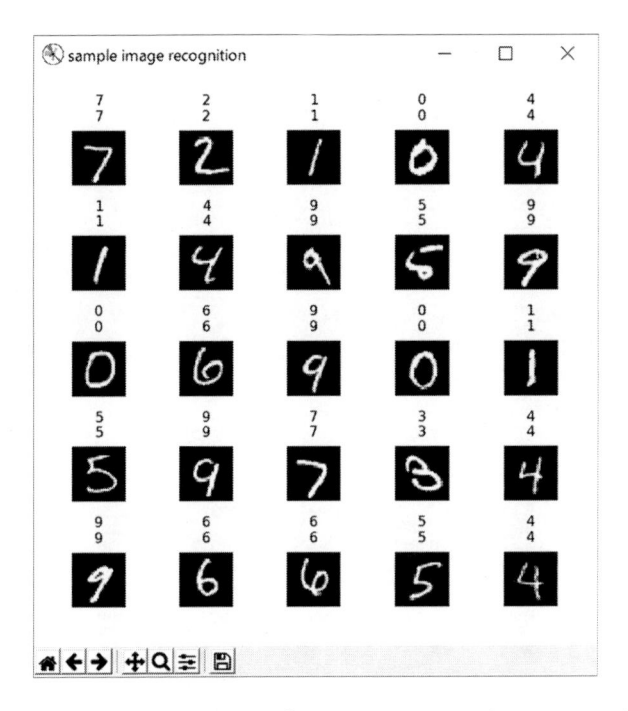

図 9-10　CNN による MNIST の画像サンプルと認識テスト結果（リスト 9-3 の実行画面）

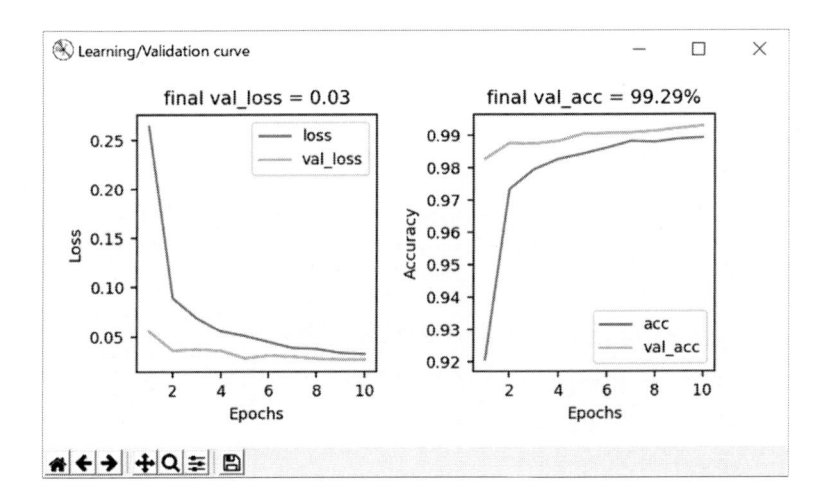

図 9-11　CNN による MNIST 手書き数字認識の損失・正解率（リスト 9-3 の実行画面）

さらに，次のように `Display.weight` メソッドと `Display.feature` メソッドによって重みと特徴マップを可視化します。ここで `idx` は，テスト用画像の何番目を使って特徴マップを表示するかを指定します。

```python
# 特徴マップ表示
idx = 0                                    # 特徴マップ用入力画像の添え字
im = test_img[idx]                         # 特徴マップ用入力画像
title = "test_img[{}] ".format(idx)        # 特徴マップ表示タイトル
Display.weight("filter", model, 0)         # レイヤー0の重み画像表示
Display.feature(title, model, 1, im)       # レイヤー1の特徴マップ画像表示
```

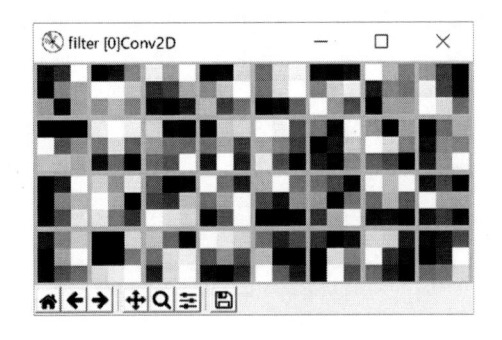

図 9-12　レイヤー0 の重み表示（リスト 9-3 の実行画面）

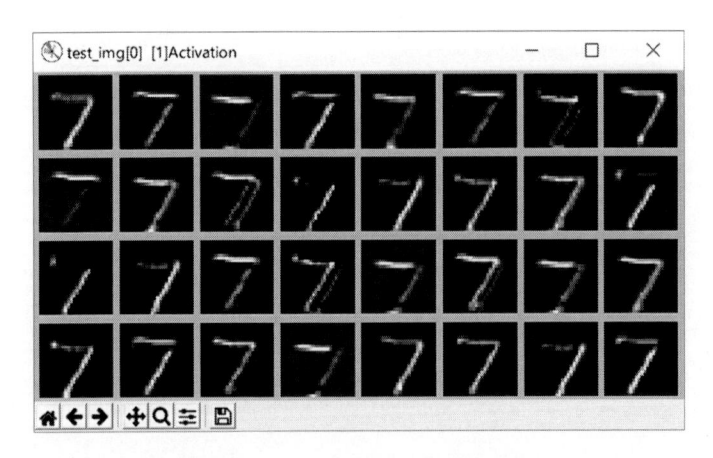

図 9-13　レイヤー1 の特徴マップ表示（リスト 9-3 の実行画面）

　1 層目の畳み込みによる重みと特徴マップは，図 9-12，9-13 のようになりました。学習パターンの特徴を抽出するように重みが学習され，テスト画像「7」を入力すると，その特徴が抽出され第 1 段階の特徴マップが作られています。

　次の処理の出力として，2 段目の畳み込み（レイヤー3）における特徴マップが図 9-14 で，プーリング（レイヤー4）によって縮小された特徴マップが図 9-15 です。特徴がはっきりと強調されつつ縮小されています。

```
Display.feature(title, model, 3, im)    # レイヤー3の特徴マップ画像表示
Display.feature(title, model, 4, im)    # レイヤー4の特徴マップ画像表示
```

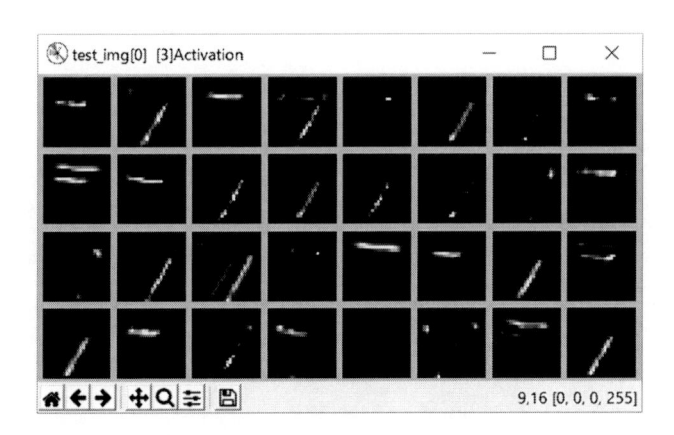

図 9-14　レイヤー3 の特徴マップ表示（リスト 9-3 の実行画面）

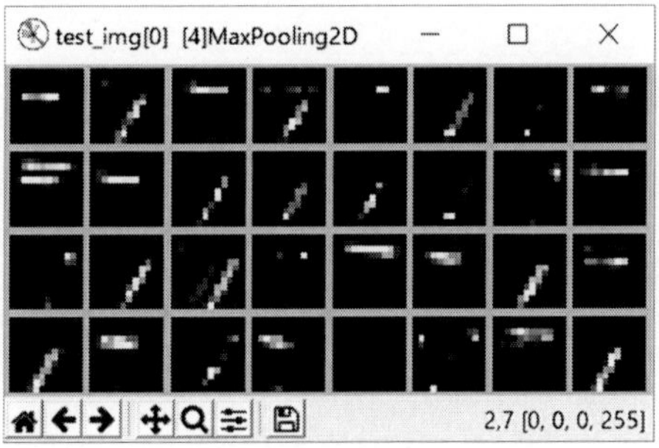

図 9-15　レイヤー4 の特徴マップ表示（リスト 9-3 の実行画面）

9.4　一般物体認識

❑ CIFAR-10 データセット

　CIFAR-10 データセット[※]は，図 9-16 のような動物や乗り物など 10 種類のカラー画像が，学習用に 50,000 枚，テスト用に 10,000 枚セットになったデータです。こちらもディープラーニングの学習などで広く利用されています。

※ Krizhevsky, A., "The CIFAR-10 dataset", Retrieved November 11, 2018, from https://www.cs.toronto.edu/~kriz/cifar.html

図 9-16　CIFAR-10 データセットのサンプルイメージ

❑ CNN による物体認識プログラム

　物体認識では，形状も色も複雑な画像を扱うため，CNN を用いてさらに深層化したディープラーニングのモデルを構築します。なお初回実行時は，データセットのダウンロードにかなり時間がかかります。

リスト 9-4　CifarApp.py　CIFAR-10 物体認識プログラム

```
from keras.datasets import cifar10
from keras.models import Sequential
```

```python
from keras.layers import Dense, Dropout, Activation, Flatten
from keras.layers import Conv2D, MaxPooling2D
from keras.utils import np_utils
from keras.callbacks import LambdaCallback
from Display import *

def main():
    # 学習用画像・ラベル,認識テスト用画像・ラベル
    (img_src, lbl_src), (test_img_src, test_lbl_src) = ¥
                                        cifar10.load_data()
    # 画像を0〜1に正規化
    img = img_src.astype("float32") / 255
    test_img = test_img_src.astype("float32") / 255

    # 0-9を2値配列化
    lbl = np_utils.to_categorical(lbl_src, 10)
    test_lbl = np_utils.to_categorical(test_lbl_src, 10)

    # モデル構築
    model = Sequential()

    model.add(Conv2D(32, (3, 3), padding="same", ¥
                                input_shape=(32, 32, 3)))
    model.add(Activation("relu"))

    model.add(Conv2D(32, (3, 3)))
    model.add(Activation("relu"))
    model.add(MaxPooling2D((2, 2)))
    model.add(Dropout(0.25))

    model.add(Conv2D(64, (3, 3), padding="same"))
    model.add(Activation("relu"))

    model.add(Conv2D(64, (3, 3)))
    model.add(Activation("relu"))
    model.add(MaxPooling2D((2, 2)))
    model.add(Dropout(0.25))

    model.add(Flatten())

    model.add(Dense(512))
    model.add(Activation("relu"))
    model.add(Dropout(0.5))

    model.add(Dense(10))
```

```python
        model.add(Activation("softmax"))

        # モデル構造の表示
        model.summary()
        Display.layer(model)           # グラフィカルな構造表示

        model.compile(loss="categorical_crossentropy",
                optimizer="adam",
                metrics=["accuracy"])

        # 学習実行
        epochs = 30                     # 学習回数
        callback = LambdaCallback(on_epoch_begin=    # コールバック関数定義
            lambda epoch, logs: print("{}/{}...".format(epoch+1, epochs)))
        print("学習中...")
        h = model.fit(img, lbl,         # 学習用画像,ラベル
                epochs=epochs,          # 学習回数
                batch_size=128,         # ミニバッチサイズ
                verbose=0,              # 途中経過の表示OFF
                callbacks=[callback],   # コールバック関数
                validation_data=(test_img, test_lbl))   # 評価用データ

        # 認識精度の評価(認識テスト用画像・ラベルを使って)
        score = model.evaluate(test_img, test_lbl, verbose=0)
        print("val_loss:", score[0])
        print("val_acc: ", score[1])

        # グラフ表示
        Display.cifar(model, test_img, test_img_src, test_lbl_src)
        Display.graph(h)

if __name__ == "__main__":
    main()
```

実行結果

Layer (type)	Output Shape	Param #
conv2d_1 (Conv2D)	(None, 32, 32, 32)	896
activation_1 (Activation)	(None, 32, 32, 32)	0
conv2d_2 (Conv2D)	(None, 30, 30, 32)	9248

```
activation_2 (Activation)     (None, 30, 30, 32)        0

max_pooling2d_1 (MaxPooling2  (None, 15, 15, 32)        0

dropout_1 (Dropout)           (None, 15, 15, 32)        0

conv2d_3 (Conv2D)             (None, 15, 15, 64)        18496

activation_3 (Activation)     (None, 15, 15, 64)        0

conv2d_4 (Conv2D)             (None, 13, 13, 64)        36928

activation_4 (Activation)     (None, 13, 13, 64)        0

max_pooling2d_2 (MaxPooling2  (None, 6, 6, 64)          0

dropout_2 (Dropout)           (None, 6, 6, 64)          0

flatten_1 (Flatten)           (None, 2304)              0

dense_1 (Dense)               (None, 512)               1180160

activation_5 (Activation)     (None, 512)               0

dropout_3 (Dropout)           (None, 512)               0

dense_2 (Dense)               (None, 10)                5130

activation_6 (Activation)     (None, 10)                0
=================================================================
Total params: 1,250,858
Trainable params: 1,250,858
Non-trainable params: 0
```

```
学習中...
1/30...
2/30...
3/30...
4/30...
5/30...
6/30...
7/30...
8/30...
9/30...
10/30...
```

```
11/30...
12/30...
13/30...
14/30...
15/30...
16/30...
17/30...
18/30...
19/30...
20/30...
21/30...
22/30...
23/30...
24/30...
25/30...
26/30...
27/30...
28/30...
29/30...
30/30...
val_loss: 0.6274571761369705
val_acc:  0.8102
```

　今回の一般物体認識は，カラー画像であることや「犬」といった同じクラスの物体でも様々な大きさ，位置，角度，種類，個体差などバリエーションが豊富なため認識な難しくなります。CNN では画像の単純な特徴を抽出し，そこから抽象的な特徴抽出を行っていきます。抽象的な特徴抽出力と認識精度を高めるために深層化することで，物体認識の精度を高めることができます。

　図 9-17 のモデル構造の可視化を見ると，keras のモデル（レイヤー配列）構造としては model.layers[0]〜[17]の 18 レイヤーであり，また，パラメータ（重み）を有する層のみカウントすると L1〜L6 の 6 層構造で深層化されたネットワーク構成となります。今回は入力画像が 32×32 ピクセル×3 チャネル（RGBカラー）です。フィルタも 3 チャネル分の厚みとなり，フィルタ 1 個あたり 3×3 ピクセル×3 チャネルと，入力画像（3 チャネル）との積和からは 1 チャネル分の特徴マップが作られます。そして，CNN の主要構成要素となる Conv2D レイヤーによる畳み込み層が 4 回繰り返されており，2 回ごとに MaxPooling2D レイヤーによるプーリング層を入れています。プーリングは情報が失われる処理であるため，畳み込み回数に対しプーリング回数は抑える傾向があります。

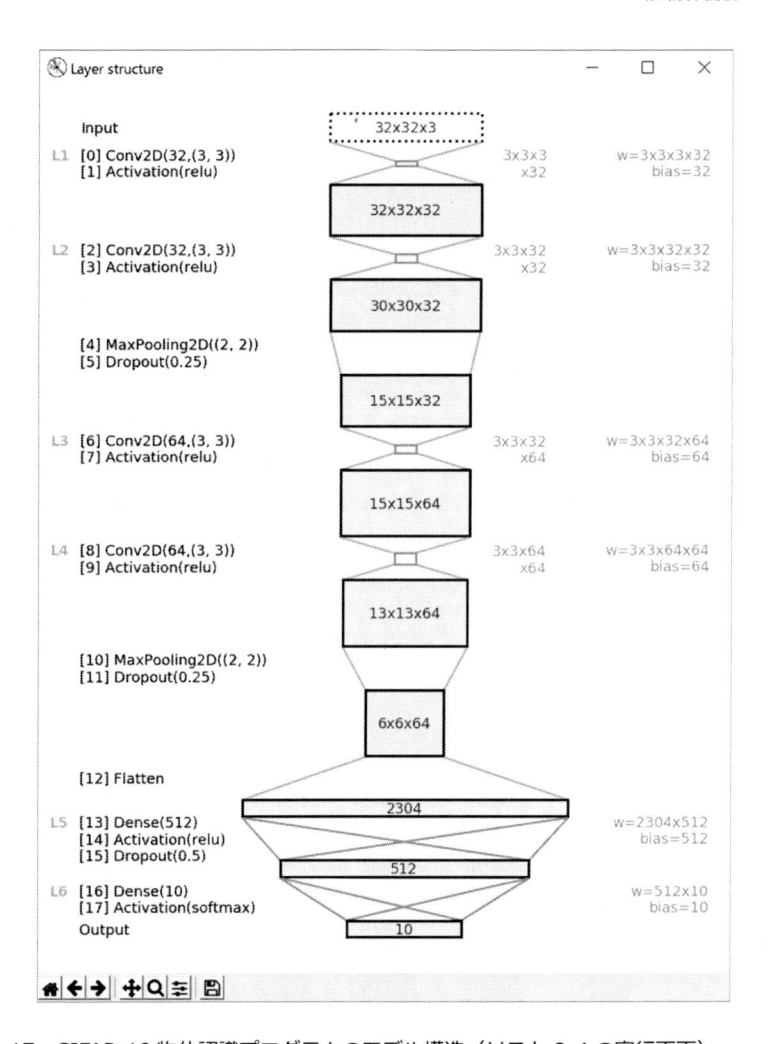

図 9-17　CIFAR-10 物体認識プログラムのモデル構造（リスト 9-4 の実行画面）

　また，次のように Conv2D 構成の引数に padding="same"とあり，ゼロパディング（zero padding）を指定しています。これは入力画像の周囲を 0 で埋めた（1 ピクセルまわりサイズが拡大した）状態に畳み込みを適用するものです。こうすることで，画像の端が畳み込みに使用される回数が少なくなるという状況をなくし，端部分の特徴抽出が弱くなる欠点を改善します。なお，パディングした場合，入力画像に対する特徴マップの縦×横サイズは変化しません。

```
model.add(Conv2D(32, (3, 3), padding="same", ¥
    :
model.add(Conv2D(64, (3, 3), padding="same"))
```

　図 9-18 は，本プログラムによる画像サンプルとその認識テスト結果の画像表示です。この例では，次の箇所が認識テストに失敗して「×」印がついています。四駆自動車をトラックと間違えるのは無理もないような気もします。ステルス型飛行機は鳥に近いかもしれませんが，鋭角で直線的フォルムはやはり人工物的な特徴でしょう。この犬は耳や足が長めなので鹿に誤認識したのかもしれません。

- ・ 2 行 5 列目　　自動車　　→　　トラック　×
- ・ 5 行 2 列目　　飛行機　　→　　鳥　　　　×
- ・ 5 行 5 列目　　犬　　　　→　　鹿　　　　×

図 9-18　　CIFAR-10 物体認識の画像サンプルと認識テスト結果（リスト 9-4 の実行画面）

　図 9-19 は精度グラフです。テストによる精度は epoch=10 くらいから，あまりよくなっていないようですが，正解率は 80%以上の結果となりました。

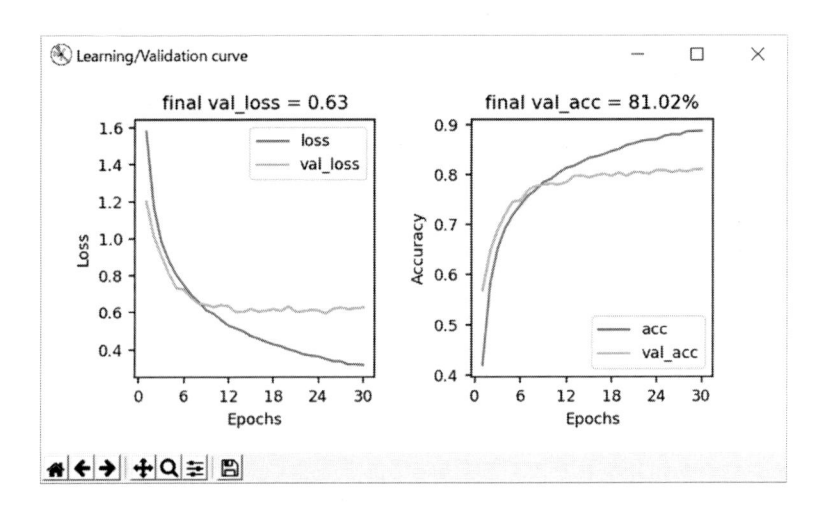

図 9-19　CIFAR-10 物体認識の損失・正解率（リスト 9-4 の実行画面）

9.5　スタイル変換

❏ VGG19 モデル

　VGG19 モデル※は，ImageNet と呼ばれる 100 種類の物体による大規模な画像データセットを使って訓練した学習済みモデルです。これは 19 層で構成される畳み込みニューラルネットワークモデルとして，畳み込み層の部分が 16 段あり，小さなフィルタによる畳み込み層を複数重ねることで特徴抽出に優れています。すでに学習によって高い認識精度と特徴抽出能力を有しており，こうした学習済みモデルを活用することで高性能なモデルが効率よく構築できます。

※ Simonyan, K., & Zisserman, A. " Very Deep Convolutional Networks for Large-Scale Image Recognition", *arXiv preprint arXiv:1409.1556*, 2014.

❏ スタイル変換

　スタイル変換[1,2]（画風変換，Neural Style Transfer）は，ある画像の画風（スタイル）を別の画像に転写させるディープラーニングの応用技術です。例えば，ピカソの絵画スタイルを普通の画像に適用することで，ピカソ風のタッチに変化します。

　基本的な原理としては，コンテンツ画像にスタイル画像を適用し，コンテンツにスタイルの特徴を融合させ新たな画像を生成します。その際，コンテンツと生成画像およびスタイルと生成画像の各損失（誤差）を一定バランスで加算したものを目的の誤差とし，これを最小化（最適化）するように生成画像を修正していきます。学習済みモデル VGG19 は多くの物体を認識でき，その能力を用いて画像の特徴を抽出するわけです。16 層もの深層化された畳み込み層部分を使用することで，余計な情報は削除され，より重要な特徴が残っていきます。VGG19 の残り3 層の全結合の部分は多クラス分類機能なので今回は必要とせず，特徴抽出の畳み込み層部分を使用します。なお，アルゴリズムの詳細は出典を参照して下さい。

《出典》
[1]　Gatys, L. A., Ecker, A. S., & Bethge, M., "A Neural Algorithm of Artistic Style", *arXiv preprint arXiv:1508.06576*, 2015.

[2]　Gatys, L. A., Ecker, A. S., & Bethge, M. "Image Style Transfer Using Convolutional Neural Networks", *Proceedings of the IEEE Conference on Computer Vision and Pattern Recognition*, 2016.

❏ スタイル変換プログラム

　スタイル変換では，学習済みモデル VGG19 を使用するため，その重みをダウンロードして使用します。初回実行時は，VGG19 のダウンロードにかなり時間がかかります。なお，画像の保存先は ex09/img フォルダです。

リスト 9-5　StyleTransferApp.py　スタイル変換プログラム

```python
from keras.applications import vgg19
from keras.preprocessing import image as im
from keras import backend as K
from keras.layers import Input
```

```python
from scipy.optimize import fmin_l_bfgs_b
import matplotlib.pyplot as plt
import numpy as np
import os
from Display import *

def preprocess(path, rows, cols):     # 画像->配列変換
    img = im.load_img(path, target_size=(rows, cols))   # 画像読み込み
    img = im.img_to_array(img)           # array型に変換
    img = img[:, :, ::-1]                # RGB->BGR変換
    img = img.astype("float64")          # 実数化
    img[:, :, 0] -= 103.939              # 平均ゼロ化
    img[:, :, 1] -= 116.779
    img[:, :, 2] -= 123.68
    img = np.expand_dims(img, axis=0)    # 次元を増やす
    return img

def deprocess(x, rows, cols):        # 配列->画像変換
    x = x.copy().reshape((rows, cols, 3))
    x[:, :, 0] += 103.939                # 平均ゼロ化を戻す
    x[:, :, 1] += 116.779
    x[:, :, 2] += 123.68
    x = x[:, :, ::-1]                    # BGR->RGB変換
    x = np.clip(x, 0, 255).astype("uint8")  # 0-255整数化
    return x

def gram_matrix(x):      # グラム行列
    features = K.batch_flatten(K.permute_dimensions(x, (2, 0, 1)))
    gram = K.dot(features, K.transpose(features))
    return gram

def get_content_loss(content, gen):          # コンテンツ損失関数
    return K.sum(K.square(gen - content))

def get_style_loss(style, gen, rows, cols): # スタイル損失関数
    S = gram_matrix(style)
    C = gram_matrix(gen)
    channels = 3
    size = rows * cols
    return K.sum(K.square(S-C)) / (4. * (channels**2) * (size**2))

class Evaluator():        # 最適化関数用に損失・勾配関数の用意
    def __init__(self, rows, cols, func):
        self.rows = rows
```

```python
        self.cols = cols
        self.func = func

    def get_loss(self, x):        # 損失関数（勾配も求めておく）
        x = x.reshape((1, self.rows, self.cols, 3))
        ret = self.func([x])      # 損失と勾配を求める
        self.loss = ret[0]
        self.grads = ret[1].flatten().astype("float64")
        return self.loss

    def get_grads(self, x):        # 勾配関数
        return self.grads

def main():
    # コンテンツ画像，スタイル画像，生成画像のファイルパス
    work_dir = os.getcwd() + "/img/"
    content_path = work_dir + "Cat.jpg"
    style_path = work_dir + "Scream.jpg"
    gen_path = work_dir + "Generated.png"

    # スタイル適用バランス
    style_weight = 1.0
    content_weight = 0.025

    # 画像サイズの調整
    content_img_src = im.load_img(content_path)
    width, height = content_img_src.size
    rows = 400                          # 縦サイズを400に
    cols = int(width * rows / height)   # 縦横比を維持し横サイズを計算

    # 各画像，入力のテンソル準備
    content_img = K.variable(preprocess(content_path, rows, cols))
    style_img = K.variable(preprocess(style_path, rows, cols))
    gen_img = K.placeholder((1, rows, cols, 3))        # 生成画像格納先
    inp = K.concatenate([content_img, style_img, gen_img], axis=0)

    # モデル構築（VGG19から全結合層を除いた構成）
    model = vgg19.VGG19(input_tensor=Input(tensor=inp),
                        weights="imagenet", include_top=False)

    model.summary()           # モデル構造表示
    Display.layer(model)      # モデル構造表示（グラフィカル）

    # モデルのレイヤーを名前で参照できるようにする
```

```
layers = dict([(layer.name, layer.output)
                        for layer in model.layers])

# コンテンツと生成画像間の誤差定義
content_loss = K.variable(0.)
feature_map = layers["block5_conv2"]
content_features = feature_map[0,:,:,:]        # コンテンツの特徴
gen_features = feature_map[2,:,:,:]            # 生成画像の特徴
content_loss = content_loss + ¥
                get_content_loss(content_features, gen_features)

# スタイルと生成画像間の誤差定義
style_loss = K.variable(0.)
style_feature_maps = ["block1_conv1", "block2_conv1",
                       "block3_conv1", "block4_conv1",
                       "block5_conv1"]
for layer_name in style_feature_maps:
    feature_map = layers[layer_name]
    style_features = feature_map[1,:,:,:]      # スタイルの特徴
    gen_features = feature_map[2,:,:,:]        # 生成画像の特徴
    style_loss = style_loss + ¥
        get_style_loss(style_features, gen_features, rows, cols)

# トータル誤差と勾配の定義
loss = content_weight * content_loss + style_weight * style_loss
grads = K.gradients(loss, gen_img)[0]

# 最適化用評価関数の用意
func = K.function([gen_img], [loss, grads])
evaluator = Evaluator(rows, cols, func)

# 生成画像初期設定, 画像表示
x = preprocess(content_path, rows, cols)       # コンテンツ画像を設定
disp = DispImg("Generated image", 5, 5)        # 画像表示ウィンドウ
disp.update(deprocess(x, rows, cols))          # 生成画像初期状態の表示

# 最適化実行
n = 5
for i in range(n):
    s = "Optimizing {}/{}".format(i+1, n)
    print(s + "...")
    # L-BFGS(準ニュートン法)による最適化実行
    x = fmin_l_bfgs_b(func=evaluator.get_loss,  # 最適化対象関数
                        fprime=evaluator.get_grads, # 勾配関数
```

```
                    x0=x.flatten(), maxfun=20)[0]    # 初期値, 最大反復
        # 生成画像の取得
        img = deprocess(x, rows, cols)
        # 画像表示を更新
        disp.update(img, "Generated image - " + s)
    # 生成画像の保存
    im.save_img(gen_path, img)

if __name__ == "__main__":
    main()
```

実行結果

Layer (type)	Output Shape	Param #
input_1 (InputLayer)	(None, 400, 265, 3)	0
block1_conv1 (Conv2D)	(None, 400, 265, 64)	1792
block1_conv2 (Conv2D)	(None, 400, 265, 64)	36928
block1_pool (MaxPooling2D)	(None, 200, 132, 64)	0
block2_conv1 (Conv2D)	(None, 200, 132, 128)	73856
block2_conv2 (Conv2D)	(None, 200, 132, 128)	147584
block2_pool (MaxPooling2D)	(None, 100, 66, 128)	0
block3_conv1 (Conv2D)	(None, 100, 66, 256)	295168
block3_conv2 (Conv2D)	(None, 100, 66, 256)	590080
block3_conv3 (Conv2D)	(None, 100, 66, 256)	590080
block3_conv4 (Conv2D)	(None, 100, 66, 256)	590080
block3_pool (MaxPooling2D)	(None, 50, 33, 256)	0
block4_conv1 (Conv2D)	(None, 50, 33, 512)	1180160
block4_conv2 (Conv2D)	(None, 50, 33, 512)	2359808
block4_conv3 (Conv2D)	(None, 50, 33, 512)	2359808

```
block4_conv4 (Conv2D)          (None, 50, 33, 512)       2359808
_____
block4_pool (MaxPooling2D)     (None, 25, 16, 512)       0
_____
block5_conv1 (Conv2D)          (None, 25, 16, 512)       2359808
_____
block5_conv2 (Conv2D)          (None, 25, 16, 512)       2359808
_____
block5_conv3 (Conv2D)          (None, 25, 16, 512)       2359808
_____
block5_conv4 (Conv2D)          (None, 25, 16, 512)       2359808
_____
block5_pool (MaxPooling2D)     (None, 12, 8, 512)        0
===============================================================
Total params: 20,024,384
Trainable params: 20,024,384
Non-trainable params: 0
_____
Optimizing 1/5...
Optimizing 2/5...
Optimizing 3/5...
Optimizing 4/5...
Optimizing 5/5...
```

　本プログラムでは，ニューラルネットワークの学習はせず，モデル各層の情報を直接参照して演算します。そのために keras よりも低水準の処理ができるバックエンドエンジンである TensorFlow の機能を使用します。一般的には TensorFlow 以外の互換性を重視し，keras.backend というモジュールをインポートして K というような別名で参照します。

　TensorFlow では，演算手順をデータフローグラフとして定義してから計算を実行します。グラフは演算で構成された数式のようなものであり，演算のオペランド表現としてテンソル（Tensor）という多次元配列を使います。テンソルには，プレースホルダー（placeholder），変数（variable）などの種類があります。プレースホルダーは計算結果の格納先です。変数に対しては，四則演算，K.dot（内積），K.sum（和），K.square（2乗），K.transpose（転置），K.concatenate（連結），K.permute_dimensions（次元順変更），K.batch_flatten（フラット化），K.gradients（勾配），K.function（関数生成）などを使い，数式によって演算方法を定義することでデータフローグラフ

を構築します。プログラムでは数式表現の行が実行されてもまだ演算は行われず，入力データが与えられ実行されると数式が一斉計算されて結果が得られます。

　スタイル変換プログラムでは，画像ファイルを演算用の配列形式（テンソル）にする preprocess 関数，配列形式を通常の画像形式に戻す deprocess 関数を用意します。これらは，VGG19 に合わせて画像データの RGB 形式と BGR 形式の変換や各色の平均がゼロになるような調整を行います。

```python
def preprocess(path, rows, cols):    # 画像->配列変換
    img = im.load_img(path, target_size=(rows, cols))    # 画像読み込み
    img = im.img_to_array(img)            # array型に変換
    img = img[:, :, ::-1]                 # RGB->BGR変換
    img = img.astype("float64")           # 実数化
    img[:, :, 0] -= 103.939               # 平均ゼロ化
    img[:, :, 1] -= 116.779
    img[:, :, 2] -= 123.68
    img = np.expand_dims(img, axis=0)     # 次元を増やす
    return img

def deprocess(x, rows, cols):          # 配列->画像変換
    x = x.copy().reshape((rows, cols, 3))
    x[:, :, 0] += 103.939                    # 平均ゼロ化を戻す
    x[:, :, 1] += 116.779
    x[:, :, 2] += 123.68
    x = x[:, :, ::-1]                        # BGR->RGB変換
    x = np.clip(x, 0, 255).astype("uint8")  # 0-255整数化
    return x
```

　コンテンツ損失関数として get_content_loss 関数，スタイル損失関数として get_style_loss 関数，その計算に必要となるグラム行列を求める gram_matrix 関数を用意します。これらは演算を定義するデータフローグラフの構築です。生成画像に対し，get_content_loss がコンテンツ画像との損失（誤差），get_style_loss がスタイル画像との損失（誤差）を求める演算の定義です。

```python
def gram_matrix(x):      # グラム行列
    features = K.batch_flatten(K.permute_dimensions(x, (2, 0, 1)))
    gram = K.dot(features, K.transpose(features))
    return gram
```

```python
def get_content_loss(content, gen):          # コンテンツ損失関数
    return K.sum(K.square(gen - content))

def get_style_loss(style, gen, rows, cols): # スタイル損失関数
    S = gram_matrix(style)
    C = gram_matrix(gen)
    channels = 3
    size = rows * cols
    return K.sum(K.square(S-C)) / (4. * (channels**2) * (size**2))
```

　最適化処理用の損失関数と勾配関数を用意します。これらは最適化関数の仕様に合わせ，入力 x（生成画像）から損失および勾配を求める形です。計算効率のために，get_loss 側で self.func の関数によって損失と勾配をまとめて求めておき，勾配を self.grads に格納しておきます。これらの変数を内包するために Evaluator クラスとして作っておきます。

```python
class Evaluator():          # 最適化関数用に損失・勾配関数の用意
    def __init__(self, rows, cols, func):
        self.rows = rows
        self.cols = cols
        self.func = func

    def get_loss(self, x):          # 損失関数(勾配も求めておく)
        x = x.reshape((1, self.rows, self.cols, 3))
        ret = self.func([x])          # 損失と勾配を求める
        self.loss = ret[0]
        self.grads = ret[1].flatten().astype("float64")
        return self.loss

    def get_grads(self, x):          # 勾配関数
        return self.grads
```

　main 関数では，まず設定処理として，コンテンツ画像，スタイル画像，生成画像のファイルパス設定，スタイルの適用バランス設定，画像サイズ設定などを行います。扱う画像サイズは縦を 400 ピクセルにし，アスペクト比をコンテンツ画像のもので統一します。

```
# コンテンツ画像, スタイル画像, 生成画像のファイルパス
work_dir = os.getcwd() + "/img/"
content_path = work_dir + "Cat.jpg"
style_path = work_dir + "Scream.jpg"
gen_path = work_dir + "Generated.png"

# スタイル適用バランス
style_weight = 1.0
content_weight = 0.025

# 画像サイズの調整
content_img_src = im.load_img(content_path)
width, height = content_img_src.size
rows = 400                             # 縦サイズを400に
cols = int(width * rows / height)    # 縦横比を維持し横サイズを計算
```

各画像をテンソルにします。コンテンツ画像とスタイル画像は変数とし，生成画像は結果格納先としてプレースホルダーにします。そして，これらを VGG19 モデルの入力データとして設定します。

```
# 各画像, 入力のテンソル準備
content_img = K.variable(preprocess(content_path, rows, cols))
style_img = K.variable(preprocess(style_path, rows, cols))
gen_img = K.placeholder((1, rows, cols, 3))      # 生成画像格納先
inp = K.concatenate([content_img, style_img, gen_img], axis=0)
```

VGG19 モデルの構築では，include_top=False によって VGG19 の出力層側の 3 つの全結合層を削除し，weights="imagenet"によって学習済みの重みを使用します。また，入力画像の縦×横×チャネルを使用してモデル構造を表示します。

```
# モデル構築(VGG19から全結合層を除いた構成)
model = vgg19.VGG19(input_tensor=Input(tensor=inp),
                    weights="imagenet", include_top=False)

model.summary()          # モデル構造表示
Display.layer(model)     # モデル構造表示(グラフィカル)
```

モデルを構築後，特徴マップを参照して各損失を求めるデータフローグラフを

構築します。まず，レイヤー名（model.summary()の表示から確認できる）で言うと block5_conv2 レイヤーのコンテンツと生成画像の特徴マップ間の損失（誤差）を定義し，同様に block1_conv1〜block5_conv1 レイヤーのスタイルと生成画像の特徴マップ間の損失（誤差）を定義します。

```python
# モデルのレイヤーを名前で参照できるようにする
layers = dict([(layer.name, layer.output)
                           for layer in model.layers])

# コンテンツと生成画像間の誤差定義
content_loss = K.variable(0.)
feature_map = layers["block5_conv2"]
content_features = feature_map[0,:,:,:]       # コンテンツの特徴
gen_features = feature_map[2,:,:,:]           # 生成画像の特徴
content_loss = content_loss + ¥
                get_content_loss(content_features, gen_features)

# スタイルと生成画像間の誤差定義
style_loss = K.variable(0.)
style_feature_maps = ["block1_conv1", "block2_conv1",
                      "block3_conv1", "block4_conv1",
                      "block5_conv1"]
for layer_name in style_feature_maps:
    feature_map = layers[layer_name]
    style_features = feature_map[1,:,:,:]     # スタイルの特徴
    gen_features = feature_map[2,:,:,:]       # 生成画像の特徴
    style_loss = style_loss + ¥
        get_style_loss(style_features, gen_features, rows, cols)
```

そして，トータルな誤差と勾配の定義をして全データフローグラフ構築が完了します。また，最適化関数に与える評価関数（誤差と勾配関数）の準備をします。

```python
# トータル誤差と勾配の定義
loss = content_weight * content_loss + style_weight * style_loss
grads = K.gradients(loss, gen_img)[0]

# 最適化用評価関数の用意
func = K.function([gen_img], [loss, grads])
evaluator = Evaluator(rows, cols, func)
```

　生成画像である最適化関数の入力 x の設定をします。初期値はコンテンツ画像を設定しておきます。また，ユーティリティの DispImg クラスを使って最適化中の画像表示用ウィンドウを作成します。

```
# 生成画像初期設定, 画像表示
x = preprocess(content_path, rows, cols)      # コンテンツ画像を設定
disp = DispImg("Generated image", 5, 5)       # 画像表示ウィンドウ
disp.update(deprocess(x, rows, cols))         # 生成画像初期状態の表示
```

　最適化処理では，L-BFGS アルゴリズムを使用しています。この最適化処理の中でデータフローグラフによる演算が行われて生成画像が修正されます。修正された生成画像 x は再びモデルに入力され，ループ処理で最適化を繰り返します。更新された生成画像は disp.update メソッドで表示を更新しています。

```
# 最適化実行
n = 5
for i in range(n):
    s = "Optimizing {}/{}".format(i+1, n)
    print(s + "...")
    # L-BFGS(準ニュートン法)による最適化実行
    x = fmin_l_bfgs_b(func=evaluator.get_loss,   # 最適化対象関数
                      fprime=evaluator.get_grads, # 勾配関数
                  x0=x.flatten(), maxfun=20)[0]   # 初期値, 最大反復
    # 生成画像の取得
    img = deprocess(x, rows, cols)
    # 画像表示を更新
    disp.update(img, "Generated image - " + s)
```

　実行結果では，処理に利用した VGG19 モデルの構造を表示しています。図 9-20 のモデル構造図は，かなり縦長の表示になってしまいましたが，VGG19 は畳み込みレイヤー16 個とプーリングレイヤー5 個を使った単純な CNN を構成しています。フィルタサイズはすべて 3×3 で，フィルタ数は 64,128,256,512 というように増加させているようです。この構造は，高精度な一般物体認識ができる CNN の代表例として参考になるものと思います。

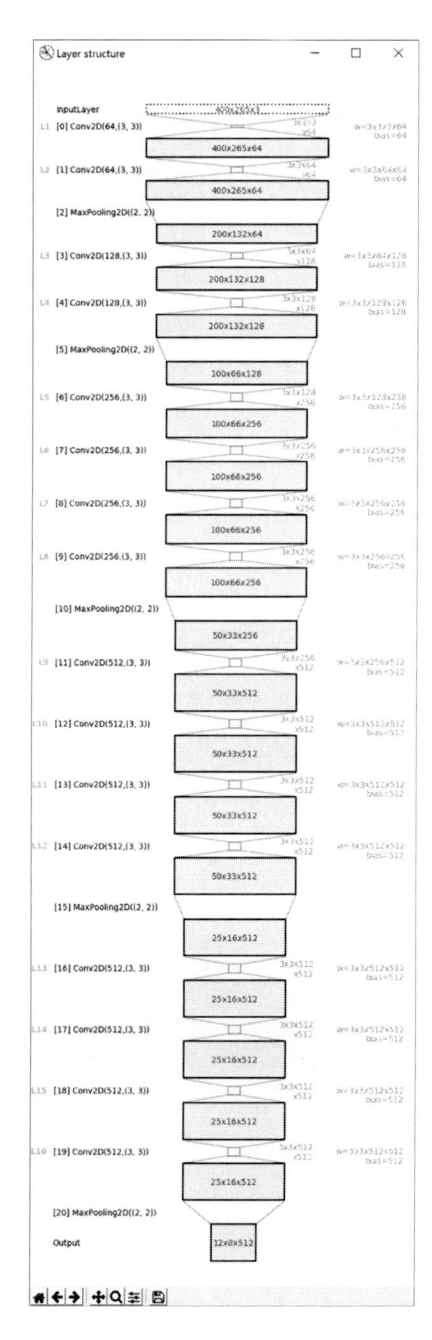

図 9-20　スタイル変換プログラムの VGG19 モデル畳み込み層部分（リスト 9-5 の出力）

図 9-21　コンテンツ画像（左），スタイル画像（右）

図 9-22　スタイル変換された画像

　図 9-21，9-22 は，コンテンツ画像，スタイル画像，生成画像です。コンテンツ画像には写真を，スタイル画像には個性的な絵画を使用しました。生成画像では，スタイル画像の特徴である曲線的なまだら模様や色のコントラストなどの影響を受けています。結果の生成画像は **ex09/img/Generated.png** で保存されます。

9.6 GPU 並列演算

❏ GPU による学習の高速化

　GPU（Graphics Processing Unit）には，グラフィックス演算を実行する数百～数千基ものシェーダプロセッサ（コア）が搭載されています。この演算能力を汎用計算に利用する技術が GPGPU（General-Purpose computing on Graphics Processing Units）です。keras は GPGPU に対応しており長い時間を要する学習処理の速度が向上します。特にレイヤーの多い CNN では大量の畳み込み演算に処理時間を要しますが，畳み込みの積和計算を GPU で並列演算し効果的に高速化します。ディープラーニングに GPU は必須とも言えるでしょう。

　図 9-23 は，以下のシステム環境での GPU 利用時の本章のプログラム処理時間です。結果は約 2～15 倍の効果が得られました。

- Windows10 64bit, Intel Core i7-8700K 3.7GHz（TB 4.7GHz, 6 コア）
- NVIDIA GeForce GTX 1070 Ti（コア数 2432 基, 8GB GDDR5, 1683MHz）
- NVIDIA グラフィックス ドライバー 388.13, CUDA 9.0, cuDNN 7.4.1
- Python 3.6.5, keras 2.2.4, tensorflow-gpu 1.12.0

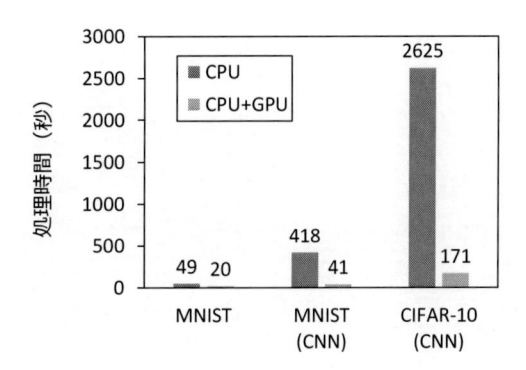

図 9-23　GPU によるプログラムの高速化

❏ GPU 利用環境のインストール

keras で GPU を利用するための環境のインストール手順を以下に示します。

① 次の URL から CUDA 9.0 をインストールします。

```
URL:    https://developer.nvidia.com/cuda-90-download-archive
次の項目を選択

        Operating System:    Windows
        Architecture:        x86_64
        Version:             10
        Installer Type:      exe(network)
ダウンロード：次のファイルをすべてダウンロードする

        Base Installer, Patch1, Patch2, Patch3, Patch4
```

まず Base Installer を起動しセットアップを開始します。図 9-24 のシステムチェックの画面で「This graphics driver could not find compatible graphics hardware.」と表示される場合がありますが，このまま続行します。

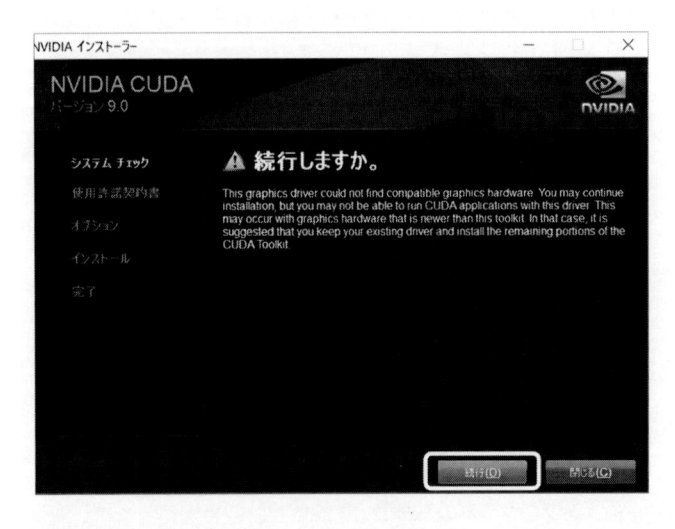

図 9-24　CUDA のセットアップ（1）

図 9-25 のオプションの画面で「カスタム」を選択し，次の図 9-26 の画面で
「Driver components」のチェックを外します。

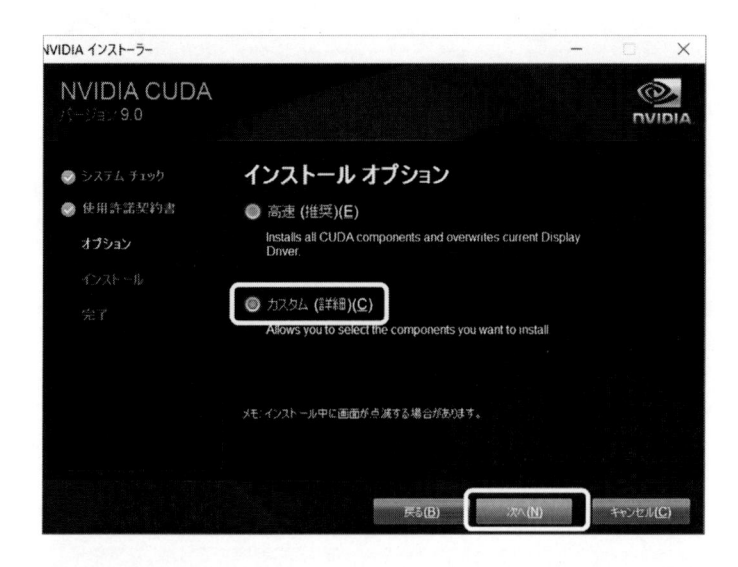

図 9-25　CUDA のセットアップ（2）

図 9-26　CUDA のセットアップ（3）

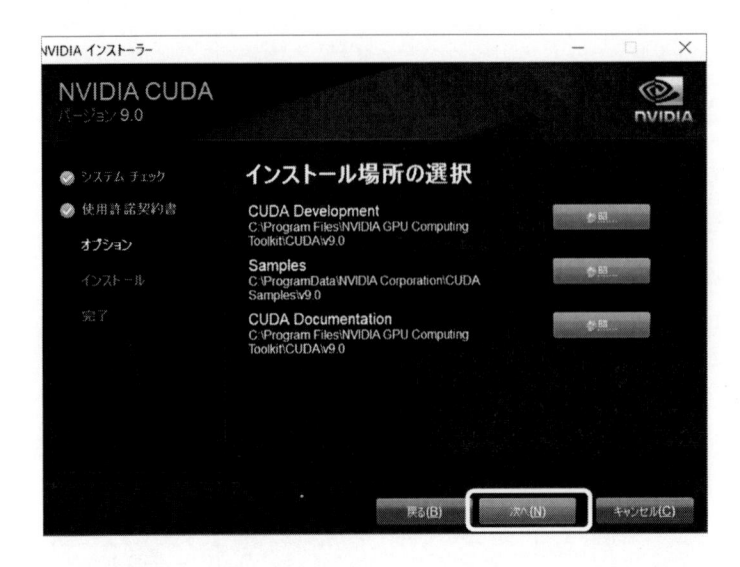

図 9-27　CUDA のセットアップ（4）

図 9-28　CUDA のセットアップ（5）

　図 9-28 の画面で Nsight Visual Studio Edition Summary という表示で Not Installed の記載がありますが，Visual Studio による CUDA 開発関連なので，このまま続行します。

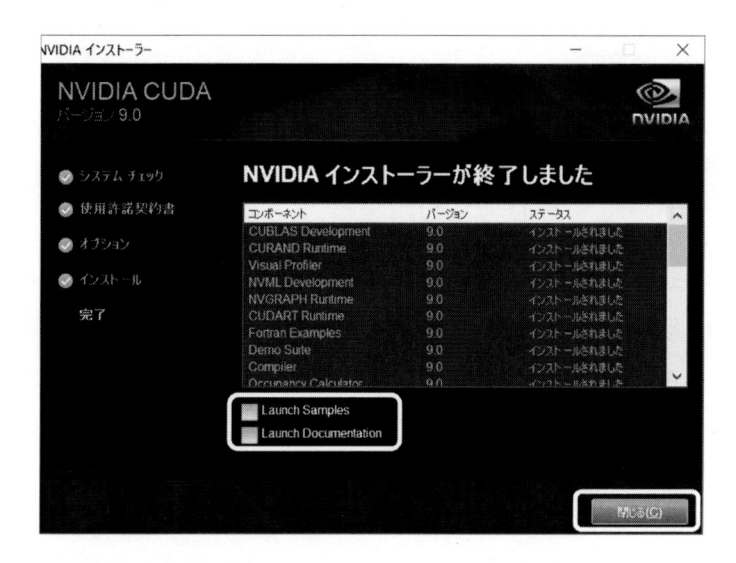

図9-29　CUDA のセットアップ（6）

図9-29 の最後の画面まで行けば終わりです。続いて，ダウンロードしておい
た Patch1～4 を順に実行しておきます。

② 次の URL から cuDNN 7.4 をインストールします。

```
URL:    https://developer.nvidia.com/cudnn
次の項目を選択
        Download cuDNN
```

ここでメンバシップへの登録が求められますので「Join now」を選択し，
「Crete an account」をクリックして登録します。「cuDNN Download」ペ
ージでは，アンケートに答えて次に進み，次のバージョン選択をして
Windows 10 版をダウンロードします。本書では cuDNN v7.4.1 での動作確認
をしていますが，CUDA や TensorFlow 等とのバージョンの組み合わせによっ
ては動作しないことがあるようです。

```
バージョン選択
        Download cuDNN v7.4.1 (Nov 8, 2018), for CUDA 9.0
ダウンロード
        cuDNN Library for Windows 10
```

ダウンロードした ZIP ファイルを開き，CUDA のフォルダ内にコピーします。

```
コピー元:
        ZIP ファイル内の cuda フォルダの中身
コピー先:（この中にコピー）
        C:¥Program Files¥NVIDIA GPU Computing Toolkit¥CUDA¥v9.0
```

③ PyScripter を起動し，「ツール」メニューから「ツール」－「Install Packages with pip」で次のようにパッケージ名を入力します。ここでは，念のためバージョン番号（1.12.0）も指定しておきます。

```
tensorflow-gpu==1.12.0
```

④ 本章などの keras を使ったプログラムを実行してみます。なお，初回のプログラム実行時は，システムの構成処理などでプログラム開始時に少し待たされます。動作中は，Windows のタスクマネージャでパフォーマンスを監視し，GPU のグラフが数十パーセントなら GPU が使用されている証拠です。また，プログラムを次のように追加修正すれば処理時間を計測できます。

```
if __name__ == "__main__":
    t1 = time.time()
    main()
    print(time.time() - t1)
```

第 10 章　リスト処理ライブラリ

10.1　Cons モジュール

❑ AI 処理に適したデータ構造

　機械学習を除く AI プログラミングでは，データ構造に連結リストを用いることがあり，特に再帰処理では，連結リスト操作がよく使われます。この場合，手続き型言語やオブジェクト指向言語のような副作用のある（値を変更できる）データ構造よりも，関数型言語のような副作用のない（値が変更されない）データ構造のほうが再帰処理には適しています。副作用のあるデータ構造には次の特徴があります。

- 　空のデータ構造を構築し，後から要素に値を格納する。
- 　データ構造の動的な変更は，もとのデータ構造に要素の追加や削除を行う。
- 　データ構造の操作関数は副作用で処理し，値を返さない。

対して，副作用のないデータ構造には次の特徴があります。

- 　はじめから値を持ったデータ構造を動的に生成し，後から要素に値を格納しない。
- 　データ構造の動的な変更はせず，要素を加える，あるいは部分要素を参照し，新たなデータ構造を構築する。
- 　データ構造の操作関数は副作用がなく，値を返す。

　最後の「値を返す」という性質は，関数型プログラミングでは重要であり，再帰関数などを作る時も，値を返す関数を組み合わせて記述する方が簡潔になります。

❏ Cons リスト処理ライブラリ

　本書で使用するオリジナルのライブラリモジュールを紹介します。これは図 10-1，10-2 のようなデータ構造である Cons クラスを定義しています。基本構造は，二進木（ツリー構造）による連結リストで，コンスセルと呼ばれるツリーの枝分かれ部分に相当する連結要素，文字や数値などのデータ値であるアトム，連結リストの終端を表す Nil で構成されます。Nil は空リストも表しています。

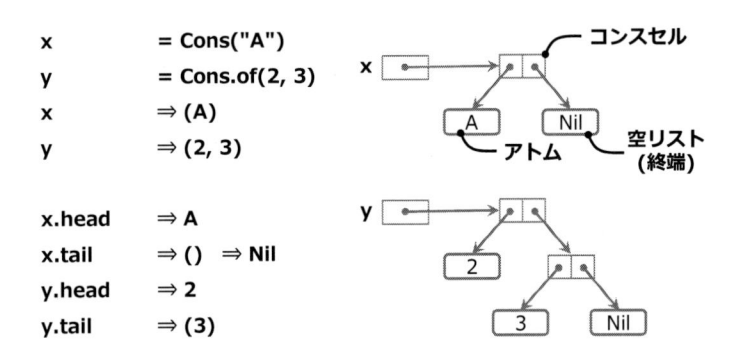

図 10-1　Cons リストの生成と要素アクセス

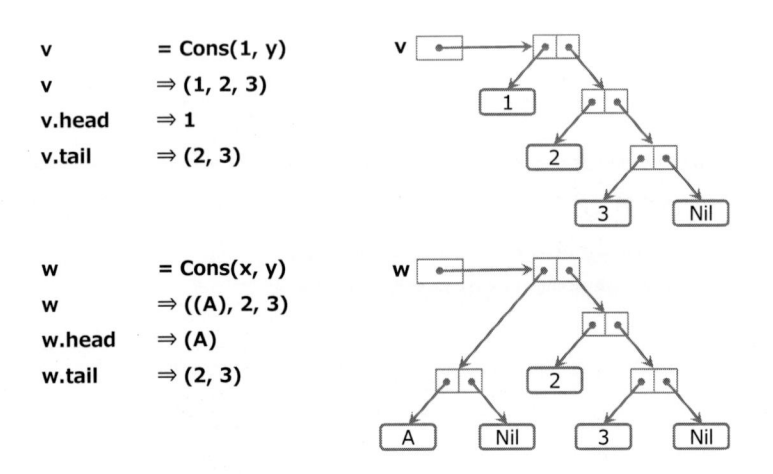

図 10-2　Cons リストの高速な連結

　Cons リストのデータ構造は，関数型プログラミングに適しており，AI プログラミングを簡潔かつ柔軟にします。Cons リストは Python 標準のリスト（配列）に比べ，前述の副作用のない関数型処理においてシンプルかつ高速に動作します。例えば再帰処理において，Cons リスト x の先頭を取り除いた残りリストを引数に渡す際，x.tail という最も高速な処理方法で残りリストを部分参照します。これは，x から部分リストをコピーして作るのではなく，x の一部をそのまま参照します。このとき，もしリスト内容に対する副作用となるような更新をした場合，それを再帰処理の過程で行うと，同じリスト要素を使用しているため，破壊的代入操作として異なる再帰レベルの処理に影響を及ぼす可能性があります。しかし，Cons リストの操作スタイルは副作用がないため，そのような影響を考える必要がありません。また，Cons リストへの要素追加も，Cons(a, x)という形で元の x をそのまま使用し，x 内への副作用もなく，さらに x をコピーする処理コストもありません。Cons リストを使った再帰処理はシンプルで高速です。

　関数型スタイルの大きな特徴の一つとして，次のような関数式の表記法があります。これは数式表現として一般的なものです。

```
funC(funB(funA(x)))
```

　この処理手順は，funA の結果を funB に与え，さらに funB の結果を funC に与えて最終結果を得るものです。非常に柔軟かつ一貫した記述法ですが，大きな欠点は，括弧の対応がわかりにくいため記述しにくいことです。それを解消するのがオブジェクト指向ならではの次のようなメソッドチェーンによる記述です。

```
x.funA().funB().funC()
```

　つまり，オブジェクト x に対し関数 funA を呼び出し，funA の結果であるオブジェクトに対し，funB を呼び出し，さらにその結果であるオブジェクトに対し funC を呼び出します。このように，各関数がオブジェクトを返すような仕様にすることで，関数型スタイルをさらに記述しやすくできます。Cons クラスもオブジェクト指向設計によるものなので，このように記述できます。

　リスト 10-1 は，連結リストである Cons モジュールのプログラムです。my フ

オルダの下にプログラム Cons.py として作成します。これをモジュールとして再利用する際は，次のような記述でインポートすれば Cons クラスを使用できます。

```
import sys, os
sys.path.append('../')          # 一つ上のフォルダから探せるようにする
from my.Cons import Cons, Nil    # Cons, Nilを使用する
```

Cons クラスの各メソッドの解説は，本書のそれらの利用場面において簡単に説明しています。Cons クラスは，ラムダ式を活用し，Java8 の Stream API や関数型言語 Scala に似た関数群を持っています。本ライブラリについて，本書のプログラムを改良しながらライブラリに機能を追加していけば，関数型による連結リスト処理について理解が深まり，よい学習材料となるでしょう。

リスト 10-1　Cons.py　連結リスト処理モジュール

```
import sys

Nil = None

# Consクラス（Consリストを構成するコンスセル）
class Cons:
    # Cons: コンストラクタ, Consリストの作成
    #   a                => (7, 8, 9)
    #   Cons(1)          => (1)
    #   Cons(1, a)       => (1, 7, 8, 9)
    #   Cons(1, 2, a)    => (1, 2, 7, 8, 9)
    def __init__(self, *x):
        self._head = None
        self._tail = Nil
        n = len(x)
        if n == 0:
            self = Nil
        else:
            self._head = x[0]
            cons = self
            i = 1
            while i < n-1:
                cons._tail = Cons()
                cons = cons._tail
                cons._head = x[i]
                i += 1
```

```
            if n > 1:
                cons._tail = x[n-1]

    def __str__(self):
        return self.to_string()

    def __eq__(self, x):
        return self.equals(x)

    @property
    def head(self):      # 先頭要素
        return self._head

    @property
    def tail(self):      # 先頭以外の残りのConsリスト
        return self._tail

    @property
    def first(self):     # 先頭要素
        return self._head

    @property
    def second(self):    # 2番目の要素
        return self._tail._head

    # equals:    等しいか
    #    a              => (1, 2, (3))
    #    b              => (1, 2, (3))
    #    a.equals(b)    => True
    def equals(self, x):
        if not isinstance(self, Cons) and x is None:
            return False
        elif self is Nil and x is Nil:
            return True
        elif isinstance(self, Cons) and self._head is None and ¥
                self._tail is Nil and x is Nil:
            return True
        elif self is Nil and isinstance(x, Cons) and ¥
                x._head is None and x._tail is Nil:
            return True
        elif self is Nil or x is Nil:
            return False
        elif isinstance(self, Cons) and isinstance(x, Cons):
            if self._head is None and x._head is None or ¥
                self._head == x._head:
```

```python
                return self._tail.equals(x._tail)
        return False

    # Cons.of:  Consリストの作成
    #   Cons.of(1, 2, 3)    => (1, 2, 3)
    @staticmethod
    def of(*x):
        n = len(x)
        cons = Nil
        i = n - 1
        while i >= 0:
            cons = Cons(x[i], cons)
            i -= 1
        return cons

    # Cons.range:    連続数値のConsリスト作成
    #   Cons.range(1, 4)    => (1, 2, 3)
    @staticmethod
    def range(fro, to):
        return Nil if fro == to \
                   else Cons(fro, Cons.range(fro + 1, to))

    # Cons.fill:    初期値を与えたConsリストの作成
    #   Cons.fill(3, 0)    => (0, 0, 0)
    @staticmethod
    def fill(x, n):
        return Nil if n == 0 else Cons(x, Cons.fill(x, n - 1))

    # make_list2:    二次元配列(Pythonリスト)の作成
    #   Cons.make_list2(3, 2, 0) => [[0, 0], [0, 0], [0, 0]]
    @staticmethod
    def make_list2(n, m, val):
        a = [[val for i in range(m)] for j in range(n)]
        return a

    # Cons.from_list:    PythonリストからConsリストへの変換
    #   a                  => [1, 2, 3]
    #   b                  => [[1, 2, 3], [4, 5, 6]]
    #   Cons.from_list(a)  => (1, 2, 3)
    #   Cons.from_list(b)  => ((1, 2, 3), (4, 5, 6))
    @staticmethod
    def from_list(x):
        cons = Nil
        n = len(x)
        i = n - 1
```

```python
        while i >= 0:
            if isinstance(x[i], list):
                cons = Cons(Cons.from_list(x[i]), cons)
            else:
                cons = Cons(x[i], cons)
            i -= 1
        return cons

    # to_list:  Pythonリストへの変換
    #   a                => (1, 2, 3)
    #   a.to_list()      => [1, 2, 3]
    def to_list(self):
        list = []
        c = self
        while c != Nil:
            list.append(c._head)
            c = c._tail
        return list

    # is_number:    数値か調べる
    #   Cons.is_number(123)      => True
    @staticmethod
    def is_number(x):
        return x is Number

    # compare_to:    比較
    #   a                    => (1, 2, 3)
    #   b                    => (1, 2, 4)
    #   a.compare_to(b)      => -1
    #   a.compare_to(a)      => 0
    def compare_to(self, x):
        if x == None:
            return 1
        elif self is Nil and x is Nil:
            return 0
        elif self is Nil:
            return -1
        elif x is Nil:
            return 1
        elif self is Cons and x is Cons:
            a = self
            b = x
            if a._head == None and b._head == None or ¥
                    a._head.equals(b._head):
                return a._tail.compare_to(b._tail)
```

```python
        elif self.is_number(a._head) and ¥
            self.is_number(b._head):
            aa = a._head
            bb = b._head
            return -1 if aa < bb else 1 if aa > bb ¥
                        else a._tail.compare_to(b._tail)
        elif a._head is string and b._head is string:
            aa = a._head
            bb = b._head
            cmp = aa.compare_to(bb)
            return -1 if cmp < 0 else 1 if cmp > 0 ¥
                        else a._tail.compare_to(b._tail)
        else:
            cmp = ¥
                a._head.to_string().compare_to(b._head.to_string())
            return -1 if cmp < 0 else 1 if cmp > 0 ¥
                        else a._tail.compare_to(b._tail)
    return 0

# to_string:    文字列化
#   a               => (1, 2, (3))
#   a.to_string()   => "(1, 2, (3))"
def to_string(self):
    return "(" + self.to_string1() + ")"

def to_string1(self):
    if self == Nil:
        a = ""
    elif isinstance(self._head, Cons):
        a = self._head.to_string()
    elif isinstance(self._head, str):
        a = "¥"" + self._head + "¥""
    else:
        a = str(self._head)
    if self._tail != Nil:
        a += ", " + self._tail.to_string1()
    return a

# join: 区切り付き文字列化
#   a               => (1, 2, 3)
#   a.join(":")     => "1:2:3"
def join(self, delim):
    s = ""
    c = self
    while c != Nil:
```

```
            if c != self:
                s += delim
            s += str(c._head)
            c = c._tail
        return s

    # print, println:   コンソール出力
    #   a                => (1, 2, (3))
    #   a.print()        出力: (1, 2, (3))
    #   a.println()      出力: (1, 2, (3)) 改行
    def print(self):
        sys.stdout.write(str(self))

    def println(self):
        print(str(self))

    # length:   Consリストの長さ
    #   a            => (1, 2, 3)
    #   a.length()   => 3
    def length(self):
        if self == Nil:
            return 0
        else:
            return 1 + self._tail.length()

    # get:        Consリスト要素参照
    #   a            => (1, 2, 3)
    #   a.get(0)     => 1
    def get(self, i):
        if i == 0:
            return self._head
        else:
            return self._tail.get(i - 1)

    # append:   Consリストの連結
    #   a                => (1, 2, 3), b => (4, 5),
    #   a.append(b)      => (1, 2, 3, 4, 5)
    def append(self, x):
        return x if (self == Nil) ¥
                    else Cons(self._head, self._tail.append(x))

    # add:   Consリスト末尾への追加
    #   a            => (1, 2, 3)
    #   b            => 4
    #   a.add(b)     => (1, 2, 3, 4)
```

```python
def add(self, x):
    return self.append(Cons(x))

# reverse:  Consリスト逆順化
#   a                => (1, 2, 3)
#   a.reverse()      => (3, 2, 1)
def reverse(self):
    return self if (self == Nil) ¥
               else self._tail.reverse().add(self._head)

# sorted:   Consリスト整列
#   a                => (2, 1, 3)
#   a.sorted()       => (1, 2, 3)
def sorted(self):
    a = self.to_list()
    a.sort()
    return Cons.from_list(a)

# diff:     Consリスト要素の差集合
#   a           => (1, 2, 3)
#   b           => (2, 5)
#   a.diff(b)   => (1, 3)
def diff(self, x):
    return self if x == Nil else self.diff1(x._head).diff(x._tail)

def diff1(self, x):
    if self == Nil:
        return Nil
    elif self._head == x:
        return self._tail
    else:
        return Cons(self._head, self._tail.diff1(x))

# find:     Consリスト要素の検索
#   a                => (1, 2, 3)
#   a.find(2)        => 2
#   a.find(4)        => None
def find(self, x):
    if self == Nil:
        return None
    elif self._head.equals(x):
        return x
    else:
        return self._tail.find(x)
```

```python
# contains: 要素が含まれるか
#    a                => (1, 2, 3)
#    a.contains(2)    => True
def contains(self, x):
    if self == Nil:
        return False
    elif self._head == x:
        return True
    else:
        return self._tail.contains(x)


# sum:   要素の合計
#    a            => (1, 2, 3)
#    a.sum()      => 6
def sum(self):
    return 0 if self == Nil else self._head + self._tail.sum()


# foreach:   順次処理
#    a            => (1, 2, 3)
#    a.foreach(lambda x: print(x))    出力: 1 2 3
def foreach(self, fun):
    if self == Nil:
        return
    else:
        fun(self._head)
        self._tail.foreach(fun)


# map:   順次処理(Consリストで返す)
#    a                       => (1, 2, 3)
#    a.map(lambda x: x * 2)  => (2, 4, 6)
def map(self, fun):
    return Nil if self == Nil ¥
               else Cons(fun(self._head), self._tail.map(fun))


# flat_map: 順次処理(リスト要素を結合して返す)
#    a                       => ((1, 2, 3), (4, 5))
#    a.flat_map(lambda x: x) => (1, 2, 3, 4, 5)
def flat_map(self, fun):
    return Nil if self == Nil ¥
           else fun(self._head).append(self._tail.flat_map(fun))


# forall:    すべて条件を満たすか
#    a                       => (1, 2, 3, 4)
#    a.forall(lambda x: x < 5)   => True
def forall(self, fun):
```

```python
        if self == Nil:
            return True
        else:
            return self._tail.forall(fun) if fun(self._head) ¥
                                    else False


    # exists:    ひとつでも条件を満たすか
    #   a                              => (1, 2, 3, 4)
    #   a.exists(lambda x: x > 3)   => True
    def exists(self, fun):
        if self == Nil:
            return False
        else:
            return True if fun(self._head) else self._tail.exists(fun)


    # count:    条件でカウント
    #   a                              => (1, 2, 3, 4)
    #   a.count(lambda x: x % 2 == 0)   => 2
    def count(self, fun):
        if self == Nil:
            return 0
        elif callable(fun):
            return (1 if fun(self._head) else 0) + ¥
                    self._tail.count(fun)
        else:
            return (1 if self._head == fun else 0) + ¥
                    self._tail.count(fun)


    # filter:    条件でフィルタリング
    #   a                              => (1, 2, 3, 4)
    #   a.filter(lambda x: x % 2 == 0) => (2, 4)
    def filter(self, fun):
        if self == Nil:
            return Nil
        else:
            return Cons(self._head, self._tail.filter(fun)) ¥
                    if fun(self._head) else self._tail.filter(fun)


    # find_pos: 条件で要素位置を検索
    #   a                                  => (1, 2, 3, 4)
    #   a.find_pos(lambda x: x % 3 == 0)   => 2
    #   a.find_pos(lambda x: x == 0)       => -1
    def find_pos(self, fun):
        if self == Nil:
            return -1
```

```
        elif fun(self._head):
            return 0
        else:
            pos = self._tail.find_pos(fun)
            return -1 if pos == -1 else pos + 1

    # split:     条件でConsリストを分割
    # a                            => (1, 2, 3, 4)
    # a.split(lambda x: x == 3)    => ((1, 2), ( 4))
    def split_left(self, pos):
        return Nil if pos <= 0 ¥
            else Cons(self._head, self._tail.split_left(pos - 1))

    def split_right(self, pos):
        return self if pos <= 0 else self._tail.split_right(pos - 1)

    def split(self, fun):
        pos = self.find_pos(fun)
        return Cons.of(self.split_left(pos), self.split_right(pos+1))

    # 動作テスト用(別プロジェクトからCons.test()で実行できる)
    @staticmethod
    def test():
        a = Cons.of(1, 2, 3)
        b = Cons.of(2, 2, "3")
        c = Cons.of(Cons.of(1, 2, 3), Cons.of(4, 5), Cons.of(6))
        print("Nil¥t¥t¥t¥t¥t= ", str(Nil))
        print("a¥t¥t¥t¥t¥t= ", a.to_string())
        print("b¥t¥t¥t¥t¥t= ", b.to_string())
        print("c¥t¥t¥t¥t¥t= ", c.to_string())
        print("a._head¥t¥t¥t¥t= ", a._head)
        print("a._tail¥t¥t¥t¥t= ", a._tail)
        print("Cons.of(1, 2, 3)¥t= ", Cons.of(1, 2, 3))
        print("Cons.range(1, 5)¥t= ", Cons.range(1, 5))
        d = [1, 2, 3]
        e = [[1, 2, 3], [4, 5, 6]]
        print("Cons.from_list(d)¥t= ", Cons.from_list(d))
        print("Cons.from_list(e)¥t= ", Cons.from_list(e))
        print("a.to_list()¥t¥t¥t= ", a.to_list())
        print("a.length()¥t¥t¥t= ", a.length())
        print("a.get(0)¥t¥t¥t= ", a.get(0))
        print("a.get(1)¥t¥t¥t= ", a.get(1))
        print("a.append(b)¥t¥t¥t= ", a.append(b))
        print("a.add(9)¥t¥t¥t= ", a.add(9))
        print("a.reverse()¥t¥t¥t= ", a.reverse())
```

```python
        print("a.equals(c._head)\t= ", a.equals(c._head))
        print("c.find(a)\t\t\t= ", c.find(a))
        print("a.diff(b)\t\t\t= ", a.diff(b))
        print("Nil.equals(Nil)\t\t\t= ", Nil.equals(Nil))
        print("Cons().equals(Cons())\t= ", Cons().equals(Cons()))
        print("Cons().equals(Nil)\t\t= ", Cons().equals(Nil))
        print("Nil.equals(Cons())\t\t= ", Nil.equals(Cons()))
        print("a.count(lambda x: x < 3)\t= ",a.count(lambda x: x<3))
        print("a.forall(lambda x: x < 4)\t= ",a.forall(lambda x: x<4))
        print("a.exists(lambda x: x > 1)\t= ",a.exists(lambda x: x>1))
        print(
            "a.foreach(lambda x: sys.stdout.write(\" \" + str(x)))\t ")
        a.foreach(lambda x: sys.stdout.write(" " + str(x)))
        print()
        print("a.map(lambda x: x * 2)\t\t\t= ", a.map(lambda x: x*2))
        print("c.flat_map(lambda x: x)\t\t\t= ",
                                    c.flat_map(lambda x: x))
        print("a.filter(lambda x: x % 2 == 1)\t= ",
                                    a.filter(lambda x: x % 2 == 1))
        print("a.split(lambda x: x == 2)\t\t= ",
                                    a.split(lambda x: x == 2))


# 空リスト
Nil = Cons()
Nil._head = None
Nil._tail = Nil

# 再帰関数などのトレース用ユーティリティ
class Trace():
    def __init__(self):
        self._level = 0    # 再帰レベル

    def trace_in(self, name, args):
        s = "- " * self._level + str(self._level) + ": " + name
        print(s + " (" + Cons.from_list(args).join(",") + ")")
        self._level += 1

    def trace_out(self, name, ret):
        self._level -= 1
        s = "- " * self._level + str(self._level) + ": " + name
        print(s + " =" + str(ret))


if __name__ == "__main__":
    Cons.test()
```

10.2　本書のソースコード入手先

本書掲載のソースコードは，下記 Web サイトよりダウンロードできます。

URL:　　　https://www.sankeisha.com/~fukai/pyexsrc/

動作環境：　Windows 10,
　　　　　　Python 3.6.5 64bit, PyScripter v3.4.2 64bit

著作権：　　本ソースコードの著作権は著者が所有しております。個人での利
　　　　　　用は自由ですが，再販売・再配布を禁じます。

免責：　　　本ソースコードは，その効果を保証するものではありません。ま
　　　　　　た，ソースコードの導入および動作に関し，著者および出版社は
　　　　　　一切の責任を負いません。

留意事項：　上記 URL およびソースコード内容は，予告なく変更・公開停止す
　　　　　　ることがあります。

索 引

■筆者紹介

深井　裕二　（ふかい　ゆうじ）

北海道科学大学工学部情報工学科准教授

プログラミング分野、実用的ソフトウェア開発や教育支援システム開発の研究に従事

公開フリーソフトにMoodle小テスト問題作成ソフトQuEditがある

Python人工知能プログラミング
―オブジェクト指向と関数型スタイルによるAI開発技法―

2019年1月23日　　初版発行

著　者　　深井　裕二

発行所　　株式会社　三恵社
〒462-0056 愛知県名古屋市北区中丸町2-24-1
TEL 052 (915) 5211
FAX 052 (915) 5019
URL http://www.sankeisha.com